# 名师名校名校长

凝聚名师共识
回应名师关怀
打造名师品牌
培育名师群体

程明道书

创新素养教育背景下

班主任育人方略与治班艺术

邵虎虎 ◎ 著

西南大学出版社

SWUP 国家一级出版社 全国百佳图书出版单位

**图书在版编目（CIP）数据**

创新素养教育背景下班主任育人方略与治班艺术 /
邵虎虎著. -- 重庆：西南大学出版社，2023.12
ISBN 978-7-5697-2170-6

Ⅰ．①创… Ⅱ．①邵… Ⅲ．①班主任工作 Ⅳ.
①G451.6

中国国家版本馆CIP数据核字(2024)第025090号

## 创新素养教育背景下班主任育人方略与治班艺术
CHUANGXIN SUYANG JIAOYU BEIJING XIA BANZHUREN YUREN FANGLÜE YU ZHIBAN YISHU

邵虎虎　著

| | |
|---|---|
| **责任编辑：** | 符华婷 |
| **责任校对：** | 罗　渝 |
| **装帧设计：** | 言之凿 |
| **出版发行：** | 西南大学出版社（原西南师范大学出版社） |
| | 地址：重庆市北碚区天生路2号 |
| | 邮编：400715 |
| **印　　刷：** | 北京政采印刷服务有限公司 |
| **成品尺寸：** | 170 mm×240 mm |
| **印　　张：** | 18.375 |
| **字　　数：** | 342千字 |
| **版　　次：** | 2023年12月　第1版 |
| **印　　次：** | 2023年12月　第1次印刷 |
| **书　　号：** | ISBN 978-7-5697-2170-6 |
| **定　　价：** | 58.00元 |

# 序　言

────────── 📖 ──────────

　　经过近一年的悉心整理和修改，经过和出版服务公司反复协商和沟通，自己耕耘教坛近三十载的教育足迹与心路历程，终于要在散发着墨香味的纸质书上跳跃了，我内心的感受犹如等待一朵将要绽放的花，激动、兴奋和期待。

　　虽然此花颜色并不耀眼、香味并不浓烈，但我相信，它一定透着淡淡的清香，一股发源于幽谷，又经历遥远、艰难旅程之后的自然清香。

　　自1995年步入乡村教育之门后，我就立志将自己的青春献给乡村的教育事业。这份志愿，源于我曾经面对过的完全不同的两类教师：一类是能力不佳，敬业意识差，对学生敷衍，缺乏责任感的教师；一类是富有爱心，拥有广博知识，能不断帮助学生建立自信的教师。不同类型的教师，对我不同学科的学习、不同的受教育阶段，产生的影响是完全不同的，更有甚者对我人生的方向和人格的建立，都有着截然不同的影响。从那时起，我暗下决心，长大后如果有能力或有机会，就一定要做一名能赋予孩子们信心和力量、能不断给予孩子们成长动力和希望的教师。

　　天遂人愿，我庆幸自己有缘成为一名教师，一名平凡的小学教师。这让我有机会实现自己的教育理想，并能在不断涌现的鲜活的教育实践中实施自己的教育思考、验证自己的教育设想，在不断的失误中获得新的教育认知和教育理解。

　　每日每夜，我在与每个幼小生命跌跌撞撞的互动中，用心倾听着真诚的呼唤，用爱浇灌着干涸的心灵。我见到过孩子们渴望奔向大自然享受放肆的畅意和他们对做不完作业的无奈与愤怒，孩子们用自己稚嫩的笔触诉诸笔端的心灵之约和他们课间与教师簇成一团的惬意，孩子们从自卑、胆怯的小孩子成长为敢于倾诉的大孩子……每一步都有一个值得书写的故事，每一年都有不断翻新的教育智慧，这些往往也会成为我教育写作的主色调。

岁月不居，日月如梭。不觉近三十载要过去了，回望一路走来的教育之路，特别是班主任工作之路，有喜有忧，有笑有泪。但同时诉诸笔端的一篇篇充满着真情和执念的文字，又在切切实实催促着我不断学习，不断反思，让自己向着更深更远的道路前进。

截至目前，我已经被评为首届"西吉名师"、第二届"六盘名师"、首届自治区创新素养教育名师工作室主持人、第十批自治区特级教师。面对荣誉，我从未感觉到自己的荣耀，倒觉得"压力山大"，我也因此更加自觉、自主地努力学习，拓宽阅读视野，向身边名师学习，向全国名师学习，向优秀的教育共同体团队学习，以期在不断的磨砺中让自己的教育教学水平再上一个台阶，以适应新时代对教师的新要求，落实好立德树人的根本任务，做一位懂学生的教师，同时，更好地影响、辐射、带动和指导更多青年教师成长。

将这些年所撰写的文字结集出版，也是我对自己教育生活的一段总结，是对与我一道奋斗在教育之路上的青年教师的一句句语重心长的交谈和倾诉。本书中关于班主任工作、作文教学、家校合作、家庭教育、教师发展等方面的真切体验，虽然起不到指导的作用，但一定会唤起您对自己工作的进一步思考。

教无定法，大体须有。但愿这些教育中的只言片语，对您也能有所启迪。

邵虎虎

2023年11月于陋室

**特别说明：**因书中各篇内容是本人在工作中不同阶段写的，故而在某些时间节点、某些称谓、某些术语、某些说法等方面会带有明显的时段特点。请读者谅解。

# 目 录

## 第三辑 教育理解：走在幸福育人的路上

## 第四辑　教育探析：以文化人成就美好教育

## 第五辑　家校共育：打造孩子成长的基石

## 第六辑　读书札记：让阅读点亮学生未来

# 班主任天地：
## 搭建一座走向学生心灵的桥

◇ 接手一班学生，就像建立一个团队，必须要有大家共同发自内心的表达，而民主集中后的表达的结晶，便是班级的愿景或目标。每一个优秀的班主任或教师，一定会让孩子们生活在美好的期待和理想之中。否则，越是严格管理，越是充斥大量活动，孩子就越反感。

◇ 在班级管理方面，我倡导"育心"。即使有的孩子的行为并不规矩，甚至在某些教师眼里显得有些不合规矩或"野"，但只要他的内心是"柔软"的，会思辨、有思想、有责任感就行。

◇ 班级活动，是形成班级凝聚力、向心力的不二法宝，也是丰富学生学习生活、提高学生综合素养的有效形式。所以，我认为，活动宜精不宜滥，宜谐不宜庄，宜新不宜陈。

# 班级经营不可缺少活动

一个班级的良好发展，与班主任对教育的价值追求和眼光是分不开的。班主任如何看待教育对学生生命的影响、如何对待班级管理，直接决定着班级的发展方向和育人高度。

在班级经营方面，我有过的较为大胆的尝试是基于语文教学几大板块下综合实践活动和班级活动的开展。我们学校有五千多名学生，其中仅六年级就有十个班。这些班的老师可谓个个"精兵强将"。

所以，我在学校团队工作和教研工作比较繁杂的情况下，仍一如既往地开展了"课前五分钟分享""每周主题班会活动""小组作文集编写""快乐午读""心灵日记长跑"等活动。这些活动短时间内对提高学生的考试成绩的确没有明显作用，甚至还会"影响"学生的考试成绩，但随着时间的推移，孩子们的阅读兴趣、感觉、知觉、好奇心和想象力都在悄然发生着变化。由动画绘本、《格林童话》《安徒生童话》……到《爱的教育》《窗边的小豆豆》《呼兰河传》……稚嫩的文字由对心情的描述、对事情的记述到对心理世界的刻画、对人生的思考、对未来的憧憬……这些变化，无声地为我继续进行这样的努力增强了信心和力量。

从走上教育岗位至今，已经有许多年了，我觉得较为成功的做法是：用欣赏和鼓励的心态对待学生，给每一个孩子树立生活的信心，让他们找到自己的特长与生活的勇气。只要心在那儿，你的言行举止就在那儿。我觉得每一个学生都是一块"璞玉"，只是我们还没发现他们的可贵之处，同时，再好的玉也需要雕琢。只要在意识形态里有了这样的认识，我自然会将每一天、每一次、每一个机会视为良机，不失时机地给予孩子们正面的引导、肯定、鼓励和支持，发现每个孩子的个性特点，找到他们的闪光点，将此作为涟漪的波心，然后不断寻找孩子们的优势与天分，让孩子们身上聚集越来越多的自信和阳光，让孩子们不断完善自己的行为举止和思想认识，逐渐走向真正的自我，实现自己的人生价值。我最喜欢的就是我精心酝酿好的对孩子们的"每日一语"。

在班级经营中，我觉得最大的困惑是学生对自己的要求不够严格。好多看似优秀的学生，在关键时刻（如考试、竞赛等），他们的成绩会出乎我的预料，失误很多，这与我平时对学生没有严格要求有很大关系，当然，也可能与我的教学方法、教育艺术有关系。我会虚心向周围的同事学习，向各位朋友学习，以良好的状态迎接下一个班级的学生。

# 不可小觑的班主任评语

以前，在老家过春节时，妈妈张贴的窗花总是给予我们喜庆、光艳、幸福的感觉。然而，我们何曾知道，妈妈们是怎样用心地来准备了这样窗花的。同样，每当期末，作为班主任的我们在给孩子们的《素质报告册》填写评语时，也用心准备，包含了我们对学生的理解、包容、鼓励和激励。关于如何写好评语，班主任们需要注意以下几点。

## 一、对孩子的了解

这不仅仅是指一般意义上的了解，其实还包含了对孩子们性格的关注、生活习惯的留心、学习生活的关心、个人细节的在意……作为班主任，只有心系学生，爱字当头，才会留心关注和深入了解孩子们的生活世界。这样，在写评语时，就有了第一手资料和信息，更有针对性，更能找准切入点，有助于评语的入眼入心，浸润心灵。有位班主任给班里一位学习成绩中等、学习缺乏信心，但运动能力极强的学生这样写评语：某某同学，首先老师感谢你今年在田径运动会上为咱班赢得的荣誉，从你健步如飞的身影里，老师读出了你的坚忍、自信和拼搏精神。在学习上，要是也能发扬运动场上的自信和拼搏精神，你一定会有别人无法预料的进步和发展，老师相信你！这位教师将该学生的优点进行了放大，对他表现出的行为背后内在的精神进行了挖掘，写出的评语就有非同一般的亲和力和激励性，自然会获得别样的效果。

## 二、切忌面面俱到

写评语要突出"重点"，有针对性，避免陷入程式化的误区，就如略读教学的"一课一得"一样。班主任对学生的评语一定要做到：切口小，有重点，有特点。比如，可以针对某一个学生劳动习惯好，不怕脏，不怕累，有奉献精神进行肯定；可以针对学生孝敬长辈，主动承担家务进行肯定（要悉知学生在家的表现）；可以针对学生善于开动脑筋，对新事物具有强烈的求知欲进行表扬；可以针对学生喜欢动手操作，具有一定的创新意识和动手能力进行表扬；可以针对学生与人为善，团结友爱进行肯定……毕竟每个学生身上都有熠熠生辉的亮点。记得有位班主任为学生写了这样一段评语：某某同学，你在本学期学习认真，作业整齐，上课专心听讲，积极回答问题。团结同学，尊敬师长，关心集体，热爱劳动，是一个让老师和同学都喜欢的学生。乍看起来，这评语好像没什么问题，考虑全面，多用肯定语气，但是对学生的指导和激励作用远不如明确的对一两点的肯定，特别是对特长、潜力、兴趣方面的肯定和引领。

作为班主任，要善于抓重点、抓特点对学生进行认可、表扬，同时，要就学生身上存在的亟待改变的问题进行语重心长的提醒或指导他们如何改变。

## 三、语言组织精练

平淡、重复、苍白、无力的语言，无法抵达学生的心灵。只有充满清新、隽永、灵动、哲理气息的语言，富有诗意的文字，富有美感的节律，才能如同春风细雨，浸透心扉。

伟大的教育家苏霍姆林斯基说过："对语言美的敏感性，是促使孩子精神世界高尚的一股巨大力量。这种敏感性，是人类文明的一个源泉所在。"是的，同样的意思，用不同的语言表达出来，对人的精神世界产生的冲击力有时会相差甚远。例如，"我想，你在家里一定是个好孩子；在老师眼里，你是个好学生；在同学眼里，你是个多才多艺的小帅哥。其实，你，就是一个真实的自己。相信你会有更多向前看、向前进的理由。期待哟！"排比句的运用，增强了对该同学的认可，同时有利于引导学生塑造做真实自己的思想认知。

## 四、字体美观流畅

字体是使教师评语充满魅力、增强实效性的又一个因素。潦草、混乱、模糊的字体，就会让学生或家长在翻阅时心情大打折扣。相反，书写工整，就能给人以力量和美的熏陶，再加上细节性的评价着力点，富有艺术性、哲理性、诗意性的文字，相信会引发孩子去反复阅读和思考，寻找自信，查漏补缺。

评语，看似平常，但从来就不是小事，要拘小节、高站位，要浸透关爱、点燃希望。我们所有的工作也都不在于做轰轰烈烈的大事，而在于着眼长远、心系学生，关注细节、切实行动，慢慢引导孩子实现更好的学习与成长。

# 班主任工作漫谈之习作发表

公开发表学生习作的意义，远远超越获得一时的心理满足。它是让学生爱上写作的加油站，是让学生提高写作兴趣的持久动力。作为一名语文教师或班主任，一定要积极主动地寻找机会，主动引导，积极组织，让班里的同学懂得如何去投稿，如何根据征稿信息去写稿。

在这方面，我做得还远远不够，但我已经在按照这种思路努力。具体来说，我主要是这么做的。

## 一、抓住时机，有针对性地进行课堂表扬和讲评

在每次进行作文讲评时，都会从这次学生写的作文中选出几篇在立意、构思、谋篇、结构、语言等方面比较出色的习作，进行有针对性的表扬和讲评，让认真生活、有独特体验的小作者感受到生活给自己带来的不同凡响的收获，体验成功时的自豪和幸福，在内心中驱动自己继续努力，写出更为赏心悦目的佳作。

## 二、利用学习园地进行"优秀习作"张贴宣传

利用教室后面的"优秀习作"张贴栏，把大家公认的优秀习作通过打印或手抄的形式，张贴在上面，让全班同学和任课教师能够随时阅读，让同学们有初步的发表意识。

## 三、充分利用校刊《苗圃》阵地进行宣传肯定

认真挑选同学们交上来的习作，并对有一定新意的习作进行修改，然后投稿给本校师生作品发表地《苗圃》编辑部。编辑部择优选拔后，同学们就可以在班里传阅同学的或自己的作品了。这种渠道，这种有意识的引导和激励至关重要。

### 四、尽可能将习作推荐发表在公开发行的作文刊物上

作为一名班主任，要尽可能地帮助学生，特别是要帮助爱好写作的学生在层次高一点的刊物上发表作文，如《作文周刊》《小龙人学习报》《快乐青春·简妙作文》等杂志，当然还有一些微信公众号。我班已有多位同学的作文在以上刊物或微信公众号平台发表了。当我把这个消息告诉班里学生时，他们都对那几名同学投来羡慕的目光。我想，对发表习作的同学而言，那更有着非同寻常的意义。

### 五、借助学校组织的各种征文比赛，鼓励大家积极参与

学校开展的各种征文比赛，因为时间节点、征文内容、征文要求、组织单位等因素的不同，所以为不同习作兴趣、习作倾向和习作水平的孩子提供了可选择参与的机会。作为语文教师或班主任，一定要积极宣传、积极帮助、积极引导有参与兴趣的学生尽可能参与到比赛中去，以赛促练，为学生不断获取写作的兴趣和成就感赋能。当然，这个过程是需要教师多付出的，如指导审题、组织修改、推荐上报、填写资料。

### 六、尝试编辑独立的作文集

编辑作文集不仅可以让学生对自己所写的作文进行系统的回顾和修改，还可以让学生在挑选、修改的过程中具体感受自己的成长，同时，在编写作文集的过程中，可以体验编写书籍的基本过程、了解基本格式，过一把当"作者"或"编者"的瘾。为了提高学生的合作能力，还可以让学生自找合作对象，形成一个编辑团队，在编辑过程中，封面设计、目录设计、前言撰写、后记撰写等又是对学生综合能力的训练和提高。

# 班主任工作漫谈之实践周末

周末是学生经过一段紧张的学习阶段，进行适度放松、调节身心、锻炼身体、增加人际交往、开展生产劳动和实践活动的重要时间。因此，作为教师，作为学生成长路上的心灵导师、同伴，我站在着眼于学生生命发展和综合素养全面提升的视角下，打破了一些不利于学生全面发展的布置作业的方式，重新寻找和定位作业的设置方式，开始融入了实践作业部分，让周末尽可能地成为学生实践学习的时间。

在小学低段，我除了布置正常的语文作业，还提醒或要求学生周末在父母的陪伴下去琳琅满目、商品齐全的商场购物，去安全可靠、项目繁多的游乐场玩耍，去广阔的广场或绿茵茵的草地上放风筝，去粉妆玉砌的雪野滑雪……让学生在接近大自然的同时，建立亲子之间的亲密关系；也可以找一块空地做泥塑，寻一片闲地来种菜，觅一处沙坑玩沙子……尽可能地让学生爱上自己生活的环境，爱上简单充实的生活。

到了小学中段，我还是尽可能地减少书面作业，提醒和支持学生阅读课外书籍，从童话作品到历史故事，从名人传记到悬案探秘，从文化百科到生物百科……从《爱的教育》到《钢铁是怎样炼成的》，从《三毛流浪记》到《狼图腾》……广泛涉猎的内容可以吸引孩子的眼球，滋养孩子的心灵世界。除此之外，我还要求学生主动给父母、爷爷奶奶等长辈端茶倒水、热情问候、扫地擦桌、拣菜倒垃圾……并做好记录，逐步培养学生的责任感和主人翁意识，同时，引导学生树立人与人之间交往的礼仪意识，养成礼貌待人、诚实主动的习惯。

随着年级的升高，周末实践作业的内容会逐渐扩大，由家里扩展到室外，比如可以到养老院给爷爷奶奶洗头剪指甲，打扫卫生送温暖；可以去博物馆参观；可以去社区做一些调查采访；可以独自在家里持家一天……通过这样的形式锻炼学生独立处理问题的能力，让学生体会爱心的力量与幸福感，拓宽视野，初步拥有自己独到的见解和主张。

虽然一直在这么努力地尝试，但毕竟自己的认知水平和眼光有限，再加上许多客观因素的制约，效果是否能让人如愿以偿，我还不敢妄下结论，但有一点是肯定的，那就是这条路的方向是正确的，学生是支持的，也是感到愉快的，这对他们一生的成长有着不可小觑的作用。

# 孩子是世界上最珍贵的艺术品

如果把教育看作雕琢一件艺术品，那么教育者就是雕琢大师。教育不是根据要雕琢成的物品去选择原料，而是根据原料去思考和谋划要雕琢成的物品。

## 一、教育没那么简单

教育之路，远！作为一个教育者，我虽没有做出非凡的成绩，但对教育的思索与探求从没有间断。

凭着这份执着和热爱，尽管很苦很累，可付出之后的踏实、尽力之后的坦然、用心之后的愉悦，足以让我敢于直面正在悄然而逝的年华。我将爱和热情，以及微不足道的智慧洒在了家乡最需要的地方。艰苦、闭塞、荒凉、偏僻都未能扼杀一颗火热的心。

蓦然回首，叩问自己，教育是什么？

（1）爱，是教育的全部。

（2）教育是生活。有人说"教育是一种文化的传递"。文化是什么？作家梁晓声说，真正的文化是"植根于内心的修养；无须提醒的自觉；以约束为前提的自由；为别人着想的善良"。文化是一种状态、一种意识、一种耕耘、一种生命与生命的对话与交流、一种忘我的情怀、一种智慧的融合。融会贯通之后，就是一种力量，对心灵产生影响与感召的力量。对于教育，我的理解就是一种生活，一种需要和生活紧密结合的互动过程，是一种人性的觉醒。

（3）课堂，不仅在校内，还在校外。教师还应该关注学生在校外多方面的表现。

（4）教育，不等于分数。如果一个教师始终把自己事业的目光定位在学生的分数高低上，那么这样的教师是狭隘的，更进一步说是曲解教育的。教师的目光应永远定格在学生发展上，这个发展，不局限于考试，不局限于升学，而应扩展到学生的意志品质和道德修养，扩展到他们的人生信念和价值追求，扩展到他们的乐观和无畏。

（5）教育要有悦纳的胸怀、蹲下身子的勇气、打破窠臼的胆识。

（6）孩子毕竟是孩子。无论什么时候，我们都要认为，他们所犯的错误不会像大人所想象的那么复杂。

（7）教育无痕。文化熏陶：美文与名著的阅读、校内外环境的设置、传统节日的内涵。道德内化：教师行为举止的真实与美感、父母亲人的社会化与自然本真的状态、社会人群的价值判断与评价……润物无声的影响就是教育无痕。

"如果你把学生看成天使，你就生活在天堂里；如果你把学生看成魔鬼，你就生活在地狱里。"满怀信心地爱你的学生吧，他们都是和我们自己孩子一样的真正的天使！

## 二、教育需要捕捉

教师要找好教育的依托和契合点，恰当地进行有效的教育，让教育的力量由外而内、由弱到强、由意识到行动，逐渐上升到影响一个人、一个家庭乃至一个民族、一个国家的高度。教育，许多时候是艰辛与微妙的。

这里我撷取学生习作中修改的几个片段，说说自己是如何洞察学生心灵世界并进行思想道德教育的。

### 片段一：掌上晴空

……

我朝走廊外的雨帘努努嘴："你觉得下这么大的雨，我又没有带伞，该怎么回去？"说完，便望着如瀑的雨幕里举着花花绿绿的雨伞的同学们，看他们一个个奔回家去，不觉长叹一口气。

她见我这副模样，踌躇了一下，从书包里掏出一把橙色的雨伞，拿在手中顿了一下，随即干脆地递给我："我带伞了，你家远，先借给你吧！"

"那你怎么办？"

"哦，我……我妈妈来接我，没事的，你快回去吧！别让家人等急了，我妈妈一会儿就来。"她语气轻松地对我说。

"那我先走啦，谢谢你喽！"我从她手中接过雨伞，"哗"地撑开，橙色的雨伞就像在阳光里浸过似的，暖暖的，隔绝了伞外冰冷的雨水，只剩伞下一片温和的暖色调，宛如一小片温暖的晴空，屹然掌上。

我朝她挥挥手，转身便奔入雨幕中。

回到家后，我毫发未湿，握着那把橙黄色的伞，分量重了许多。

下午，我把伞小心翼翼地叠整齐，卷好，准备还给她。可一整个下午，那个原本存着她欢声笑语的座位上，一直是空荡荡的。我有些疑惑。

翌日早晨，她蔫蔫儿地来到学校，不时捂住口鼻打喷嚏……

我轻声地问她："怎么感冒了？"

"阿嚏！嗯——没事的，只是昨天淋了点雨……"她说到一半戛然而止，惊愕又略带心虚地望了望我，仿佛一时嘴快而泄露了什么天机。

我意识到了什么，眉头一皱，接着问："你妈妈不是来接你吗？你怎么会淋雨淋到感冒？"

"呃，嗯……那个，是，是因为……"她一时语塞，努力想要寻找一个借口来圆了这个已经被戳穿的善意的谎言，却又无从下手。

……

这个片段选自李波同学的习作《掌上晴空》，它打动我的不仅仅是活灵活现的人物对话和细致入微的心理描写，更重要的是同学们之间互相帮助、互相关心、互相理解的思想和行为。让孩子们从小就建立良好的人际关系，拥有理解、包容、平等的意识，是我们全社会、所有家庭的期望。文中的两位主人公自然而然的表现，让人欣慰和感动，扣人心弦。

针对这些鲜活的体验文字，我利用作文讲评课的契机，进行了郑重的肯定和解读，"本文动人之处不在文字本身，而在如临其境、如闻其声、如见其人的行为上，在丝毫没有虚情假意的语言上……这才真正是作文的魂之所在。"让学生真正领会文字要动人，就得做人要真，做事要实。

**片段二：心中有阳光**

……

在我们的校园里，我们"梦之翼"班里，永远有一处最美的风景，一个最美的身影。当我们班的马研与苏嘉欣手提一个垃圾桶，弯腰捡起地上的一片片纸屑、一片片落叶时，她们没有想过获得什么，也没有要向谁去做样子，只是遵从心灵深处的一丝善念与阳光。没有人去关注，没有人去提及，但她们依旧提着那心爱的"玩具"，数年如一日地弯腰去捡，也真正证明了"衡量一个人的真正品质，是看她们在知道没有人发觉的时候做了些什么"。

心中的阳光，不一定是排山倒海的力量，不一定是惊天动地的事件，也不一定是山盟海誓的言语！爱的心灵，有时只是一张纸的厚度，那便是给予；爱的心灵，有时仅是一句话的内容，那便是关怀。羡慕别人的一刻，同时也付出自己的一片真情。

我忘不了那次校园足球比赛，王民博那卖力呐喊的样子：手拿一个小喇叭，声嘶力竭地喊着，身体向前弯着，仿佛自己也要冲上去，与我们融为一体。那时，集体的力量充满了我的肢体，更让我感到人间的美好与他（她）们内在的美丽，那是我们成长路上的阳光。

……

这个片段出自马子昭同学的《心中有阳光》，其实这篇习作真正让我觉得难能可贵的是他有这样的认识："衡量一个人的真正品质，是看她们在知道没有人发觉的时候做了些什么。"马研、苏嘉欣的做法并没有给我们班"挣"来荣誉卡，但她们日复一日的行动却带给了同学们一生的心灵抚慰和启迪。是的，我们应该让学生常怀一颗感恩之心，从孝敬父母做起，从身边的小事做起，在细微的行动中，播下责任、诚信、担当的种子，做一个有理想、有本领、有担当的新时代好少年。

### 三、教育需要教育阅读

每每翻开名师的博客或阅读教育家的文章，几乎无一例外地会看到关于教育阅读的内容。要让自己的思想境界不断得到提升，阅读是一条必不可少的途径。

朱永新教授说："一个没有阅读的学校，永远不可能有真正的教育。""一个人的精神发育史就是他的阅读史。""一个民族的精神世界取决于这个民族的阅读水平，一个民族的竞争力取决于这个民族的精神力量，一个民族的精神力量取决于他的阅读力量。因此一个不善于阅读的民族绝对不会成为一个有精神力量的民族，也绝对不会成为一个有竞争力的民族。"

教师，首先要有阅读的习惯和阅读的能力。有人说过，教师的阅读走向应该呈"T"字形，在阅读的广度上要宽泛、不拘一格，要涉猎文学、艺术、美学、哲学、科学、历史、地理、法律等诸多领域；在阅读的深度上要突出专业特点，读教育专著，如《论语》《道德经》《陶行知文集》《叶圣陶教育文集》《苏霍姆林斯基》《爱弥儿》《教学勇气》《静悄悄的革命》等，当然还有《班主任工作漫谈》《做最好的班主任》《致教师》《好妈妈胜过好老师》《教育：突破重围》《教育是慢的艺术》《窗边的小豆豆》《好父母好孩子》《谁拿走了孩子的幸福》等。

最近两年，跟着"全国班级联动"的步伐，我又阅读了《罗恩老师的奇迹教育》《教育就是解放心灵》《孩子，把你的手给我》《你能做最好的班主任》《教育就是唤醒》《一间辽阔的教室》等。

当阅读得较多的时候，才会发现，做教育并没有想象得那么简单，正如有些人的描述：战战兢兢做教育，最担心的是好心办不了好事，毁了孩子的一生。

不管是哪科的教师，特别是班主任，都有责任和义务去引导、培养、点燃孩子的阅读兴趣。一个不阅读甚至拒绝阅读的孩子，他的心智一定不会完全成熟。阅读时的领悟，文字的浸润，会像春雨润物，无声无息，却又入心入肺。我们不仅要留给学生阅读的时间，不让大量重复机械的作业占去学生宝贵的时间，还要有意地去推荐好书，开展阅读分享活动，如阅读沙龙、阅读心得结集等形式，让学生逐渐爱上阅读，让书籍成为孩子生命成长的良师益友。

实际上，对于教师，孩子才是世界上最珍贵的艺术品。我能成为他们的塑造者和帮助他们实现自我塑造的人，既是幸运，又是使命。

# 好孩子是夸出来的

## ——酝酿好学生的每日一语

"好孩子是夸出来的。"是的，在教育实践中，我对此深信不疑。生活现象千姿百态，有真善美的闪亮登场，也有假丑恶的从中搅局。在孩子们的世界里，一些不良现象的充斥，肯定会对他们的人生观、价值观甚至世界观的形成和建立，产生难以回避的负面影响。对于我的班级，对于因缘相遇的学生，我想尽自己最大的努力，给他们一些直接的、阳光的、正面的引领和影响。在这儿我谈一下我的"每日一语"，我所说的"每日一语"并不是摘选孩子们习作中的好句，也不是摘选名人名言之类的，而是我每天有针对性地对孩子们的评价语。

下面谈谈我的初衷。在多年的班主任工作经历中，我在不断地学习、摸索、实践、反思，发现那些精练的、精准的、细微的、细腻的、优美的评价语对一个孩子此时的成长乃至一辈子的成长都有着举足轻重的作用。泛泛而谈、粗枝大叶，特别是随意、不关痛痒的语言，不仅起不到任何教育的作用，相反，还会给孩子造成负面的心理压力、心理阴影或精神打击。为此，近两年我特别注重这方面工作，几乎每天都会针对某一个或两个同学，在课堂上或私下里，进行谈话，做成长评价。一缕带着春天温暖却又有凉意的春风，可以驱走孩子们心中的郁闷，一阵透着淡淡清幽的花香，可以让孩子们心中有种处于"世外桃源"的惬意。我想就以我的"每日一语"还孩子们一个清亮、阳光、欢乐的日子。

## 一、具体做法

第一，留心每一位同学的举手投足，留心他们的日记与周记，在意"心灵驿站"的信件，抽空和家长沟通，了解孩子，理解孩子。

第二，养成随时做记录的习惯。主要记录班级学生身上发生的比较特别的事件，不论事件大小，只看意义大小。

第三，精心思考，找准恰当的语言，罗列真实、细致甚至感人的故事或案例，对学生做评价时要援引充分的事例，既让学生感觉到评价语的真诚，又让他们看到教师对他的在意与良苦用心。这或许还会让学生体会到评价语的分量，给予学生成长的动力。

第四，找准时机，不露痕迹，语气恳切，声情并茂。时机不是等来的，而是创造出来的。时机来了，要及时捕捉，不让教育的每一次契机白白丧失。

第五，多肯定，抓重点，少提缺点。拓宽评价的项目或范围，选用学生易懂但又不口语化的比较慎重的词汇，肯定孩子比较稳定的、常态的优点和天分。而且，连续几次的评价语既要有连贯性又要有重点，切忌东一榔头西一棒槌，或面面俱到。对于缺点的指出，既要谨慎又要集中，切入口越小越好。

## 二、案例略举

### 案例一

蓉是一个皮肤黝黑、身体瘦弱的女孩。自从我接手这个班级后，就有老师告诉我，她父亲出车祸离开了人世，沉重的家庭负担就压在她母亲一个人身上。蓉是一个特别懂事的女孩，她默默地承受着意外灾祸带给她的不幸。虽然她很坚强地挺着，学习认真踏实，从不迟到早退，也不惹是生非，给我的印象很好，但是从她的眼神中，我时常可以读到"忧郁"二字。她父亲的离开，对她的心灵一定有不小的打击。基于这种情况，我时常会走到她身旁，摸摸她的头发，拍拍她的肩膀，肯定她的进步。但在课堂上，有时不免会提到父亲的字眼，每当这时，我总会看到她噙满泪水的双眼。于是，我会有意地在日记评语里写上我对她的理解、鼓励。

三月末了，学雷锋是经常要做的，可"学雷锋"月快结束了。学校要求通过选举产生一名"雷锋式好少年"，在六一儿童节接受表彰奖励。选谁呢？我心里也没数。我想还是让孩子们自己选吧！

正好前一天，我们学校举行了为四年级（12）班的杨涛同学（血友病，脑部出血，抢救近一月，孩子依然昏迷不醒）捐款的活动。在这次募捐活动中，我班学生都比较积极，少则两元，多则十元、二十元、三十元甚至五十元。钱不在多，传递的是一份爱心、一份责任，我班一共募集到捐款404元。在这个捐款现场，我被一个孩子的举动感动得几乎流出了眼泪：黝黑的皮肤，瘦弱的身体，双手捧着两张人民币：一张十元，一张五元，两张钱都被揉得有些褶皱。我想，这两张钱，孩子一定是从妈妈那里或自己积攒的钱中谨慎地拿出来的。她就是蓉。当时，我不想收她的这十五元钱，又怕伤了孩子的心。接过这两张纸币时，我像真的接过了一颗爱心，小心翼翼地。

今天，走进教室，本想让学生推选"雷锋式好少年"，我却忽然想起了她。好，先讲讲蓉吧！讲完蓉的故事，当然还有她平日里对班级事务的积极参与与对卫生工作的任劳任怨。我询问大家愿不愿意推选她为"雷锋式好少年"时，大家齐刷刷地举起了右手。我知道，这就是认可与支持。我建议大家为蓉送上祝贺的掌声，顿时，教室里响起了热情激烈的掌声。

此刻，我说：蓉是一个坚强的女孩，不因家中的不幸而屈服；她是一个懂事的女孩，主动挑起了教育弟妹的重任；她是一个自律性强的女孩，每次的作业，她都能自觉完成；她更是一个富有爱心的女孩，对于一个这样的家庭，十五元也是一个不小的数字，甚至可能是她家好多天的买菜钱，但她却大方地捐给了杨涛同学……

**案例二**

某学期开学不久，班里转来了一个女同学——婷。不知是不是原学校任课教师的语文教学出了问题，还是这孩子根本不用心，五年级的她，连基本的汉字笔画都不会，满篇错别字。在这种情况下，我觉得让她树立学习的信心，扬起生活的风帆，才是对她进行教育工作的重点。

对于她，我经常找她谈话，并及时捕捉她的闪光点。她胆子小，每次回答问题，都是低头不语。让她读课文，她的声音估计只有自己可以听到。写作业，错字连篇。写作文，就不言而喻了，连基本的句子都写不通顺。

我虽然觉得无法快速改变她的学习现状，短期内无法提高她的学习成绩，但也觉得一定可以让她重拾学习的信心。课堂上，找最简单的语段让她读、最简单的问题让她回答，并不失时机地对她表示肯定、鼓励。

一个学期之后，我发现她明显地变了，错别字少了，读课文比之前流畅了，声音音量也提高了。我想，她一定是偷偷努力了。于是，我想了这么一段话，对她进行了评价：婷是一个有韧性的女孩，她能在巨大的压力面前，不气馁，不放弃，用自己的坚持证实了自己的坚忍。她也是一个聪明的女孩，通过一学期的努力，让自己的朗读、书写都有了很大变化，实属不易。

# 让故事记录搭起一座走向学生心灵的桥

苏霍姆林斯基说过："尽可能深入地了解每个孩子的精神世界——这是教师和校长的首条金科玉律。"了解学生是每位班主任做好班级工作的基本条件，也是首要条件。这里介绍其中一种方法：从记录故事开始，走进学生心灵。

班主任要有一双慧眼，善于从学生日常的一句话、一个表情、对待一件小事的态度中发现他们的独特个性，并用文字进行记录、反思、总结、提炼，这样做，可以架设起一座让班主任走进学生心灵的桥梁。

走进学生的心灵，我是从以下几个方面着手进行记录的。

## 一、从学生日常琐碎的语言行为入手，进行故事记录

言为心声，行为心表。学生日常琐碎的言行看似微不足道，但只要你善于捕捉、勤于琢磨，用系统的思维方式去看待，就会发现很多有意义、有趣味的资源，不仅可以发掘学生的性格特点、兴趣爱好，还可以发现学生的潜质。对班主任进行全面育人、育全面人大有裨益。

"老师，你真帅！"

"是吗？某某同学，谢谢你！"

"不客气，老师。"一个扎着马尾辫的六岁女孩，说完就蹦蹦跳跳地跑开了。那是开学不久后的一节课后，我听到的最令我惊喜的话。

从那以后，我就特别在意自己的形象，至少不能让这个女孩失望。不管是何种原因让她说出这样的话，至少可以肯定，她有勇气表达自己，我要肯定、支持和保护她的这种对别人进行评价和判断的勇气。

一句话，让我看到了她的与众不同。记录下这个故事，只是了解学生的一个入口，我继续留心她的衣着打扮和个人形象，留心她对教师评价的在意程度。随着时间的推移，我发现她对自己的形象和打扮也很在意，对教师的评价

特别上心。作为班主任，面对这样的学生，既要进行"人不仅美在外表，更美在心灵"的思想教育，又要充分利用学生对教师评价的在意，有意识地对其进行学习成长的引导和激励。即便只是一句话，能给予学生的却有很多很多……

## 二、从关键事件中的学生表现入手，进行故事记录

在班级管理中，总会有一些关键事件：节日庆典、集会出游、意外事件、参观访学……往往会引发师生较大的情绪变化。在这种特别的情境（时空）中，不同学生的表现差异也是很大的。作为班主任，当然一边要精心组织好学生，一边还要充当好"观察员"的角色，将"关键事件"中"关键人物（特别人物）"的故事记录下来。有些同学在这样的场合中，往往会有令人意想不到的表现。

### 坚强的宇

宇同学，在课间玩耍时，被一个同学一推，将橱窗上的玻璃撞碎了，手也被玻璃划破了一道口子，鲜血直流。受伤后的他被送到诊所，医生马上给他做清洗，进行简单的诊断后说："不要紧，但要缝一下伤口。"

缝伤口时，医生没有打麻药，只在伤口上撒了一点止痛药水。可是，这哪能达到麻醉的效果呢？

当医生把带钩的医用缝合针扎入他的皮肤时，我扶着他的手，生怕他躲躲掩掩不让缝，谁知我的判断完全被他的行为否定了。他紧咬牙关，一声不吭地忍着，豆大的汗珠从他的额头上滚落下来，可他硬是忍住没哭出声来。这对一个只有六岁的孩子而言，是一次多么大的考验啊！

自此，我就更喜欢这个坚强的孩子了。

一次偶然的"关键事件"，却能看出一个孩子性格里藏着的倔强。对待这样的学生，恐怕像有些班主任惯用的"严厉"就不适用了，相反，如果看重他、起用他、信任他、给他压担子，那么他就会有不同于一般学生的表现和发展。

## 三、从对待关键问题的态度入手，进行故事记录

班级管理无小事。只要心在那儿，就容易获得一些珍贵发现，而与此相关的故事，就是班主任所要坚持记录的重要内容。以这些故事为契机和切入点，

往往会发现教育生活中更多精彩的故事。

### 负"鞭"请"罚"

课堂上，说到人犯错后要主动承认错误、承担错误时，我给大家讲了《廉颇蔺相如列传》中"负荆请罪"的故事。

几天后的一个课间，有同学告诉我：鑫将峰的头碰了一个疙瘩，峰正哭呢。我赶紧让同学把峰叫来。一看，哎呀，峰的额头上真的肿起一个大疙瘩。同事赶紧帮峰冷敷额头，我询问鑫怎么回事？鑫说是他们玩耍时，两个人碰到一起，他的头也碰疼了。我让他自己先想想事情的经过，想清楚了再告诉我，然后让他回去了。峰的额头冷敷了一下后明显好转了。我看他没什么大碍，就让他敷着毛巾上课去了。

一节课后，鑫领着峰又来到办公室。不同的是，这次鑫手里拿着我平时用的教鞭——一根软塑料管。

我问他："你拿它干什么？"

他说："老师，我错了，你打我吧！"办公室内，除了我以外还有别的同事，都被他主动承认错误的举动感动了。在孩子眼里，或许负"鞭"请"罚"是最好的承认错误的方式吧！

同样的事情，不同的人，其处理方式是不同的：有人选择隐瞒，有人选择逃避，有人选择承担。这样的故事，是班级里活生生的德育教材，班主任一定要及时将这样的故事记录下来，这对于促进班级学生共同成长有重要意义。给学生提供榜样时，这就是看得见摸得着的示范力量。

当然，班主任还可以从课堂表现、作文风格、阅读趋向等诸多方面去记录。但不管怎样，只要将爱揣在心间，善于发现和捕捉，就能拓宽了解学生的途径和渠道，缩短走进学生心灵的距离。而只有了解学生，我们才能因材施教，进而立德树人、科学育人，真正实现班级管理的人文化和科学化。

# 班级活动设计要素简

班级活动是班级文化的重要体现，也是实现活动育人的主要途径。一个不愿设计班级活动的班主任很难带出一个积极向上、充满活力的班集体。同样，一个不会设计班级活动的班主任很难实现班级活动的育人功能，达到调节学生学习生活和提升学生综合能力的目的。

"班级活动单"的形成，要考虑诸多因素。一方面，我觉得至少应该考虑活动的目的和意义、学生的年龄和学段、地方风土人情和习俗、家长意见、活动场地、经费支持等；另一方面，要遵循主题性原则、素简性原则、实践性原则、渗透性原则。

今天，就简要说说我借助"母亲节"所设计的一次班级活动吧。

## 一、气氛营造，心灵酝酿

在母亲节的前一天，我就通过云校家的作业布置模块和微信群发了这样一段文字：同学们，每年五月的第二个星期日是母亲节。诗人孟郊在《游子吟》写道：谁言寸草心？报得三春晖。从怀胎十月到你成长为三年级这么大的男孩和女孩，妈妈已经为你付出了常人难以想象的劳动和心血，相信同学们一定看在眼里。那么，在母亲节来临之际，你要为妈妈做点什么呢？以何种方式表达你对妈妈的感谢呢？请大家以日记的形式把你的打算写下来，告诉老师！

## 二、将有关母亲的图片、视频和写母亲的文章转发到微信群

在母亲节当天上午，我从全区少先队工作群、美篇、微视频等渠道搜集了一些资料推送到了微信群，让学生去看、去听、去读，从学习别人的做法，感受感恩之情。

### 三、收集资料，宣传影响

活动的意义其实不在于活动本身，而在于它引发的涟漪。仅仅通过母亲节这天孩子的所作所为，难以实现教育他们感恩父母的目的。然而，以此为契机，引导孩子、肯定孩子、表扬孩子、宣传孩子进而扩大影响范围，影响和带动更多的小朋友感恩父母，这才是我们的目的。因此，我在微信群发了一个温馨提示：今天是母亲节，各位同学会用何种方式表达对妈妈的感谢呢？或许是一张饱含深情的纸条，或许是一封长长的感谢信，或许是一张亲手制作的贺卡，或许是一束清香的玫瑰花，或许是一幅寓意丰富的图画，或许是一个深情的拥抱，或许是一次深深的鞠躬，或许是一个甜甜的吻，或许是一次特别的洗头、洗脚、剪指甲、扫地……请你将相关的做法以图片、视频或美篇的形式发送到微信群。

下午，我收到了不少同学发来的日记、图片、视频……他们的每一样行动，都是对母亲的爱的表达。而这样的表达，需要我们在每年的母亲节有意提及，设计有仪式感的活动，从而在他们幼小的心灵里种下感恩的种子。

### 四、加工整理，正面宣传

后续，我将会以优秀的歌颂母亲的文章为引子，以同学们书写或制作日记、卡片、图片等行动为载体，进行美篇制作，记录活动成果，然后转发宣传，留下痕迹，继续激励孩子们，为他们以后继续在日常中感恩父母的行动提供鼓励。

对于这次活动，我也没有花费多少工夫去准备，只是简单地进行了活动过程的构思、宣传语言的组织、活动资料的收集、宣传美篇的制作，但对孩子们而言，却是一次非同小可的成长。对于家长而言，他们肯定也会觉得这样的活动有不可忽视的现实意义。我们何乐而不为呢？

如果教师能正确地认识到自己职业的存在价值主要在于育德，而非仅仅在于学知识，才会常常有意无意地甚至敏感地捕捉每一次的教育契机，让学生的成长拨云见日。

# 为什么我没有被选为优秀少先队员

"为什么我没有被选为优秀少先队员？"当我在平日里细细碎碎的教育教学工作中碰到重要的评选优秀学生、优秀班干部等活动时，我就会情不自禁地想起这句话来。说起这句话，还真有一段让我觉得出乎意料的事。

那是2008年，六一儿童节前夕。学校为了激励学生，树立优秀学生典型，给了每个班级5个优秀少先队员的名额。当时，我没太在意推选工作的难度，只是将推选的原则和条件向全班同学做了说明。我当时任六年级一个班的班主任，班里有70多个学生，要是采取投票推选，会比较费时，而且不一定能保证推选工作的顺利进行。我就想，还是教师提名，大家举手表决算了。于是，我的大脑里映现出一个又一个活灵活现、可爱进步的学生的形象来。选谁呢？思来想去，我提议了几个具有以下特点的学生：一是思想进步，思维活跃，属于为班级出谋划策的积极分子；二是学习进步明显，已跃居班级前列的学生；三是热爱班集体，团结同学，积极参与各项活动和劳动的学生。于是，我就初步推选了5名同学作为六一儿童节要表彰的优秀少先队员，然后在班上举手表决通过就行。

过了几天，六一儿童节在彩旗飘飘、锣鼓阵阵的喜庆气氛中开始庆祝了。同时，各年级各班优秀少先队员的光荣榜也出来了。一双双急切羡慕的眼睛将目光投向了光荣榜，一个个充满希冀和向往的脑袋涌动在公示栏前。这种情景，这种心情，我有过也想过，但我现在的感觉似乎没有小时候那么神圣和神秘了。我扫视一眼就从公示栏前过去了，也没想多少。

第二天早自习时，我一如既往地走进教室，准备检查学生的学习情况，并提醒学生一些事项。就在我巡回检查家庭作业的时候，我意外地发现，张同学的神情很沮丧，情绪很低落。

我走过去，轻轻地问："你怎么了？是不是哪儿不舒服？"

"没……没什么。"从她说话吞吞吐吐的语气中，我感觉到她似乎有什么心事。她是我班的一个学习认真、成绩突出的孩子，有一种不服输的拼劲，但平日少言寡语，说话声音比较低。所以，我觉得她可能是和父母或同学闹了一点矛盾吧，就没再深入进行沟通交流。

下午，和往常一样，在没有语文课的时间里，我匆匆忙忙地批阅作业。当我翻开张同学的作业本时，一封大约有几页纸的信夹在里面。我赶紧打开信一看，一切全明白了。原来是她对这次优秀少先队员推荐的不理解和内疚，甚至是羞愧。她在信中说：我觉得我是一个优秀的少先队员，每天按时到校，认真学习，追求上进，而且每次考试，我都是班里的前几名，我想这次优秀少先队员的名单里一定有我。然而，当我和我班的其他同学满怀信心地挤进人群时，却发现找不到自己的名字。当时，我的泪水夺眶而出。我不知道我为什么那么伤心？也许，是我太自信了，还是我的确和别的同学有很大差距。在我爸爸妈妈面前，我蛮有把握地说，我就是优秀少先队员……老师，你能告诉我，为什么没选上我吗？是不是我在哪儿做错了什么？

看完信后，回想早上看到的情景，我觉得简简单单的小事怎么似乎变得并不那么简单，单单纯纯的孩子怎么似乎变得并不那么单纯？我知道，这个学生也不想让大家知道她所做的一切和内心的想法。我就找了一个机会，给她讲明白了没选她的理由：其一，你有恒心，已经养成了良好的学习习惯；其二，你有拼劲，有一种不服输的精神；其三，在人际交往方面、口语表达方面，你的确还有欠缺，并没有赢得大家的认可。至于其他品德方面，你很优秀，你的同学也很优秀。自从我打通她心中的那个结以后，她更加努力，最终以全县前二十名的好成绩升入初中重点班。

尽管事情就这样过去了，可给了我不少的警示：其一，看似是学校开展的很常规很普通的活动，只要与学生的心理思想有关，就得做好全班宣传准备工作；其二，别忽视了个别学生的心理辅导；其三，做学生的有心人，别伤害了任何一个稚嫩的心灵。

# 也聊"整合"

在教育管理工作中，常有"整合教育资源""整合课程"。在指导学生学习方法时，也有对信息的收集、筛选、整合、处理、加工等。当然，对于我们从事的教育工作中零碎而繁杂的事务，我们也应该学会"整合"。本学期，根据学校安排，我除了继续担任班主任、语文教研组组长、语文课教师，学校还让我担负起团委少先队的工作。在网络团队中，我担负着一定的责任，需要我协调、沟通、撰写、总结。本来，我就是一个做事速度慢、效率低的人，现在又增加了这么多工作内容，该怎么胜任呢？

思考时，我的大脑中突然迸发出一个词语：整合。怎么整合？我觉得应该从以下几点去入手。

## 一、要整合时间

让自己每天拥有的可支配时间能最大限度地被利用，不浪费、不虚度、不无序。晚上，尽量在11点前休息。从下午放学到休息前这段时间，除了吃饭和有时陪伴家人，我一定要有计划、有节奏地认真完成半小时的阅读，一小时的团队事宜和论坛帖的更新与阅读，还要进行备课活动。因为我有一个坏习惯，只有在安静的环境中才能深入思考一些问题。在学校，我要重点做好上课、作业批阅、教研活动开展与少先队培育的工作，如红领巾广播站的工作、周一升旗仪式的组织、学生演讲的组织训练等。

## 二、要整合工作内容

班级的阅读活动可以和广播室的播放内容适当整合；学校开展的集体活动，如"学雷锋，树新风"学校倡议活动，可以与班级班会课进行整合；校刊优选的习作可以和广播稿进行整合；联动团队的读书活动、名师工作室的教学与课题研究，可以与微信读书进行互补式整合……只有动脑筋，才可以达到事半功倍的效果。

### 三、要整合学生资源

对于学校团队工作，我们需要调动和协调的学生很多。怎样实现高效工作，减轻学生负担，需要制订切实可行的工作计划，组建精练、明了的工作团队，让要做的事有人做，让要做事的人不倦怠。

作为教师，我们在工作中应该时常保持"好奇心""年轻态"，建立"问题意识"，敢于打破陈规陋习，坚守自己的信念，不断挑战自我，整合工作资源，实现美好的教育理想。

# 榜样的力量

引导学生，主要是要正面引导，但是这里面有一个概念问题：正面引导不等于正面说教。举个简单的例子，要让学生认真书写作业，教师光在课堂上或评语中说，效果微乎其微，而且学生可能难以想象什么样的作业叫认真书写，但是如果以榜样示范的方式去引导，效果就会大不一样。

近些天，因为空中课堂的开展，学生的作业都在教学助手上批阅，无法给予孩子们面对面的指正，所以我利用网络空间的便捷，采用在微信群进行示范引导的方法，让学生了解：怎么学？怎么写？怎么主动？

## 一、引导静心写日记

我首先在群内分享了李树兴同学的一篇日记。他的这篇日记内容翔实，字里行间饱含着对妈妈的感激之情，而且文字朴素，没有堆砌辞藻的迹象。所以我在截图的后面配上了这样的文字：这是李树兴的日记！紧接着又出示了邹怡的日记。这位同学的日记，不仅是这一次好，而且是每篇都倾注着她的心声，所以我在截图后面写上了这样的文字：同样的日记，同样的时间，我们读读邹怡的这篇日记，感觉味道就是不一样！这位同学的日记几乎每篇都会这么认真对待，就像跟自己最亲的朋友谈心一样，动心动情！像这样的同学，写作水平怎么会不提高呢？

日记摆在那儿，教师只要诚恳地点评一下，点到点子上，自然能引导学生去努力。

## 二、书写美观靠工夫

我班学生的书写水平，实事求是地讲，大约有三分之一的学生的字已经写得有一点书法的味道了。从起笔、顿笔、行笔到结构把握、穿插呼应都有一定的感觉。有三分之一的同学只属于书写整齐，但没有书法的美感。还有三分之一的同学到现在为止，连基本的笔画都没掌握好，更别说字里的间架结构了。所以，教师指导很重要，但培养学生对字的审美意识更重要。

在微信群里，我时不时截屏写得好的作业图片发到群里。比如今天，截屏了王玭的作业，她的作业字迹美观，是她临帖练字的结果。我发到群里，然后紧接着发了一句：王玭同学在本学期坚持练字，与开学时的字相比，已经大为提升！只要愿意改变，坚持不懈，一定会有意想不到的进步！

我不相信，欣赏着娟秀的字迹，大家会不动心？因为榜样就在身边，是可以学习的大榜样！

### 三、学法指导勤提示

其实在课堂上教师经常讲学习方法，有些同学会掌握、会运用，但有些同学很迷茫。用身边的例子进行启发式教学，或许效果更真实。例如，郎静坚持使用课内与课外相结合的方式在积累本上积累知识点，王怡涛在写生字时会补充上音序查字法的大写字母和部首查字法的部首……这些，其实我没对学生要求过，因为要考虑大多数学生的学情和负担，但是对于想要自主学习、主动探索新学法的学生，我觉得这样的实例就很有必要。

一个鲜活的事例，往往会开启学生学习的一扇窗户。以榜样为引导，无须教师多言，便能行不言之教。

# 用心对待教育的每一天

华东师范大学的叶澜教授曾经说过，一个教师写一辈子教案不一定能成为名师，写三年教学反思则可能成为名师。是的，我觉得名师与普通教师最大的区别，就是对待教育生活的态度。名师将教育生活视为一种追求，一种实现人生价值的载体，一种享受生命过程的生活；而有些教师往往疲于应付，力没少出，苦没少下，但处于消极的备课状态，很难在工作中找到教育兴趣、激发灵感，最可惜的是缺少对教育教学素材的积累、对教育教学的及时反思，久而久之，职业倦怠就会快速登场。

我没想过成为一个名师，但我敢于直面自己的工作，以出世的精神做入世的事情。仔细想想，那些打动人心、让心灵获得安宁和荡涤的事物，不正是平凡的日子里平凡人身上发生的故事、产生的力量、放射出的光芒？母亲，一个再朴素不过的名词，但由于她对子女无私的付出、真诚的劳作和宽容的胸怀，戳到了多少游子的泪点。我有数次可以走出学校的机会，但都因为我的犹豫而未能实现。犹豫什么？我爱这份职业，爱和孩子们在一起，爱这份实实在在的恬淡。

今年假期，我为班级学生的发展做了长远谋划。譬如：给班级命名，让他们觉得我们班与众不同，有新鲜感，有目标追求。给班级学生创造积极的交流发言的机会，因为现在的学生摄入信息和知识的渠道很多，应当学习如何搜集、整理、过滤、提炼，如何识别，如何运用，如何表达沟通……给班级设计序列化的班会活动，既实现了课程中综合实践的某些内容，又为学生从课内走向课外、从书本走向自然、从课堂走向家庭、从文化走向艺术等提供了思路和保障，也实现了学生思想教育以活动为载体的体验式内化过程。对班级学生的教育，从衣食起居到坐姿写字、阅读兴趣等逐渐铺开，循序渐进地引导学生实现由他律到自律，由"要我学"到"我要学"的转变。

就拿一年级科学课与语文课结合来说吧，这次"十一"长假，我在布置作业时，特意安排学生去自然界中采摘颜色、形状各异的树叶，然后根据自己的爱好和想法（可借鉴网上的树叶粘贴画），在父母的帮助下，完成一幅A4纸大小的粘贴画。从家长群分享的图案和上交的作业来看，我欣喜地发现了学生眼中的童话世界和美好天地，有体验、有想象、有思考、有喜悦，我们何乐而不为呢？

我联系校微信平台编辑小范老师，用他的高像素相机进行了拍摄，然后在平台上做了一期宣传孩子欢度国庆、热爱自然的版面。我相信，这次活动对于学生幼小的心灵一定会是一次不小的触动。

还是那句最爱引用的话：教书育人在细微处，学生成长在活动中。今后，我会设计更多的活动，陪伴学生度过自己一生中最美好的时光。

# 放手开班会

从五年级开始，我感觉可以放手让学生来组织班会课了，从活动内容的征集到活动前期的准备，再到活动过程的组织、活动的记录和小结，所有这一切，我都交由班委会去组织实施。

春季学期，第三次班会，主题为"雷锋精神永驻我心"。3月份的活动发起者是学校，强化者是我。班会课的内容设计及程序，我一概没有过问。我觉得我有点"我要的是葫芦"的感觉，但实际情况是否会是"蚜虫"吃了葫芦的花和叶呢？答案是否定的。

这节班会课由董同学和魏同学主持。幻灯片制作者是陈同学。

当我步入教室时，幻灯片已经显示在大屏幕上：熟悉的头像出现在屏幕的右上角，在头像前面，赫然写着"雷锋精神永驻我心"。

两位主持人宣布班会课正式开始：有一个人，他的名字并不高雅，但他的名字传遍大江南北，遍布世界各地；有一种精神，说起来简单做起来难。雷锋精神是一盏明灯，照亮我们前进的道路。今天，我班的班会主题是"雷锋精神永驻我心"。

接下来依次上演了相声《做好事不留名》、小品《学雷锋的"遭遇"》、朗诵《雷锋日记》《雷锋名言》、小合唱《学习雷锋好榜样》、纪录片《沿着雷锋的足迹》等节目。

纪录片还没看完，下课铃响了，我看到大家依然在投入地观看，真不忍心打扰，就又等了10分钟，但是离看完还有较长时间，我就轻声拍掌，示意大家停下来，关掉视频，并告诉同学们，今后一定抽时间让大家将这段视频看完，接着，主持人进行了小结。最后我这样说：雷锋精神让全国甚至世界人民去学习，说明人民需要雷锋这样的人，社会也需要雷锋这样的人。我们学习雷锋，就要从孝敬父母、尊敬老师、团结同学做起，如水的涟漪一般，逐渐扩大范围，继而影响周围的人、温暖周围的人。

　　在轻松愉快的氛围中，孩子们的思维更活跃了，肢体语言更丰富了，对课堂的喜爱程度更深了。此刻，我想起了：心有多大，舞台就有多大；舞台有多大，人的潜能就有多大。

　　至此，我浑身一阵轻松，放手让我看到了一个开放的自己，更看到了一种教育的力量。

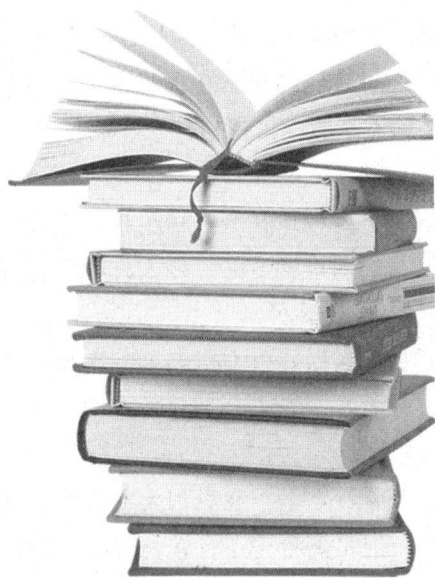

# 及时捕捉学生背后的故事

课前3分钟日记分享与点评顺利进行。进入点评环节时，我看到诗雨在日记中写道，对妈妈给予她点点滴滴的关怀，她看在眼里；对于妈妈的唠唠叨叨，她心怀感激，甚是理解。由此，我觉得这位同学不但与妈妈之间的关系亲近，而且对妈妈很用心、很孝顺。对于此，我特别欣赏。在点评时，一位名叫瑞的同学评价说："诗雨的日记写出了真情实感，善于将生活中微不足道的事情列出来，让我很感动。"我相机追问："其实，每个母亲都十分疼爱自己的子女，都在用不同的方式爱着自己的孩子。请你说说，你的母亲是怎么爱你的？"我原本想的是，我的课堂生成备课很巧妙，一定会让她很顺利地说出许多。结果让我始料未及的是她非但没说，还低头哭起来。我一时有点不知所措。虽然我不知道具体是怎么回事，但我马上意识到一定是我的提问触动了她内心某根伤痛的神经。我示意她坐下，正欲近前询问原因时，旁边马上有一位同学补充说，她是她爸爸照顾长大的。原来如此，虽然个中的细节我不清楚，但我知道课后我该做点什么了。

课后，我找机会和她谈了话。原来，在她3岁时，她的妈妈就弃她离家出走了，至今未归，是她爸爸一手将她养育大的。怪不得孩子一提起妈妈，就那么伤心。她是一个缺少母爱的孩子。她的内心世界一定渴望母爱，渴望母爱的温暖。今后的日子里，我会小心地关心她，和她沟通，让她生活中洒满阳光。

教育，其实不是大道理，而是你心怀善意地去对待你所教的每一个孩子，设身处地地走近他们、了解他们、关爱他们。

# 教育故事：
# 用心捕捉教育契机

◇ 有教师说过，每当你走进教室前，最好准备一箩筐夸奖孩子的话。我觉得这话一点也不为过。其意义有三：首先，夸奖意味着你的心态是好的；其次，你在寻找优势、闪光点，教育就是要扬长避短、因材施教；最后，你会捕捉细节，只有拥有一双善于发现的眼睛，你才能找到孩子的生长点。

◇ 教育生活不是冷冰冰的说教，它的状态应该是时时处处充满人间真情、充满温暖的爱。作为教师，自然就应该而且必须是传递爱的使者，不管你如何看待教育。

◇ 一个语文教师最大的功绩就是让学生爱上语文。这句话我感同身受。我认为，这应该是每一位学科教师所要追求的目标，培养孩子的学习兴趣，让他们喜欢上你所教授的科目。

# 别怕摔，让他们学着独立走路

　　大约受中国传统安全观念抑或是代代相传的思维惯性影响，少部分家长有一种对自己的孩子不放心、不敢放手的习惯，觉得孩子这事做不妥、那事做不来，总喜欢用自己的思维模式、亲身经历甚至教条的理论限制孩子的自主探索行为。特别是当孩子自己思考后，决定做什么事，如果不是按照父母的所思所说去做的，就被视为不听话或错误。所以久而久之就阻碍了孩子的个性化发展，特别是抹杀了孩子的自主意识。这样一来，孩子越是想冲破这一道道限制，父母就越将其视为不可教。

　　不仅家庭教育如此，就连一些学校教育也存在着不能放手让学生参与、自主探索、亲身实践的误区。就拿我当班主任时的一个故事来说，虽然我在教育战线上摸爬滚打十几年，也算是有一定的阅历和资历了，可是在实际工作中总感觉还是没有真正达到放手让学生去探索、去创造的目标。

　　那时候也是这个时段吧（2013年12月份），班里学生嚷着要庆祝元旦，表演节目。考虑到学校没有统一安排，再加之课程紧张，我也打算取消庆祝元旦联欢的活动。可是那些噘着小嘴的小天使蜂拥而上，把我围得水泄不通，叽叽喳喳地向我诉说他们对过元旦的热切期望。我真拿他们没有办法，于是就允诺他们可以过，但节目排练、场地布置等，这一系列准备工作我均不参与。我想这么一说，他们一定会打退堂鼓或者一定会在中途请我出马，为他们进行节目策划、排练指导或者帮助他们写主持词。可谁知，一切都出乎我的意料，他们并没来找我帮忙。

　　三周之后，大约是出于对我的尊重，他们请我观看他们的节目表演。周一的班会课，我欣然答应他们利用这节课的时间进行元旦联欢会的文艺表演。课外活动时间，我们教师也在办公室忙着排练元旦联欢会的节目。我的确腾不出时间为他们布置黑板，助他们一臂之力。看到那些在办公室窗外探头探脑的身影，大约是要叫我去观看节目。我点头示意他们先准备。直到上课铃响了，我才得以脱身，马不停蹄地奔向教室。等我赶到时，我的这些天使早已布置好了黑板，中间是"×××班元旦联欢会"字样，周围配有简单的图案，图文并茂，充满喜庆的色彩，极有节日的氛围。他们整装待发，跃跃欲试，翘首等待。

我示意他们开始后，就悄悄地站在后排，专心地做起他们忠实的观众。元旦晚会表演开始了，我班的两男两女四位同学走上讲台，挺拔地站在那里，他们有顺序、有节奏地开始了节目开场的元旦致辞，其声调的抑扬顿挫，其用词的精练准确，并不亚于有专业教师辅导的效果。文艺节目表演有凤凰组合的歌伴舞，有高亢的个人独唱，有二人合唱的歌曲……更难得的是他们还将班里发生的事编成有教育意义的小品进行表演，小演员们的精彩表演，赢得了全班同学的笑声和阵阵掌声。四位小主持人慷慨激昂的总结打破了我的沉思。整台表演虽然只有四十分钟，可节目充满童趣、形式多样，其精彩程度完全出乎我的预料；他们自主构思、自主组织、自主训练的能力给了我莫大的触动。

的确，我对他们的信任还是少了点，对他们的能力还是低估了点。今后，我要尽我所能，尽可能多地创设一些这样的平台，给学生提供一些锻炼自己的机会，为他们的全面健康发展做出自己力所能及的贡献。同时，我也劝告与我有着同样经历和感受的教师们：别怕摔，让孩子们学着独立走路！

# 你们的世界，我来过

"清明前后，栽瓜种豆"，把握的是契机，播种的是希望。顺应天时，应运而生。"种瓜得瓜，种豆得豆"，种下什么样的根苗就会有什么样的果实，拥有什么样的念想就会铸就什么样的人生。之于教育，何尝不是如此？

——题记

人生永远在路上，教育亦是。多年的教育时光在不经意间悄然而逝，当岁月在额头刻下道道印痕，霜花染白几许黑发时，我除了慨叹岁月匆匆，还要慨叹，对于教育，我的目标并未抵达，而且永远在路上。

## 一、我做出了选择

选择教育这个行业，就注定选择了平凡、善良与清贫。因为父亲英年早逝（我上初三时，他因胃癌病逝，年仅40岁，是一名民办教师），因为家庭经济拮据，无力支付学费和生活费，所以我失去了上高中和考大学的机会，但能够考上中等师范专业学校，我也很知足。我从上学时遇到的一些教师身上，看到了他们作为教师的诸多缺憾：专业技能相对较弱、学识范围相对狭窄、教学方式比较单一、对待学生缺少艺术……于是，我萌发了做一名教师，特别是合格甚至优秀教师的梦想。在师范三年的学习生活中，我努力主动发展自己。首先，就是改变以前有点自卑孤僻的性格，主动参与学校各种社团活动（比如文学社、奥数辅导班、合唱训练队等），锻炼乐观、阳光、热情与坚忍的性格；其次，扎实练习教学基本功（包括教育教学技能、三笔字、简笔画、普通话、信息技术应用等）；最后，坚持用阅读充实大脑，用写作展现自我。我清晰地记得，那时手里稍微有一点钱，我总会省下来买《读者》《读者文摘》《演讲与口才》《中师生报》等报刊，学习使用笔记本，坚持写日记，记录自己的一些生活感悟与思考。明知做教育就得甘于清贫、甘于奉献，但我不知为什么，从没有因为做教师有什么后悔或遗憾的感受，倒是觉得我选对了奋斗方向，使自己的人生在这里找到了归宿。因为教育，我才有机会让那么多孩子摆脱懵懂与无知，同时让自己的每一天都因与生命的成长进行对话而变得踏实。

## 二、扎根乡村那些年

扎根乡村，播撒爱和希望。我可以肯定地说：从我走进山村学校的那一刻起，我就下定决心安心生活、用心从教、爱心育人。

1995年9月，我正式步入教师行列，开始了"领工资教孩子"的工作。当时任教的那所村级小学名曰：周康小学。这所学校坐落在距离乡镇有三四十里路的周康村，这所村小可谓饱经风霜：破旧的校门，门扇上有狗能出入的不规则的大洞；低矮的土围墙，这儿一个豁口，那儿一个豁口，放羊的孩子可以随便顺畅地爬出爬进；教室窗上的玻璃不知被谁打了还是偷了，只能用塑料纸钉在上边遮风挡雨；一排简陋的教师办公室（也是教师宿舍），五间房有三间是危房，房顶的椽子有些部分已断，已经裂开口子形成残椽，让人心里不由得担心哪天那儿忽然塌下来怎么办，特别是上边还有泥块和瓦片，有两间宿舍还凑合，我们四个教师就挤在这两间不足二十平方米的房子里。本校当时有四个年级（一至四年级），不足六十名学生，其中二、四年级进行复式教学（所谓复式教学，就是将两个不同年级的学生安排在一所教室由一名教师同时上两个年级的课）。

当初，孩子们的课余生活十分单调，除了几把已经磨得光滑发亮的铁环，没有孩子们奢望的篮球、排球、足球，也没有跳绳之类的运动。孩子们课余玩的大多是自行开创的跳皮筋、打沙包、踢毽子游戏（其实毽子也是沙包）。音乐、美术课只开设课头，但实无其课。一则是缺少有这方面技能的教师，二则是这些学校偏远，交通不便，教师工作中有些许不顺心，就会产生消极心态。记得办公室有一架破旧的脚踏风琴，我随意弹了几首自己喜欢也拿手的歌曲《草原上升起不落的太阳》《小白杨》《我的祖国》，竟引得同学们挤满了办公室的门口和窗口，从他们烙着黄土高原明显特征的红脸蛋上的神情中，我读懂了他们对音乐的喜爱。之后，我和新调入的另一位张老师，给孩子们开启了音乐、美术教学的序幕。我虽然音乐不专业，但至少还识五线谱"do、re、mi、fa、sol、la、si"，会用脚踏风琴弹奏简单的曲谱。我虽然美术不专业，但至少可以用简笔画勾画熟悉的物体。同时，看到孩子们的课堂活动单调乏味，我就结合本地的资源与特点，在我所任的班级开展了诸如"到野外踏青""讲爷爷奶奶讲的古经""学动物叫""掰手腕""说说我是怎么做家务的""说说我们怎么过年""说说我们的开斋节、古尔邦节"等活动。对于作文课，孩子们很头疼。因为他们的阅读视野，除了课本几乎为零，再加之他们的生活经历单一：做家务、干农活、喂牲口、打扫院落……除此以外，对于外面的世界很少有机会接触。鉴于这种状况，我一边和学生一起筹措经费购买书籍进行阅读补充，一边指导学生写自己的生活。其实，当时我的工资只有二百九十块钱，那时父亲看病是贷的款，还得我还。1995年，那年正好大旱，庄稼歉收，家中又有各种开支：看病取药、柴米油盐、拉碳、买化肥……我个人的经济可谓拮据，但我还是从紧张的工资中挤出二三十元给孩子们订阅报刊，同时指导孩子们写写我们这儿一些独特的东西，如民风民俗、民间故事、田园风光、日月星辰、风雨雷电、节日礼仪……为了让孩子们有文可依，我每次上作文指导课都给孩子们写"下水文"。可以这么说，"下水文"在当时的条件下为练好孩子们的作文基本功提供了切合实际的范本，至今我还在学校开展的语文教研活动中，大力提倡教师写"下水文"。教师"下水"，不但可以起到跟学生"一起写"的共情作用，而且只有"下水"，方知孩子们在写作中可能遇到的"拦路虎"。

渐渐地，孩子们对学校的向往、对学习的热情都变得好起来。

在三岔小学任教的日子里，我担任的是该校的校长。村级小学的校长，可谓十八般武艺样样精通，啥事都要做，啥事都要会做，啥事也都能碰上。那是2000年的夏季，我因为工作需要，走遍了本村几乎每一个家庭，亲眼看到了什么叫艰难，什么叫"不得已"。记得有一户姓马的人家，家里有五个孩子，全是男孩。家里除了两头牛和基本的生活用品，几乎没有一件像样的家具，如电视、电话、洗衣机、冰箱等都没有，唯一一辆破旧的老式自行车，是家里的主心骨——父亲的"座驾"。这么多的孩子，经济来源仅凭父亲卖自制的"糖瓜"（糖瓜是一种用黄米和麦芽熬制成的黏性很大的糖，甜味纯真，有着天然的粮食熬制的原始朴素之味）来换钱。当时学杂费、书本费一共就只有三十几元钱，但对当时的家庭收入，特别是对于姓马的这个家庭而言，也的确是个不小的数字。当看到孩子的爸爸手捧着用一毛一毛的钱凑起来的学杂费、书本费时，看到他深陷的眼窝里流露出无能为力的乞求时，看到他皲裂的双手时，我生出同情之心，就减免了两个孩子的学杂费，而书本费可以延迟缴纳。或许，有人会问：你为什么敢减免？答：我是校长。又问：为什么只减两个人，而且只减学杂费，不减书本费呢？答：这样的学生有很多，而且教师的工资也不足一千。然而，就是这小小的照顾，对孩子的影响却很大。

为了开阔孩子们的视野，我将学校仅有的几千册图书，利用整班借读的方式，轮番给各个年级借阅。虽然中间孩子们也丢失了少量的书籍，但我觉得比某些学校将书搁置在书架上，很少让学生阅读要好。的确，因为孩子们的积极阅读，他们看待事物的眼光和说话的语言都有了喜人的变化，他们的心灵世界丰富了，他们的认知世界宽广了。

在三岔小学任教的八年中，我体会到了什么叫孤单、寂寞。孩子们在学校的那会儿，校园内还算热闹。当孩子们都各回各家，附近的教师也回家了，只剩下一两个人的时候，那种孤单、寂寞就会不断向我袭来。为了不让自己经受这样的时刻，我给自己安排了有规律的生活内容：读书、写作、写毛笔字、练习弹琴、听音乐、看电视节目等。也正是在乡村的这些年，我的钢笔字、粉笔字、毛笔字有了很大的进步。我所读过的书，大多也是在这段时间读的。同时，我也将自己对教育教学和生活的一些经历和思考，通过写日记的形式记录下来，到目前为止，我的日记、工作记实本已经攒了不少。尽管如此，我依然没有什么出色的成绩，除了学生因为喜欢我进而喜欢上我的课程，除了家长时常称赞我是有责任心有爱心的校长，除了学区主任（现在称中心校校长）一直夸赞我的写作水平的确不错，除了学生比较喜欢和我在一起学习、活动外，在其他方面我好像没有什么成绩，我都算是落后的了。

2005年那年，我破天荒地攒了一千六百元，买了一部直板飞利浦手机，可是学校信号不行，为了能接到电话，我晚上常常把电话挂在半空中，因为我宿舍只有某一个空间有一点点信号，接电话时，还要踮起脚尖，将手机放在耳边接听。学校院子里，只有靠东边的校门口附近才有移动信号，有时晚上为了接个电话，还要跑到外边去接。

对有教育情怀的乡村教师，我怀有深深的敬意！因为我经历过，所以我懂得！

## 三、要做一切为了孩子的教师

2007年暑假，我县首次从乡下招聘进城任教的教师，我也抱着试一试的态度参与了，看能否让孩子进入一所理想的中学。结果，还真是天公作美，我如愿以偿地调入县城一小。在这里，可以说开启了我人生的第二春。

进入县城一小后，我接任的是由五个班抽出部分学生组合成的班级（因班额过大，学校进行了扩班）。因为是不同班级学生重新组合成的班级，学生难以快速融合在一起，而且好多班级的所谓的"问题生"也集结在这里。我想，把这样的班级带得有点名堂，才算有魄力和能力，即使不能将学生带得出色，只要他们能掌握基本的东西，身心健康地成长，也不错啊！正是基于这样的心态，我愉悦地接纳了这个班，愉悦地接纳了孩子们。

班干部是班主任的得力助手，被称为班主任的"左膀右臂"。对于一个刚接手的班级，特别是对于一个七拼八凑组合而成的班级，以理服人、以情动人、讲究民主，促进班主任工作的科学性和人性化，我觉得至关重要。我班有一女生桃花，虽然学习普普通通，但她有威信、有一定的号召力，那次民主选举，被选为正班长。或许，她在学习方面的确带不了头，但她对班级的管理与关心，却可以让她独占鳌头。就拿每次的集体活动来说，只要她一声"吩咐"，大家的热情就会被点燃，自律也会被唤醒。当然，班级大小事务的决定，一般都要听取班委会和同学们的建议和意见，如班徽的设计、班训的征集、班歌的确定、班务活动计划的制订、运动会运动员的选拔及相关人员的选用（包括纪律组、宣传组、卫生组、啦啦队组、服务组等）等。

为了培养学生的良好习惯，我从改变他们的意识形态开始。譬如有一个学生在小学时过马路严格遵守"红灯停，绿灯行"的规定，似乎他已经养成了过马路严格遵守红绿灯的交通安全习惯。到了初中，他过马路有时遵守，有时不遵守。到了高中，他可能完全不管红绿灯了。这难道是他以前没有养成习惯吗？答案肯定不是，真正的原因是他的意识形态里没有形成对文明通行的真正含义的内化：交通规则除了维护个人安全，还要求人们避免对他人造成影响或伤害。

怎么培养呢？思来想去，我还是通过活动引领，以活动项目和内容为载体，让学生在活动中感受德育教育的内涵。当然，活动参与面要广，内容要丰富多彩，形式要多样，内涵要积极向上、充满阳光、体现关爱、惩恶扬善、弘扬正气……这样，学生就会在不知不觉中、在轻松愉快或触景生情中，受到真的教诲、善的传递、美的感染，我们的班会课根据年级不同会不断翻新内容，以适应孩子们心理与知识能力的变化。低年级以娱乐性、趣味性、教育性和模仿性为主，如脑筋急转弯、贴象鼻、击鼓传花、我来讲笑话、听听我的歌声、秀秀我的肌肉、我来扭一扭等一系列活动，主要是为了锻炼孩子们的胆量和大方上台展示的勇气。到了高年级，我们会将活动的范畴扩大到更广泛的领域，学习《星光大道》《出彩中国人》等一系列节目的内容设置，让学生结合课本、课外读物、网络资源、生活实际，在开学初集结大家的智慧制订一学期班会活动内容及安排，然后有计划地开展活动。具体来说，有课本剧《晏子使楚》《半截蜡烛》《将相和》，有小品《如此家长》《过生日》，有相声《吹牛大王》《五官争功》《大拇指和食指》，有笑话段子，有谜语竞猜，有讲故事比赛，有演讲比赛，有模仿秀，有器乐演奏，有辩论会……

与孩子们的交流，让我还想出了另一种方法——心灵驿站。什么是"心灵驿站"？顾名思义，就是心灵歇息与驻足的一个处所。这个处所应该充满安全感，有一种温馨的感觉。随着同学们年龄的增长、生活阅历的丰富、知识结构的变化、涉猎信息的多元化，他们的心理在发生着也许必然也许偶然的微妙变化。针对这种状况，我参考有关班主任信箱设立的经验，也设立了一个信息箱，并给同学们专门讲述了这个信箱存在的意义：寻找我们班发生的感人故事，发现我们班还存在的少数问题，为班级发展建言献策，也可以说出内心压抑多时的委屈、不解、不安、紧张、烦躁等情绪，还可以说说自己的小秘密……

然后，就是及时阅读并了解同学们的心之信件，认真地阅读，认真地登记，妥善地处理。可以公开的，需要向全班说明的，就向全班提出倡议或要求；需要私下谈话解决的，就私下谈话解决或写信解决。总之，有时需要热处理，有时需要冷处理，有时要及时处理，有时还需拖一拖。

沟通，如同修水渠，需要提前预想、换位思考，否则会给幼小的心灵种下阴暗的种子。

不管是在交流中还是在实践中，我都强烈认同教育家顾明远老师的那句话：教书育人在细微处，学生成长在活动中。

激情早读。对于这点，大约是自己对语文教学的追求吧，我从低年级开始至今，一直坚持，而且几乎所有早自习时间，我们的天使们，都是双手捧书，正襟危坐，全身心地投入朗读的浪潮中。每每从我们班教室经过，大约都能听到里面传出一篇篇美文被译成"朗读"的再现。从低年级的教师领读到优秀学生领读再到中年级班干部组织齐读再到后来的小组分组读、男女分组读、开火车读、站起来齐读、全班齐读等，不管何种形式，都离不开一个"读"字，而且全部是朗读。正所谓"读书百遍，其义自见"，让学生在读中识记字词，在读中理解词义，在读中领会句意，在读中体会感情，在读中进行联想，在读中触类旁通。早晨，学生的精气神正足，可以通过朗读开启一天的学习生活。

快乐午读。曾经残酷的现实体验让我看到了课外阅读不可估量的作用，所以来到这所学生生活条件相对较好、综合办学实力也较高的学校，我就应运而生地从二年级起，开始了课外阅读的发起和引导。阅读需要体验引领，需要兴趣铺垫，所以要求我必须要腾出一定的时间，创设一个安静轻松的氛围。早自习，没时间；课外活动，是孩子们唯一一段美好的自由珍贵的活动时间。思来想去，还是定在中午。说干就干，而且要积极地引导鼓励、渲染号召。从国内到国外，从现代到古代，从连环画、脑筋急转弯到童话故事，从当代励志故事到亲情、友情、感恩故事，从平凡的身边故事到伟人的著名事迹，从优秀作文到中外名著……随着阅读时间的推移，我渐渐感觉到在语文课堂上学生的思维活跃了，思考问题的深度和广度也发生了变化，对某些现象的观点和视角有了变化，这些变化让我深深地感受到了阅读的无限魅力。对于午间阅读，我定位为快乐午读，源于孩子们真实的阅读体验和情感享受。为什么？因为中午孩子们自由阅读课外书的氛围远远优于上课时的氛围，至少我觉得他们投入了心思与情感。从家长的口中，我了解到他们的孩子热爱读书的"疯狂"，从日记中可以看到同学们读书时的快乐与忘情。当然，孩子们读课外书时，我们一定要善于观察、勤于引导，让他们读一些健康、积极、乐观的充满正能量的书籍。否则，可能会适得其反。

在教育这条林荫道上，永远有欣赏不完的风景，有品尝不尽的酸甜苦辣，也有永远悟不透道不明的禅机，但是我作为一名已经步入中年的教师，内心依然充满着对少年儿童这块"玉"深深的眷恋。

"玉不琢，不成器。"琢玉之法，正是为师之趣。

我在想：若干年以后，在一个余晖映照的黄昏后，在公园的林荫道下的长条椅上，一个老者安详地用手推了推滑落在鼻梁上的老花镜，看着一群又一群从他身边欢呼雀跃地跑过去的孩子，如花一般的灿烂、明亮，他一定会说：你们的世界，我来过……

# 特别的爱给特别的你

　　一个班级的学生，不可避免地存在着家庭境况差异、身体差异、智力差异、民族差异、性格差异。一个班级，就是一个温暖的大家庭。老班（班主任）便是这个大家庭的主心骨，也是这个大家庭的组织者、协调者、爱心大使。

　　就我班而言，班级的六十多人内，就有一位这样的学生：她有高挑的个头、瘦削的身子、黑黑的脸庞，加上一双忽闪忽闪的大眼睛，看上去很机灵。可是，在实际的学习生活中，她的表现却让我有点担心。表现一，写字速度慢，别人按正常速度完成的作业，她一般仅能完成三分之一；表现二，胆儿小，在课堂上不敢发言，即使被动地被老师点名回答问题，她的声音也小得可能只有同桌能听见；表现三，一旦老师走过她的身边，她就会表现得异常紧张，即使是老师一个指导书写或拍拍头的动作，也会吓得她战战兢兢。但是，在课下，她与其他同学一样，总会围绕在我的周围说说笑笑。针对这种状况，我细心观察着她的生活动态（通过和她的家人聊天、阅读她的日记、观察她的朋友圈、了解她的爱好等），坚持有依据、有方向、有着力点地鼓励和引导她。别人花一节课完成的作业，她即使花一两天（带回家一两天才交上来）完成，我也会找出写得好的字进行表扬。在课堂上，我总会找那些容易读的字词和课文让她朗读。这不，学到《找春天》一文时，我就让她和两个优秀的女生比赛读课文。"小草从地下探出头来，那是春天的眉毛吧？早开的野花一朵两朵，那是春天的眼睛吧？树木吐出点点嫩芽，那是春天的音符吧？解冻的小溪叮叮咚咚，那是春天的琴声吧？"虽然她将"探出头来"读成了"伸出头来"，但是读其他句子时的语气、声音的洪亮程度都是顶呱呱的。

　　这样的学生，建立自信远比获得成绩重要。

# 乡村生活那些年

我是一个特别怀旧的人。

时光如是飞逝，岁月依旧匆匆，还没来得及真正品尝到莽莽撞撞的青葱岁月，时光老人已悄然而去，嘀嘀嗒嗒的钟声敲响了中年的沉稳，于是日子变得浑厚而持重、稳健而绵长……

在乡村生活过的日子电影般地在脑海中萦绕，太多的往事串成了无数星光闪闪的记忆。那些故事、那些场景犹如飘浮在蓝天上形态各异的浮云，装扮着我人生的苍穹，时而有阴云密布的压抑，时而有晴空万里的舒畅，时而有风和日丽的自在，时而有淅淅沥沥的缠绵。

## 一、实习的日子

那年，旱季风不停地刮；那年，我师范毕业了。没有犹豫，我决绝地步入了乡村教育的大门。现在回想起来，我的坦然至今令我激动不已！

刚步入人生地不熟的那座山坳时，我被眼前的黄惊呆了，那是一片黄的世界：地土黄，山土黄，就连那被山遮挡了大半的天空，也似乎是被太阳烤得焦黄焦黄的。

在实习的短短一个月里，吃喝简直成了问题，不会做饭，买菜又不方便。几乎可以说吃了上顿难保下顿，但那三十多天的日子，却是我人生中最开心、最充实、最难忘的一段记忆。热情自信、踌躇满志是对我那段时光唯一的诠释。

带领一群大山深处追逐梦想的孩童，给他们讲述山外的见闻趣事、为人处世的道理。课上，和他们一起遨游于知识的海洋；课下，与他们一起唱歌、跳舞。在我的记忆深处有一个姓王的回族小伙跳了一段迪斯科自由舞，引得所有师生驻足观看。当时，我就拜他为师学习跳舞，还学得挺投入呢！放学后，我竟也孩童般地跟着他们上山摘豆角、挖苦苦菜……曲曲折折的山路，那串大大小小的脚印的组合竟是那般的亲昵、那般的吻合，说不出，那究竟是怎样的一种乐趣呀！

实习结束时，孩子们捧着自己的小本本让我留言，同时送来一份自己的小心意，看着他们，我心里有说不出的幸福和感动。虽然那时自己只是教育战线中的愣头青，但我前所未有地感觉到自己的责任和担子如此重大！

## 二、真的很难教

虽说时光荏苒，让多少记忆如同墙壁的泥坯零零落落，不复完整，可在那个山沟里的周康村，在那个几乎要倒塌的学校里，在那几间破旧的校舍中，依然留下了我弱冠之年的印记。

实习结束后，我和同床共枕三年的老乡同学也是我的挚友——杰，被学区领导分配到了那个很远很远的周康小学。

记得那条山路弯弯曲曲的，如同一条小蛇，蜿蜒爬向周康小学。我们在这里经历了不少磨砺，也产生了不少思索。

在这个小学里，除了我们两个，还有两个在本校任教多年的教师，他们很好。没过几天，对于我们四个教师所在学校的情况，我就基本了解得差不多了。记得有一个三年级的学生，对于两位数的减法还不会计算。那个数学教师给他出了一道两位数减法题，他就开始先在院子里用木棍画出和被减数相同数目的竖杠，然后又开始用木棍画去与减数数目相同的竖杠，再数剩下的竖杠。我看了后，很是惊讶。于是，我去问那个数学教师，了解是不是学生智力有问题，是不是教的方法有问题。那个开朗的老教师说："这个学生是教不会的，你不信，可以试试。"我决定和他结成对子，去帮他一把，让他的学习成绩提高，同时和那位教师打了一个赌，怎么会有教不会的学生呢？从那天开始，我每天中午辅导他一会儿，两个月过去了，虽然他会很吃力地用笔算减法了，但数学成绩提高得很慢，对十以内的加减法他依然需要掰指头去算，口算水平甚是差劲。又经过后半学期的辅导，他的期末考试成绩几乎没有改善，虽然数学水平有些微的变化。自此，我脑中的信念有所动摇。"没有教不好的学生，只有不会教的老师"这句话不应该机械地理解为任何一个学生，只要教师尽力去教，就一定会提高考试成绩。而应该理解为，根据加德纳多元智能理论，应相机依据学生的智能特点，分领域分类别进行教育，才能实现"没有教不好的学生"这样的目标。否则，若只重视语言或空间或数学逻辑等方面的智能，会折断多少腾飞的双翼？

### 三、为了几张破桌凳

一个秋夜，山村出奇地寂静。那时，那里刚通上电，好多家庭还没有电视，忙碌了一天的村民，草草地吃完晚饭，拖着疲惫不堪的身子很快就进入了梦乡。那个秋夜正好是周末，我的同伴杰回老家去了，只有我一个身影茕茕孑立。对那个夜晚，我记忆犹新。天黑不久就刮起了大风，风把教室窗户上的塑料纸吹得哗哗直响。我想起白天和村里的乡亲聊起的关于学校晚上很阴森的情景，想起电视剧《聊斋》里阴阳怪气的叫声，不觉浑身紧巴巴的。但是，虚伪的自己又懒得去叫别的人来做伴，怕人家笑话。再说，这儿离村庄还有好几百米的距离呢！

我就勉强安慰自己说："镇定，别害怕。"大约过了两个小时，我还是睡不着，而且大脑显得更加清晰。随着"呜呜""哗哗""啪啪"作响的风声，突然，我所住的宿舍后面发出"哐里哐啷"的响声。仔细一听，好像是后面教室里桌凳的搬动声。怎么办？我是专门留下护校的教师啊，如果桌凳被盗了怎么办？虽然那只是一些修了再修的破旧的桌凳，虽然此时的我吓得浑身流汗，但一种名为责任的力量让我鼓起了勇气，硬着头皮，手里提了一把斧子，猛地拉开宿舍门，大步流星地朝教室方向走去。此时的夜，黑得伸手不见五指，再加上呼呼的风声和空荡荡的校园，孤单的我打着手电筒在四处搜索，好像没有啥声音了。走到教室窗户前，窗户都好好的，门也锁得严严实实的。我这才长舒一口气，疾步回到宿舍，把门又关得紧紧的……可那颗心"怦怦"直跳，几乎要跳到嗓子眼了。

现在回想起来，还是有点恐惧，那晚吓得不轻……呵呵！

### 四、身不由己爱上你——《易经》

在那里生活，很少有什么新鲜的东西。孩子们虽然每天都玩得开开心心的，但毕竟玩的都是以前一直玩的游戏：跳房子、打沙包、踢毽子、丢窝、绊满、打杠子……那时，我们没有电视，没有手机，没有固定电话，就连一台收音机也没有。除了给学生教书、批改作业、辅导学生，剩下的时间就是聊天。聊什么呢？聊种田，我不太懂；聊教学，有些人不喜欢……记得我的那个同行老教师，对《易经》颇有研究，而且对某些事的预测与分析都很准确。我很纳闷，怀疑这是不是迷信，还是他在吹牛？刚开始，他讲一些关于《易经》的知识和道理，我觉得难以置信，也懒得理会。慢慢地，在他的影响下，我不仅喜欢看这方面的书了，更惊叹于古人的智慧与神奇。在很久之前的古代，他们就能够用简单的符号概括天地人这大千世界，于简单的卦画中洞悉事物的发展变化。逐渐地，我对这位老教师越来越佩服了，也认识到这部书的科学与深邃。譬如"蒙"卦的卦辞："初筮告，再三渎，渎则不告。"意思是，你占卜的时候，第一次会告诉你吉凶，如果你反复地占卜，这个就是亵渎神灵，反而不告诉你吉凶了。在此，"蒙"卦阐述了学校教育教学的一个基本的主张：要充分考虑学习者的知识和心理准备状态，启发学习者学习的自觉。如果学生专心请教，作为教师必须耐心施教，但是如果学生一味地依赖教师，自己不开动脑筋，对同样的问题反复询问，教师就不能告诉他，否则学生容易养成懒惰的性情。"坤"卦告诉我们：为人要谨言慎行，谦虚坚守。"谦"卦告诉我们：为人要不事张扬，尊重他人，放下自己。

现在，十几年过去了，《易经》的文字对我的为人处世和工作追求都产生了巨大的影响。我不由感叹：祖先真厉害，古人大智慧！

整整十二年时间，我心静如水地留在了那个交通不便利、信息不灵通、条件很艰苦的山沟里。回想起书本里介绍的修行僧选择深山老林、环境幽雅的地方，大多除了逃避世事的纷扰，还有一个更深层的原因，就是"修身养性"，就是让你静下心来，无欲无求地用心读书，练习写字，认真反思，体悟生活，感悟人生。

在山村生活的日子，缺少了城市的喧嚣。在那里，暮春可以感受"碧玉妆成一树高，万条垂下绿丝绦"的温情和柔美，可以感受"夜来风雨声，花落知多少"的畅意和惊喜。夏天可以感受"山雨欲来风满楼"的气势。秋夜，在寂静的校园内，空荡荡的，在如水的月光下，不远处的小溪流发出潺潺的流水声。伫立在安静的夜里良久，又忽然传来几声清脆的鸟鸣，那"月出惊山鸟，时鸣春涧中"的诗句不由得从脑中蹦了出来。冬天，白雪皑皑的田野，一片白茫茫的景象，"千山鸟飞绝，万径人踪灭"的景象可略见一斑。冬天，孩子们的脸蛋冻得红青，可寒冷依旧阻挡不了他们叽叽喳喳的上学热潮……

大山里的孩子，每天都得爬完一个多小时的山路才能到校；大山里的孩子，妈妈手缝的布袋里永远装着他们的梦想。他们习惯了苦和累，他们缺少眼泪，那种叫坚持的东西镌刻在他们的眉梢，他们永不会放弃。

怀念乡村的日子，怀念那份真、那份淳、那份潜滋暗长的坚持和追求！每每在工作中遇到挫折与困难时，我都会想起在乡村工作的那些日子、那些生活，因为从事乡村教育的岁月教给了我很多很多……

# 教育契机要用心捕捉

### 案例一：会唱京剧的陈同学

陈同学演唱京剧《说唱脸谱》。在主持人宣布陈同学演唱《说唱脸谱》时，我是担心他的，我怕他记不起歌词，引起其他同学的哄堂大笑，再说了，那段京戏的旋律和节奏也较难把握。

这时，他开唱了。"那一天爷爷领我去把京戏看，看见那舞台上面好多大花脸，红白黄绿蓝咧嘴又瞪眼，一边唱一边喊哇呀呀呀呀，好像炸雷叽叽喳喳震响在耳边。"没想到他还真行，唱腔还真有那么点京戏的味道，而且他还配上了一定的动作。（陈同学是一名待进生，性格倔强，比较懒惰，经常出现完不成作业的情况）当他唱到"蓝脸的窦尔敦盗御马，红脸的关公战长沙，黄脸的典韦白脸的曹操，黑脸的张飞叫喳喳"时，教室里响起了热情而响亮的掌声。我知道，这是同学们情不自禁的惊叹和赞美，也是对陈同学的鼓励和关心。

课下，我找到他，拍着他的肩膀，告诉他："你今天的表现真让老师佩服，没想到你的京剧唱得这么有味道。这么厉害的学生，要是能改掉身上存在的一些小毛病，那你就相当优秀了。"他会意地点点头，我知道，我的话，他懂。

### 案例二：让他负责日记收交

自从接任这个班，吴同学的爸爸就和我谈了这个孩子的特点：比较淘气、懒惰，学习敷衍。结果，接触时间不长，我就发现他真的就是这样：作业敷衍了事，有时还懒惰地不做作业。老师询问了解情况，他总会找一些借口来搪塞老师。针对这种情况，"人人有事干，事事有人做"的做法给了我莫大的启迪。我何不给他一个任务，让他负责每天收交那些习惯不太好的同学的日记。当然，他也要上交他的日记。这样，他就可能会因为自己的责任感，以及每天和老师的互动沟通而进步了，不但自己的日记能按时上交、书写认真，而且对其他同学也会严格要求。果不其然，自接受这个任务以来，他的学习积极性有了很大的改变。

### 案例三：发现了她的爱好

张同学是一个聪明伶俐而且性格开朗的女孩，善于表达，善于交流。可是，她的作业情况不容乐观，书写较乱，而且时常会出现拖拉作业的情况。鉴于这种情况，我一边找机会和她多沟通，一边根据她的特长爱好，让她参加了学校组织的社团活动：画科幻画、剪纸。在课堂上，我一边积极表扬她这方面的优势，一边鼓励她，学习对于她来说应该只是态度的问题，而不是能力的问题。她在充满信心的基础上，字也写好了，也能坚持写日记了，作业也不拖拉了。

### 案例四：熊同学演讲的磁性

上次的演讲竞选失利，多少对这个孩子的演讲信心有点影响。对于我来说，上次的失利，我不想让它成为孩子成长中的阴影。于是，我在课堂上有意请她朗读比较难读或有挑战性的文本，我会说："熊同学磁石般的音色和抑扬顿挫的节奏，总会把我们带向作者所期盼的方向和目标处。"虽然只是简单的一句话，却是对她优点的颁奖词，我相信，这句话一定会鼓舞着她走得更快更稳。

### 案例五：班级中的"特色菜"

针对学生的字，我一边找机会对他们进行指导练习，一边找机会对他们进行表扬和肯定。一次课堂上的大力渲染和私下的真诚评价，让他们对自己写好字已经有了一定的信心。瞧，最近的作业和日记已经书写得相当用心。只要用心，进步是不可阻挡的。所以，我对这道"特色菜"充满了信心。众多的事实证明：教学的艺术真的在于激发、唤醒和鼓舞，而不是教师讲了多少、知道多少。

### 案例六：刚从外地转来的女孩

她也许是刚来，也许是生性胆小，反正上课发言或朗读课文时，声音低得或许同桌都听不清吧，更别说在讲台前的我了。为了鼓励她敢读、能大声读，我积极倡导学生早读放声读，课前读日记，课堂上找机会找简短易读的文本让她读。在某天的语文课上，她竟然能流利地大声朗读了，我喜出望外，和同学们一起给她献上热烈的掌声。

有时，教育需要契机、需要等待，但契机的把握和捕捉需要智慧，抓住与重视，都不可小觑！

# 小心翼翼地呵护

没有人能不犯错误，圣贤也会，但很少有人犯了错误会一直执迷不悟、不思悔改。

孔子称赞弟子颜回："有颜回者好学，不迁怒，不贰过……"颜回好学上进，犯了错会立即改正，从来不重复犯错。这是一个多么好学有悟性的弟子啊，怪不得孔子对他赞赏有加。其实，我们每一位做家长的，也应该学习"不迁怒，不贰过"的品行，不把自己的不良情绪、情感随意转嫁发泄在孩子身上，不在同一个地方栽跟头，也不犯曾犯过的错误。从家长的角度出发，我认为，保护孩子的兴趣爱好和想象力，要像小心呵护自己珍爱的一件珠宝玉石一样细心，珠宝玉石价值昂贵，却易破碎。我们要有意地去引导、训练孩子，才可抵达呵护的境地。

今天，我就说说我是如何保护儿子的兴趣爱好和想象力的。

记得儿子在三四岁时，他就对画画感兴趣，喜欢翻阅绘本，却对认字表现得没有多大兴趣。根据此特点，我就为孩子准备了彩铅、油画棒、彩笔和纸，让他根据自己的意愿去画，我从不指手画脚，只是在他涂色时给予一定的帮助，帮助他涂颜色。我觉得，他画什么不重要，画得好不好看也不重要，重要的是他在通过画画表达什么，是不是将自己所看到听到想到的东西通过画画表达出来了？有没有自己独特的心灵体验？

随着他画的作品的数量逐渐增加，我在思考一个问题：如何激励他保持动力是至关重要的一件事。记得在阅读尹建莉老师的《好妈妈胜过好老师》、海姆·G.吉诺特的《孩子，把你的手给我》等书籍时，我了解到让孩子保持兴趣的方法就是让孩子有成就感、荣誉感，使其内心的需要获得满足。为了增加他的这种体验，我总会在他的一幅"绘画"作品完成时，一本正经地"欣赏"一番，和他交流互动，请他给我讲讲画里面藏着的故事。就这样，由于我给予他经常性的关注和肯定，促使他画画的兴趣越来越浓厚了。

平日里，他玩一会儿或完成看画报、看动画片之类的活动后，就会主动找来笔和纸，不参考任何东西趴在那儿画起来。

除了及时跟进，进行欣赏和肯定，我还将他的画收集起来，按照日期分册装订，便于他经常翻阅和回看。他的画装订的册数已近三十册。我还利用夹子和袋子将他折叠、剪贴、粘贴的手工制作收集起来，让他每经过一段时间就能看到他的"成果"。

当然，我还会将他每次的画作拍照，发到微信朋友圈。我想通过发表朋友圈并获得点赞的方式，来鼓励孩子获得不断上进的动力。每次有微信好友点赞、评论时，我都会让儿子来看看。（教育孩子，不是在他犯错的时候，而是在他做对事做好事的时候。当孩子有上进心时，哪怕只是取得微不足道的成绩，都要及时跟进，进行肯定和评价。如此一来，他那小小的心灵，也会获得被别人认可的满足感。）

随着时间的推移，我将他优秀的"作品"选出来，拍照制作成美篇或公众号推文，集中进行展示，当然获得的肯定越多，他的动力就越足。

时间过得真快，在他正式进入了一年级就读时，阅读量开始发生较大变化。由幼儿园时的看图画、听童话故事，到自己借助拼音读《三毛流浪记》《三毛大世界》《神话故事》等绘本故事。他的心愿由单纯地画一幅画开始向画一组画过渡，可能就是受绘本故事的影响。

于是我马上帮助他设计绘本画册，帮助他裁纸、装订，然后他画完一组，我就和他合作：他讲述画中的故事，我执笔写他所讲的故事。当然，孩子的语言词汇量很少，作为执笔人的我，就得揣测他的意思，问他："你说的话是不是这个意思？""你说的这句话换成这样，我觉得更好，你说呢？"就这样，我陪他完成了近二十本"绘本故事"，如《小糖果》《恐龙冒险记》系列等。虽然这些与专业出版的绘本不能相比，但是其中却凝结着他的所思所想和小灵感。

在他的阅读量逐渐增多时（我会特别留意他喜欢读的书的种类，然后通过实体店和网购满足他的阅读欲望），有一天他想起用手机在自己拍的图片上写文字，我想：这不是个好现象吗？于是，我引导他在Word上通过语音和拼音、手写等多种输入法进行文字输入，这一写不要紧，却让他产生了写一部童话故事的想法和决心，这不，他自己命名的《大灰狼和小绵羊》，他打算要写一百集。目前，已经写到了八十七集，达到了三万多字。其实，写的内容主要是他小脑袋里的所思所想，并结合了他在动画片里、科普节目里及绘本书上了解到的知识，有一定的故事情节，而且他会将自己所学的新鲜词语与一些句子简单地进行应用。我感觉已经达到目的了，他对阅读与写作的坚持，促进了他理解力的快速提升，也拓展了他的词汇量，开阔了他的认知视野。

某次放假期间，我们去固原樊鼎大夫的诊所给他看病，他看着墙上的一些制度流利地朗读出来，让我都有点惊讶。他上幼儿园时识字很少，但他才上一年级，却认识了那么多字，让我始料未及。

渐渐的在他写的童话故事中，不再是动物之间的较量、互助或其他的什么探险等，而是开始将数学知识融合在故事中，我觉得这是一种很可贵的思维品质，那就是整合思维，或者说融合思维。我要积极鼓励他，让他能经常打破这种学科界限，去学习和应用所学知识。当然，这个不能急，得看他的选择，要小心翼翼地呵护他的兴趣爱好和想象力，呵护他的童真和自尊。

尊重孩子，赏识孩子，信任孩子，特别是花时间陪伴孩子、观察孩子，智慧地、沉静地引导孩子，相信每一个孩子都有一段属于自己的花期，我们要做的就是潜心关注和守望，静等花开！

# 缺少母爱的她

2017年秋季入学，依据学校大循环的任课安排，我接手了新一届一年级的小朋友。

花儿一样的年龄，花儿一般的纯真，这六十多个小天使装点了我新一轮的教育梦境。

今天的主人公，是一个叫榕的同学。她是一个女生，白净的脸上写着阳光与聪慧，娇嫩的皮肤上分明地标注着幸福与快乐。

一年级的时光，时间不算长，但对她来说，却有点长。因为稚嫩的心灵在这一年就感受到了失去母爱的伤痛。家家都有一本难念的经，她的父母因为什么原因离婚，我们不得而知，但孩子脸上和皮肤的变化我都看在眼里，消瘦、变黑、嘴皮干裂、衣服有点脏……这一切的变化让我读懂了一颗让人怜悯的心。

我也曾与她的家长沟通过，无果。

算作煎熬也不为过。因为缺爱的生活，她或许会在学习上失去信心。我在心里默默地盘算着如何帮助她、鼓励她、影响她。

在"空中课堂"期间，通过线上"云校家"和微信等渠道，我用自己"小心翼翼"组织的"评语"，持续地给予她前进的动力和希望。

当她的作业书写明显进步时，我这样鼓励她：从今年你书写的美观性、做题的正确率、思考问题的角度等方面的进步来看，老师发现，只要自己内心强大，目标明确，就一定会让别人刮目相看。

当她能坚持不懈地持续上进时，我这样写道：把每一次进步都看成成长路上的铺路石，把每一次表扬都看成成长路上的加油站。老师相信，这样的孩子才是一个有思想、有个性的孩子！

当她偶尔有点放松时，我这样写道：自律是一种品质，坚持是一种品质，追求上进更是一种品质！愿你越来越出色！你对自己的要求要一如既往，不能放松要求。因为随着年龄的增长、年级的升高，你要给自己建立新的目标，这样才能不断地取得进步！

当她在学习中遇到困难，产生畏难情绪时，我这样写道：学习如逆水行舟，不进则退！你能对照学习任务，主动预习，主动听课，主动完成作业。老师为你加油！

幸运的是，这个不该缺少母爱的无辜的孩子，在最艰难的时候，仅仅依靠奶奶的照顾，就能在一个假期的时间里，从书写美观到学习自律，从持续学习到逐渐绽放笑容等诸多方面发生了喜人的变化。

在5月31日返校之日，我看到了一张逐渐自信起来的脸庞和一道坚强的身影。

课余时间，我随心地和她聊天，以轻松愉快的方式鼓励她。

不知不觉十几天又过去了，但愿这个学期她能彻底走出"恐惧"的回忆……

我会把尽可能多的爱和理解给予她，给予这个缺乏母爱的心灵！我答应她，喜欢看什么书，尽管找我，我会尽力帮助她的……

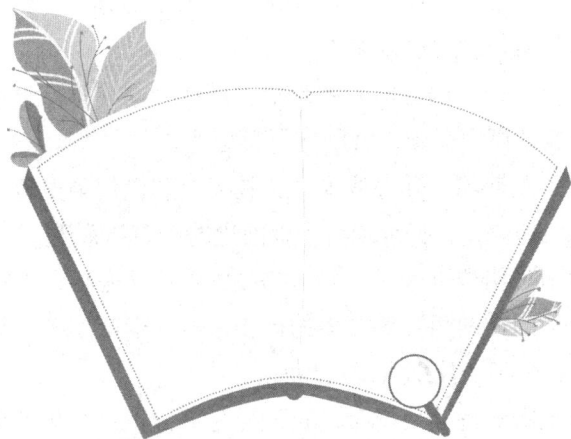

# 让教育趋于无痕

班主任工作中有一项最需要考量的内容，那就是做好学生的心灵导师，成为他们思想成长史的见证人和引领者。

可以这么说，从我走上教师岗位的那一天起，我就从来没有忽视过班会（周会）对学生的心理、思想教育（包括纪律、卫生、安全、习惯、心理调适等）的重要性。从开始的集体意见征集、问题讨论、民主决策，到后来的以活动为载体的主题班会和形式多样的班级兴趣活动或比赛活动，乃至室外、校外活动，每一次活动无不承载着循序渐进、潜移默化地促进和影响孩子身心健康发展的使命。

随着时间的推移，作为班主任的我，越来越能感觉到活动设计的重要性。下面，我重点从以下三个方面谈谈活动设计的方向和要把握的原则。

## 一、积极、健康、有益、启智的主题，有助于活动的正常开展

比如：《开学第一课》、《假期生活回眸》、《盘点十二岁》、《我是小小艺术家》系列、《辩论会》系列、《中期学习交流会》、《我为学校做点事》义务劳动系列……这样的活动设计，源于孩子的生活，与孩子的生活紧密相连，孩子的参与热情自然就高。同时，还要主动向各类电视综艺、电视节目学习，让活动的形式灵活多样，这样能最大限度地调动同学们的参与热情，增强同学们的体验感。

## 二、活动的设计要有科学性、教育性和趣味性

每一次活动如何准备、如何组织、如何开展，都得动一番脑筋。比如"我是小小艺术家之书法评比"这节课，我先安排主持人进行活动的筹划和主持词的撰写，然后由主持人根据本班小组的分组情况（我班12个小组，每个小组6人），组织同学们进行软硬笔书法的书写与评选（每个小组每人都要准备书法

作品，先在组内由小组长组织评选，然后将推选出的作品用于代表小组参加全班展示评比）。接下来就是班会活动进行时。其中的环节，基本是由主持人安排的。第一环节，开场词；第二环节，硬笔书法按小组巡回展示；第三环节，软笔书法按小组巡回展示（软笔书法参与人少）；第四环节，举手表决选出优秀作品；第五环节，总结活动意义。

## 三、做好记录，收集好照片和视频资料，同时做好宣传工作

每次活动，我们班都有专门的同学（熊同学）负责记录，我承担图像、视频资料的捕捉和收集工作。同时，我还负责将相关活动资料发布至我的QQ空间、梦之翼班家长微信群、梦之翼班学生群，让孩子不仅能享受到活动的快乐、成功的快乐，还能享受到分享的快乐、传递正能量的快乐。

当然，仅仅让学生从活动中感受、体会、反思，还难以达到强化思想教育的效果。作为班主任，我们要善于从班会活动的课堂捕捉到教育契机，不失时机地进行针对性、集中化的针对某些行为习惯、生活细节、思想动态等的教育。就拿"我是小小艺术家之书法评比"这节课来说，在最后的举手表决推选优秀书法作品环节，就发生了一些很不平静的现象和情景：第一，有个别同学的作品连一票都没赢得，这几个同学表情很尴尬，估计内心受到的打击也很大；第二，对于稳操胜券的个别同学，因为同学举手表决的不可预测性，以微弱的票数败给其他同学，因此看上去很有些情绪，似乎是感觉表决方式不够公平；第三，个别同学举手表决时的确没能表达出自己真实的意愿。根据课堂中出现的这些问题，我想到，这不仅仅体现在孩子们对这些事的处理上，更关联到孩子们如何面对挫折，如何认识不合理的现象，以及他们是否能够正确行使自己的民主权利，表达自己的真实意愿，坚持不违背初心、不亏待他人的原则。鉴于此，我就借着活动结束的总结环节，对孩子委婉却坚定地表达了自己面对这几种问题时清醒的认识和导向。从孩子们会意的脸上，特别是这几位同学的脸上，我读到了豁然开朗后的轻松。

教育的最高境界就是教育无痕。让我们在轻松、自然、热情、融洽的氛围中，在同学们的不知不觉中，水到渠成地将枯燥的纪律、卫生、安全规范转化为人生理想、为人处世、人格品质、生活习惯、情感态度等方面的理念，并将此渗入每一个孩子的内心深处。

# 让居家学习的日子闪闪亮亮

春风拂过，每一处土地都悄然发生着喜人的变化。震湖的河水已然碧波荡漾，一只只鸭子悠然地划开水面，享受着大自然无私的恩赐。在月亮山脚下郁郁葱葱的树木间，枯萎的干草下，有一簇簇顽强的生命偷偷顶破土层，向着天空舒畅地伸展。煦暖的春阳，温情地将一缕缕光丝洒向每一个渴望自由放飞的窗口，柔柔的、暖暖的，那么熟悉、那么自然。阳台上的君子兰、何氏凤仙与绿萝，正铆足了劲，向春天发出坚定的信息，翠绿、透亮、强劲。

我任教的学校在这样的春天里有过一段特别的学习之旅——"空中课堂"学习，通过宁夏教育云"空中课堂"客户端、宁夏教育频道、宁夏少儿频道收看由全区抽调的名师录制的课堂教学视频，有序地按课表进行统一授课。启航二班的同学们在老师的精心组织下，在家长的全程陪伴支持中，有条不紊地进行听课学习。虽然开始也遇到不少困难，如有的同学家里没有电视，用手机收看时网络质量不好；有的同学父母全部在一线参与抗疫工作，自己在家无人照顾；有的同学父母不识字，作业上传不熟悉操作等。但这些困难经过家校双方的共同努力，都得到了妥善解决。

大家的学习劲头很令人感动。有些同学克服假期睡懒觉的习惯，早早起床早读，读英语、读美文；有些同学经过假期的努力，现在正竭力改变着自己不好的写字习惯，字形、笔画都呈现出较大改变；有些同学上学期常有作业出错，特别是错别字层出不穷的现象，现在从上交的作业中很难找出错别字；有些同学的日记不但内容有趣，书写整齐，而且图文并茂，已经养成了把日记当作自己每天倾诉心声的朋友的习惯；有些同学曾淘气、好动，这学期自我约束，让人叹服……在这里，我要代表所有任课老师为同学们点一个大大的赞！

学习、作业、锻炼，当然是同学们目前首要的任务。老师们借助宁夏教育云中的云校家和教学助手、微信群、出口成章等客户端和软件进行空中课堂之后的课业补救、作业布置与批阅。尽管作业上交、批阅等诸方面都存在网络运行不稳定的问题，但我们通过错峰完成任务，最终克服了这些困难。也有少数学生存在作业上交不及时的问题，我们与其进行了电话沟通，督促家长帮助孩子完成作业并进行上传。

除正常的学习、作业、身体锻炼之外，我们按照以往的做法，也引导学生挤出时间自主阅读，坚持写日记（当然，是倡导），我班还开展了"给白衣使的一封信""给人民解放军的一封信""为英雄做心愿卡、祝福卡""日记记录感恩"等一系列活动。

稚嫩的笔触无法准确表达内心的感恩，涂鸦的画笔难以完全描绘胸中的激动，但一篇篇文字、一句句话语、一张张卡片，已经将同学们的理想、感恩与责任，镶嵌在纯真的心灵里。今天，同学们因为理想而不断学习；明天，同学们将是祖国的建设者和接班人。

# 为怡加油

学完加德纳多元智能理论，相信大家会有不同的话想说：A. 不同学生智能差异很大，一个普通的教师，哪有那么多精力和本事满足不同学生的需求；B. 如果要达到这种尊重，必须要统筹兼顾，调动不同特长不同专业的教师共同努力，才能达到尊重智能差异的目的；C. 使学校层面、教材编写、课程设置、高考评价、就业渠道等多方面形成体系，才可以有效促成多元智能个体的发展。

是的，单一的考核评价，的确让一部分孩子的特长和潜力没有得到开发，反而遭到打击、冷落和抑制。我班六十几位同学，写作水平较高的孩子不少，但是，让我印象最深的孩子便是怡。下面请大家读一下这位上三年级的、年龄只有九岁的学生写的作文。

## 自责

一周很快过去了，在检测试卷发下来的那一刻，我的希望彻底被磨灭了，希望瞬间变成了失望，我不敢直视老师和同学的目光，只想一个人静静地躲在角落里。

那天，我的心里很难过，不知道回家怎么面对爸爸和妈妈，想到这儿我沮丧地低下了头。

这时，下课铃响了，我怕妈妈（等我）回家后看试卷，就把试卷悄悄地藏在了书包的夹层里，让妈妈发现不了。

在公交车上，我情绪不好，头脑里只想着回家后妈妈怎样对我，不知不觉到了家门口，我的脚步慢了。我轻轻推开大门，看见妈妈已经把饭菜准备好了，让我赶紧去洗手、吃饭。她好像并不知道我的试卷发下来了，我这才放心下来，放下书包去洗手吃饭了。

吃完饭后，司机叔叔和家人都出去了，家里只有我和妈妈两个人的时候，妈妈才开口问我："你考得怎么样？"

我对她说："试卷还没发下来。"可妈妈不相信，打开我放在沙发上的书包。一下子就找到了我放在书包夹层里的试卷，她打开试卷看了看，没有打我也没有骂我，只是对着试卷上的错题，一道一道地给我讲解，她仍然像以前一样对我，这样让我的心里更加难过，我觉得今天妈妈的举动有点反常，可能是受到语文老师的启示，不再骂我了。

从今以后，我要将自己从以前的没头脑的人变成有头脑的人，做一个有记性的人。

这稚嫩的文笔，真切细腻地刻画出一个孩子在测试成绩不理想的情况下，她内心的活动。从试卷未发下来时的希望到发下来时的失望，从在教室里担心被妈妈责骂或惩罚的惧怕到回家路上的忐忑不安，从进家门时的担心到妈妈一反常态对"我"时"我"心里的放松，从自责到下决心做一个有记性的人。这一系列的心理描写，鲜活地再现了一个小女孩的心路历程与思想成长。

读罢此文，我最大的感受是，她有作家的天分，有内在的写作潜力。同样的经历，不是没有同学经历过，但到目前为止，我还没有读到过刻画如此细腻的心理活动描写。

虽然她的语文成绩并不理想，处于中等水平，但她的写作水平堪称出类拔萃。所以，我在班里夸张地肯定她：你有作家的天分，相信在未来，你会成为一名出色的作家！

今后的路她该如何走，我不得而知，但在我力所能及的范围内，我会倾我所能，激发她的写作兴趣，肯定她的写作天赋，培养她的写作能力，点燃她的写作热情。未来可期！祝福她！

# 心在那儿

"五重教学"（重情趣、重感悟、重积累、重迁移、重习惯）在前几年有关语文教法培训的学习资料上提到过，但我真的很少去了解这"五重教学"的提出者于永正先生。实事求是地讲，我对语文教学不像有些教师追求完美，我只是循着自己对语文课堂的理解，以及语文所承载的重要任务出发，去对待语文课的，因而我不是刻意去模仿名师语文课，而是学习他们的思想和课堂艺术。

2017年12月9日早上6点02分永正先生因病离世，网络媒体、报刊等纷纷进行报道，这才引起我的注意。说起来是很惭愧的，我并不是"独学苦无友"，却真是"孤陋而寡闻"。虽然我对诸如斯霞、李吉林、于漪、霍懋征、钱梦龙等前辈教育家的名字早有耳闻，但对他们及其著作的深入研读，却是空白的。

自从各种媒体介绍了于老先生的语文教学追求和理论实践后，我也从于老先生的朋友、学生那里了解了他们对他的评价，这让我不由得产生进一步走近于老先生语文教育的冲动乃至决心。

再后来，我就在网上购买了他的数本著作。我首先挑选的是他的收官之作《做一个学生喜欢的老师：我的为师之道》。为什么我要首先挑选这本呢？原因有二。

第一，作为于老先生的最后一部教育专著，我认为它一定经历了"去粗取精，去伪存真"的艰辛过程，因为一个把毕生精力献给自己最喜欢的事业的人，他的思想必定会随着时间的推移，在思想境界、人生阅历、思维日渐成熟的过程中，不断推陈出新、化繁为简。因而，我认为从这本书里能读到于老先生有关教育的最关键和最核心的东西。

第二，这本书的题目深深地吸引了我。在我的教育观念里，实现良好教育的前提和基础就是让学生喜欢上你，正所谓"亲其师，信其道"。而让学生喜欢上你，绝非易事。一张雕刻定型的脸谱，绝不会赢得学生的喜欢和爱戴。与这本书的题目一样，也和我的期望一样，在这本书里，我真的寻觅到了让学生喜欢上教师的秘诀。俯下身子、尊重、宽容、理解、严格、耐心、激励、童心未泯、"甘草"、丰富多彩的活动、把自己活成孩子的样子……这一系列关键词，渗透在一个个鲜明、生动而又朴实、真诚的案例和故事中。

从这本书中，我懂得了做一个学生喜欢的教师首先要锤炼好自己的性格，如甘草一般，性温而甘，包容、调和。于老先生在文中说，至圣先师孔子有五大美德，叫作"温、良、恭、俭、让"。温文尔雅、和蔼可亲居五大美德之首。应该说，"温"是所有学生对所有教师的第一期待。

虽然在传统的教育管理里，的确也讲"严师出高徒"，但我认为，这个"严"可理解为对知识、文化、规则、礼仪的高标准严要求，并不代表通过责打让孩子产生畏惧心理。

说起这件事，让我想起有些学生曾经给我描述过他们某位教师对他们的不公正对待。有些教师的教育方法可能并未完全植根于教育学和心理学，而是更多地依赖经验积累，这导致在言语上，尽管内心出发点是好的，却不自觉地采取讽刺与挖苦的方式，从而使实际效果适得其反。事实上，这样的教育方式从某种意义上讲，也打击了不少同学的信心。

教育效果的实现，简单地说，就是要让受教育者首先"走心"。一个连孩子真正的需求和内心世界都读不懂，只凭着一厢情愿教育学生的教育者，至少他的教育措施和行为不会是完善的。

那么怎样才能走进孩子的心灵，实现教育效果的最大化呢？我认为主要包括以下几个方面。

## 一、放下架子，蹲下身子，做孩子真正的朋友

这个朋友不能只给孩子提供足够的衣食住行，给他过多的约束和限制，给他过分的要求和期望，而要和他一道参与有益的体育文娱活动，和他一起谈心聊天，哪怕离题万里或者只是梦幻泡影。师生之间可以谈学校生活、童年、运动、新闻、娱乐……在交流沟通中，进行思想的渗透、意识的矫正、心理健康的疏导。

在2015届的学生中，就有一个女孩行为习惯转变的事例。在一二年级时，班级常有学生的文具、书本、零花钱被人拿走的情况。当然，这样的事不是一件或两件。拿人东西的同学，我认为也不是一个或两个，于是我开始留心班级里这样的事情。终于有一次，她拿东西的时候被同学逮着了。这时，我并没有

大张旗鼓地对她进行严厉批评或惩戒，而是"小心翼翼"地将她叫到办公室，轻轻抚摸着她的头，问她："×××，你知道老师找你有什么事吗？"她显得很紧张。我平和地对她说："你做的那些事，老师已经知道了。你知道这种做法是不对的吗？这种事被人知道以后，你猜别人会怎么评价你？"她频频点头，表示她懂。对于一个七八岁的女孩，我知道她幼稚的心灵一定是简单纯粹的。而且，我了解到她父母都是农民，家里经济条件比较差。我告诉她，如果缺少文具、书本等，可以找老师，老师可以帮她，但一定不能再继续之前的行为，以免遭受别人异样的眼光。一番轻松的谈话之后，她开心地走了，但我对她的关注不仅没有减少，反而更多了。让我欣喜的是，她从这次之后，像变了一个人似的，不但再没发生偷拿别人东西的事情，而且学习成绩也越来越好，甚至达到了班里的前几名。

在古代案件侦破中，有些是非不分的官员常有"宁可错杀千人，不叫一人漏网"的做法，但在处理这类事情上，我觉得正确的做法应该是"宁可漏掉多人，不叫一人冤枉"。

## 二、创设活动，积极引导，在活动中培养品质

儿童不是容器，也不是计算机，不可能一味地接受灌输，一味地处在单调的活动中，他们的精神世界和思想空间是与鲜活多元的自然界和社会相联系的。作为教育者，要正视这种现实，遵循儿童的成长规律，科学合理地设计系列活动（借助国家倡导的活动等，自主设计符合学生年龄特点、班情学情、学生兴趣的活动，并进行整合、重组、提炼），按部就班地开展校内与校外、动脑与动手、科学与娱乐、兴趣与品质等诸方面紧密结合的班级活动，真正让学生爱上班级、爱上学校、爱上学习。兴趣是最好的老师，当儿童的心理世界中有了责任、爱心、奉献、合作等词汇后，他们的整体素质就会得到快速提升。

## 三、做心声的倾听者、细节的观察者、成长的引领者

在平时的教育教学生活中，教师要扮演好自己的多重角色。例如，当孩子有委屈、困惑、烦恼时，要创设一个宽松的环境让他们倾诉，这时教师要做一个忠实的倾听者，读其心、启其智，特别是要善于做一个细节的观察者，明察秋毫，有意关注一些"特殊群体"、一些在一定时期有较大变化的儿童，注意他们的情绪、表情、精神状态、活动区域、行为方式等，洞察他们背后的"故

事"，进行有针对性的、科学的、及时的调整、纠正和引导。只有心一直在那儿，才能让儿童的身心发展时时刻刻萦绕在思想视域内，才能想方设法地为儿童的成长量身定制科学合理的引领策略和渠道。

只要心一直在那儿，总会有一些智慧闪现出来，为孩子的成长创造更美好的时空！

# 心灵的交流

今晚，当我又一次为自己所教的四十多位学生充当日记的忠实读者时，我被一颗颗或淳朴、或细腻、或温柔、或娇嫩的心感动了、融化了。有同学写道："看到您的作业批语是那么的细致入微，就算我没看见您，但我已经能想到您是怎样为我们操劳的了，我仿佛看到您在朦胧的睡意中仍坚持为我们批改作业的情景。老师，不管怎样，人的身体是最重要的，不要为了我们而累坏您的身体……"看到如此语言，我心中的沮丧、不安很快消失了，不仅如此，还升起一丝希望，一丝令人感动的希望。原来我们大西北的孩子不比那些在大城市生活的孩子差，相反，他们更加聪颖、纯真、灵性、善良，会设身处地地为别人着想、会换位思考。这种最真、最美、最原始的师生情谊，让我与孩子们从心灵上进行了一次彻底的沟通。我还有何理由满腹牢骚，有何理由嫌弃孩子们接受能力差、思想不先进呢？还有何理由不为落后的民族地区教育奉献自己呢？教师的价值就在于在人民心中筑起一座塑像，一座"学高为师，身正为范""教书育人，为人师表"的塑像，一座象征文明、礼仪、道德的师魂的塑像。因而，我不求得到什么美誉与丰厚的回报，最好的回报来自孩子们的童心中，那就是孩子们理解的心声。面对学生日记中的一句句话语，我热泪盈眶，这就是教育的硕果，这就是真诚的回报，这就是全社会倡导的感恩。

继续翻，继续细细咀嚼孩子们每一次的呼唤、每一刻的心声、每一回的生气、每一番的感伤……我清晰地感受到好像有一种力量在驱动我许下诺言，一定要带好这个班，带好每一位学生。有学生为学习吃力而烦恼，有学生为家庭不和睦而忧虑，有学生为老师不能一视同仁而委屈，有学生为受到同学的欺负而气愤，有学生为不能与老师沟通而困惑……这些都是真实的，都是孩子们的真情。要写出真情实感，就得一吐为快，毫不掩饰，将一切倾诉给手边的好朋友——日记。心中的烦恼、气愤、困惑就会得到及时、合理的宣泄和调节。同时，有的学生也会为自己的进步而喜悦，为学校的各种文体活动而兴奋，为好人好事唱赞歌……这些都告诉我，泯泯童心中蕴含着无穷无尽的故事，值得我们做教师的，特别是做班主任的去了解、反思。正是这些真实的感受才凝聚成丰富多彩的生活，凝聚成这一本本、一沓沓的日记。

日记，特别是小学生的日记，内容是丰富充实的，是单纯透明的，是天真无邪的；形式是灵活多样的，有心灵感受，有景物描写，有往事回首，有评头论足，有格言、谚语、诗歌、山歌的摘抄……有好多好多的东西，是做教师所不知道的，我也从中学到不少东西。"处处留心皆学问"，的确，生活是海洋，它里面有无尽的、珍贵的宝藏等待我们去发现、去发掘。"伟大的心胸应该表现出这样的气概——用笑脸来迎接悲惨的厄运，用百倍的勇气来应付一切的不幸"（鲁迅）。"伟大人格的素质，重要的是一个'诚'字"（鲁迅）。这一句句耐人寻味、发人深省的话激励和鞭策着我不断上进、明辨是非，也激励着学生不断地自我提高。

此刻，我的心彻底地放松了。因为我与童心进行了一次语重心长的促膝长谈，真正感受到了理解、沟通时的幸福与快乐。读孩子们的日记，其实真正的意义是进行师生之间情感的沟通、心灵的交流。

# 也算"下水文"吧

我自从开始带高年级语文课，就给自己定了一个不成文的规定：让孩子们完成的习作，我要首先以一个孩子的身份、以一个孩子的口吻，设身处地地写出一篇来。不管是观察的角度还是取材的范围，不管是好词佳句的使用还是谋篇布局的考虑，我都尽自己最大的努力，用孩子敏锐的视角看问题，用孩子幼稚的心灵构思谋篇。这样的行为方式有何弊端，我暂且不论，但它的益处自然而然地浮现了出来，在作文教学中发挥了无与伦比的示范、引领作用。这大约也算是"下水文"吧。

记得在夏天时，我曾要求孩子们根据此季节自己的活动内容写一件难忘的事。其实，要说选一件事，对于山里的孩子而言，简直是轻而易举、唾手可得。夏天，随便一处都可以是农村孩子的乐园。这个季节，孩子们玩的内容可多了。三五成群地赶着高高低低、胖瘦不一、颜色各异的驴呀、羊呀、牛呀去放牧，玩惟妙惟肖的仿真版的过家家，攀爬高树去掏鸟蛋，冒着被黄蜂蜇得鼻青脸肿的风险去烧马蜂窝，扮演激情燃烧岁月里的敌我双方的激烈战斗，随便去一个脏兮兮的浅水沟游泳，在山坡上挖粗糙简陋的锅灶烧偷挖的新洋芋，捉几只活泼可爱的松鼠来喂养，偷吃邻居家滚圆香甜的嫁接杏子……然而怎样将这诸多的鲜活的事情，变成一篇篇让人耳目一新的习作，这是挡在孩子们面前的一个拦路虎，这涉及材料选择、构思、谋篇布局等问题。所以我就装作满腹经纶的样子，和孩子们一道开始写这篇习作。我清晰地记得，我写了一篇关于夏季因游泳差点命归西天的危险离奇的经历，告诉孩子们，夏季游泳危险多，一定要在家长的保护和监控下进行。其中对该事件的过程和对自己玩得起劲的兴奋的情形描述得特别详细，并在结尾点明了难忘的原因。

写"下水文"，我认为其意义主要有以下三个。

首先，可以以教师的实际行动激发孩子们的表达欲望和竞争欲望。随着经济的发展，人们的意识形态发生了深刻的变化，当然也包括孩子们。教师在孩子们心目中不一定像以前那样神圣完美，但至少学生会认为教师是有思想、有知识、有才能的人，所以教师的率先示范，必然会激励很多学生产生"比学赶帮超"的想法和动机，从而带动全班同学形成良性的习作氛围。

其次，可以通过教师的换位思考引发教师在作文教学中的新感受和新思路。在自己亲历孩子们的写作过程后，教师才能更多地发现写作的难点和瓶颈问题。这有助于改进教学方法，有助于提高讲评作文的针对性、互补性和辐射性。

最后，可以为部分学困生提供基本的写作范本，让他们找到比较的对象。虽然，写作作为一种文学表达形式，与人的天赋有着密切的关系，但作为基本的功夫，每个人都必须要掌握这项基本技能。而教师提供的"下水文"，最能迎合孩子们的口味和生活实际，最能抛砖引玉地激发一部分学生跳起来就能摘到苹果的潜能。

写"下水文"不失为教师和家长激发孩子写作潜能、提高孩子写作能力的一味良药。

# 给儿子过生日

人生，就是由每一个细碎的日子累积而成的。在这些细碎的日子里，有一些日子虽然普通，但不容轻视。作为父母，我们要尽可能地从思想和行动上重视这样的时间节点，这对孩子的一生有特别重要的意义，如新入学的日子、获奖的日子、入少先队的日子、参加大型演出的日子、生日、传统节日等。

今天，是小儿子八岁的生日。他从昨天妈妈告诉他快过生日了时开始，就显得异常兴奋。说实话，他喜欢吃蛋糕，但心思也不全在吃生日蛋糕上，还在生日礼物上。在他心里，这个礼物可以不是花样繁多的衣服、口味多样的零食、琳琅满目的玩具，但最好是陪在他身边让他打发闲暇时光的书本。这着实让我打心眼里开心。一个在书香中成长的孩子，他的心智的发展是由内而外的、是扎根在心灵深处的，特别是阅读着经典长大的孩子，一定会在心灵中播撒下诚信、责任、担当、友善的种子。

在我们父与子的交谈中，我听出了他的心声，立即答应带他去书店选书。在我和他妈妈、哥哥的生日上，他常常将自己画的画或自己制作的生日卡片作为礼物。今天去书店时，他怕我多花钱，又提醒我，如果书贵，也可以送给他一张生日卡片。我说："你喜欢书，你就给自己选本喜欢的书吧！"他兴奋地说："谢谢爸爸。"

经过挑选，他选中了著名儿童文学家任溶溶爷爷写的《没头脑和不高兴》。

下午，不知是因为课外活动时间玩得太疯，还是别的什么原因，他放学时嚷着说肚子疼，这让我多少有点担心，过一个生日，怎么又让他生病了呢？

回到家，我简单地收拾了一下，预订了生日蛋糕，我们就开车去了医院，可是说来也奇怪，到医院时，他的肚子忽然不疼了，一切恢复了正常。然后，我们又返回，来到他奶奶家。

吃着妻子和母亲做的喷香的大盘鸡，还有"小寿星"的"长寿面"，全家都很开心。大儿子忙着帮忙收拾饭桌、端饭，小儿子早早戴上寿星帽，特别高兴！

开始点蜡烛、吃生日蛋糕了！一家老小，三世同堂，唱起了生日歌。我家的"小寿星"坐在那儿异常幸福！他许愿时，郑重地双手合十，嘴里情不自禁地说："希望我能拥有很多书！"

生日，对于小孩子而言，是成长的加油站，也是生活的调味剂；对于大孩子而言，又增加了孝敬父母的含义在里面。

生活，不可缺少仪式感，生日也该如此。

# 孩子，我永远爱你们

昨天，是2009年的最后一天。我依旧和往日一样，按时来到单位进行自己简单而又紧张的工作。一切似乎都很寻常，并没有任何的现象昭示着一年的结束。

中午一放学，我就马不停蹄地赶回家准备午饭，因为爱人和我一样繁忙，而且她从单位回家的距离比我回家的距离还远。可今天回家，爱人已经到家了，她已准备好了做饭的食材，我就慵懒地躺在沙发上和爱人侃侃而谈。

正在这时，儿子在门外惊喜地大声喊："爸爸，你们班的学生看你来了！"

我立即矫正了自己的姿势，站起来走出门外，只见两个女孩矜持地站在门外，这不是今年刚毕业的亚萍和素娟吗？我招呼二人进了屋子，然后儿子很热情地端来水果，递上牛奶。为了不让孩子们拘束，我开玩笑地说："几个月不见，都长这么大了，性格更活泼开朗了。"她们二人高兴地描述着她们的初中生活，诉说着自己的进步和一些难以适应的困惑，我都给予了热情的回应。快到下午上课的时间了，我才打发孩子们回去。

下午来到办公室，看到各位同事收到的孩子们的元旦贺卡，我就津津乐道地讲起自己的得意故事。其实，同事们的故事和我的大同小异，但脸上的表情都在昭示着这个职业的人对幸福的理解和追求。

下午放学回家吃过饭，饭碗还没来得及收拾，就听到敲门声，开门一看，又是一群孩子，提着两大袋橘子，你推我、我推你地站在门口。这不还是刚毕业的那几个孩子吗？我赶紧把他们拉进屋子，其中还有上届的班长和最淘气最令我哭笑不得的淘气包呢！他们七嘴八舌地讲述着自己学校自己班里的故事，有关于老师的、同学的、家里的故事，兴趣盎然。其中一个很腼腆的男孩子，坐在一旁不太爱说话。我就讲述了平安夜晚上发生的一个关于他的故事。平安夜对我而言，似乎没有特别的感情，但感动却发生在那个夜里。这个一向不苟言笑的男孩，情感世界却是丰富细腻的。在教他期间，我只是将信任、理解和

73

鼓励给予了他。在我看来，可以说只是举手之劳，但对这个孩子的影响却很大。12月24日早上，我六点半起床时，外面的天色还很黑。拉开门，门口丢着一个东西，黑乎乎的。我有点纳闷，是谁搞恶作剧，将垃圾扔在我家门口了？后来借着手机的光，我仔细一看，不是的。那是一个小小的布熊，旁边有个用礼品纸包着的东西。捡起来拿进屋里，我意识到这可能是哪个有爱心的孩子做的。我打开包装纸，里面是一个苹果，上面印着一个隶书字——"恭"。同时，还有一封书写工整的信，在信里，他详细地写了离开母校后在初中的生活及感受，以及对自己老师的感谢和怀念。这个故事的主人公，就是面前这个腼腆的男孩。

当我把这个故事讲完时，他禁不住内心的喜悦笑了，其他孩子向他投去赞赏的目光。在聊天中，我比较庄重地表述了我对初中孩子在学习品德修养方面的观点，但愿多少能给这些孩子一些启示。

不知不觉两个多小时过去了，考虑到孩子们晚上回家路上的安全问题，我只好打发他们早点回家。

躺在床上，我心里感觉很充实也很有趣。笑自己怎么像一个小孩，同时，我也觉得，作为教师，只要能拥有这样的场景和学生的惦记，我就很知足、很幸福了！

平淡的一天，2009年的最后一天，因了这群孩子的惦记，让我过得好幸福！

# 教师节随想

今天是第25个教师节，校门口的拱形气柱上醒目地写着"热烈祝贺第25个教师节"。此时此刻，我回顾自己走过的教育之路，最大的感觉不是辛苦，而是岁月的匆匆。真的，几乎是弹指一挥间，十五个春秋的教育岁月，在我还没来得及琢磨回味的疏忽中悄然而逝，不觉心中涌起几点感慨。

## 一、几点感慨

### 感慨之一：不能让青春留白。

人的一生，活法多样，如果你仅仅盯着人人都追求的挣钱多或地位高或心闲自在的工作岗位，那么这些艰苦吃力、人人不愿去的岗位谁来坚守呢？就拿教师岗位来说，执着者有几？富裕者有几？这个行业不但需要大量的人才，而且需要高素质、高水平的人才，这样大至国家、小至家庭才不会被贻误。有人进入教师行业虽然不是自己所愿，但是，既来之，则安之，在其位就得谋其职。我们一线教师，不管是一腔热血愿意献给教育事业的也好，还是迫不得已地闯入教育行业的也罢，都应该给自己的青春抹上浓墨重彩的一笔，不能让青春留白。

### 感慨之二：不能忘记启蒙教师。

小学毕业已经二十多年了，小学教师的音容笑貌还历历在目。虽然他们的教育教学方法现在想起来有点传统、有点单调，但是他们的精神力量和人格魅力，仍然像一支支蜡烛照亮了我为人师表的道路。我之所以重提旧事，源于我的所作所为：我究竟给自己的启蒙教师打过几个电话，写过几封信，看望过恩师几次？这事想起来真有点汗颜。

### 感慨之三：不能忘记时刻充电。

进入21世纪，知识经济已初见端倪，社会对人才的要求越来越高，越来越苛刻。知识技能的更新速度呈几何递增趋势，真正达到日新月异的地步。作为一线的教育工作者，不断学习、不断充实自己，就显得义不容辞、刻不容缓。我们要学习专业知识，学习社会知识，练好基本功，开放思维，开阔视野，高瞻远瞩，力争站在比较高、比较远的层面上认识自己的行为，认识自己的工作的意义。

此刻，我真心祝愿全国各地的教育工作者节日快乐，身体健康，生活开心！

## 二、那份最真挚的牵挂

教师节已经过去几天了，与教师节有关的话题也很快就烟消云散了。唯有那份最真挚的牵挂像一首意蕴丰厚的小诗，令人越回味越是感动。这种感动真真切切，是自己问心无愧地付出之后获得的最好的回报。

这份牵挂就是各校的学子发来的短信和寄来的书信贺卡，当一条条充满爱心和善意的问候、祝福飞来时，作为教师的我自然心里充满了太多的感动与反思。人世间最美的东西莫过于真善美。十几年时光不觉间溜走了，自己并不火红的青春也毫不保留地奉献给了民族地区的教育事业。谈不上成绩显赫，谈不上流血流汗，更谈不上丰功伟绩，只有兢兢业业地工作、默默无闻地奉献。把东边的朝阳早早地迎来，把西边的夕阳恋恋不舍地送去，拖着疲惫的身躯回家，忘不了的依然是脏兮兮的孩子们的安全、学习，还有他们健全的品质。

回首最真实的那段时光，我心中除了有太多的艰难与无奈，更多的是无憾与坦然。此时，面对一条条温馨的、真挚的教师节祝福短信，我觉得自己很富有。

作为教育工作者，特别是一线教师，清贫就是我们的面容，奉献就是我们的职责，孩子们的出息就是我们的幸福和全部追求。

时光依旧马不停蹄地奔过，令我不能忘却的却是那份最真挚的牵挂！

# 也祝您端午节快乐

　　明天就是中国传统节日端午节了。在"苦甲天下"的宁夏西海固这儿，端午节最重要的习俗是点高山（端午节一早，全村的大人小孩齐聚本庄子最高的山顶上，将收集的柴火垒起来点燃，在黎明的曙光里，大家围着火堆唱啊跳啊欢呼啊，意在将身上的晦气以向光的方式驱赶掉）、插柳梢（端午节黎明，在各家各户的大门楼下、廊檐下、门框上插上摘来的翠绿柔软的柳梢。等太阳出来时，各家各户都笼罩在绿绿的柳荫之下，意在迷惑瘟神，让他误以为世间无人，以躲避瘟神散布病灾）、绑花绳（也叫绑花线，端午节清早，勤劳善良的母亲总会在孩子还在梦乡中时，悄悄地为自己疼爱的宝贝绑上寄托着美好寓意的五彩缤纷的彩线，当然也有老人说，绑上花绳可以防止蛇虫的叮咬）、戴香包（端午节清早，佩戴上母亲亲手缝制的装有香草的彩色香包，寄托着生活的甜美幸福）。这些只是其中一部分，当黎明的曙光被灿烂的艳阳替代时，我们这里的每一家人都会聚在一起，品尝母亲准备的美食，其中最有特色的就是醇厚香甜的甜醅（用油麦和麦子蒸煮后，加入甜酒曲搅拌均匀，然后放在比较温暖的环境中，经过一天多时间的发酵后，就会形成香甜可口、散发着浓浓麦香的甜醅）、花馍馍（在平时所做馍馍的基础上，做出各种形状、各种花纹，然后用颜料水点上适当的颜色），当然还有透亮爽口的凉粉等食物。

　　中午时分，女人多数会去娘家看望父母，为他们带去自己准备的美食，聊表寸心。

　　多少年过去了，随着经济社会的发展，农村迁入城市的人口剧增，农业的逐步现代化，以及人们对中华传统文化的漠视，让本该神圣、隆重和有仪式感的端午节变得味儿淡了不少。随着习近平新时代中国特色社会主义思想对优秀传统文化的保护和重视，这一切又开始回归原来应有的味道。

　　今天下午放假前夕，我利用给孩子们布置作业的时间，让孩子们再次回忆了端午节的由来及该节日所包含的浓浓的情意，让孩子们尊重历史、敬重圣贤和伟人，学会从节日背后的故事中领略节日的庄重和仪式感，并简要强调了假期安全事宜，不独自外出，出门和家人一道。最后，我用响亮的声音祝福全体同学：端午节快乐！虽然只是一句简单的问候，但从他们的笑脸和兴奋的神态中，我读到了孩子们的喜悦，他们报以热烈的掌声。

在我离开的时候，有一个长得相当标致也很有个性的女孩跑到我身边，轻轻地对我说："老师，也祝您端午节快乐！"

"谢谢你！同乐！"我很快地回应了她的祝福。而这个女孩，正是前两天因为做作业错别字较多，而被我故意"打击"了的女孩！我看着她甜甜的笑容和深陷的小酒窝，有一种莫名的幸福感涌上心头——和这样一群纯真、无邪的孩子一起度过生命中的每一天，真好！

"路曼曼其修远兮，吾将上下而求索"，让我们吟诵这一代大家的千古佳句，怀念他，怀念和他一样心怀家国、心系百姓的先辈。同样，让我们教育工作者都做有理想信念、有道德情操、有扎实学识、有仁爱之心的"四有"好老师，不忘初心、牢记使命，为立德树人的根本任务而不断努力！

# 用心感受心

岁月真的无情，它能让靓丽俊美印上擦不去的印迹，更能让曾经敏感柔软的心，变得迟钝麻木起来。作为孩子王，作为纯真儿童的陪伴者，作为师者的我们，所面对的最可怕的事不仅仅是知识飞速更替带来的挑战，还有失去那一颗用于感知孩子心灵的心。

在平时与同行朋友的交流中，得知不乏有把孩子与成人等同起来进行认知、评价、对待的人。因为家庭境况、家长素养、生活区域、风土人情等多重因素的影响，孩子之间的性格、习惯、心理素质、意志力等诸方面存在着必然的差异。作为教师的我们，想要正确看待和保护孩子，就需要拥有一颗善于感知的心。

就拿我班的XR同学来说，她生得落落大方，白皙的脸上洋溢着一种乐观的气息。但是，她在学生之中，并不是那么善于言谈，特别是在课堂上，很少主动举手或站起来回答老师的问题，写字速度相对较慢，而且作业的出错率也比较高。这样一来，她的学习成绩就并不理想，只能在全班中游徘徊。可是，和这个同学有过几次交流后，我发现了与她沟通并进行深入鼓励的切入点，那便是她几次写给我的纸条和自制卡片。

第一次，应该是一年级第一学期的教师节，她给我画了一幅画，内容好像是一个小女孩，估计代表的就是她吧。旁边用稚嫩的铅笔字写着拼音：zhu nin jiao shi jie kuai le！当时，我就觉得她虽然不善于在公众场合发表言谈，但她的内心世界还是很细腻的、很重情的、很丰富的。

本学期开学还不到一周时，她委托一个女同学，将一张用胶带粘着的信封模样的东西送给我，那个同学说："老师，这是×××送给你的信。"我会意地点点头。孩子走了，我打开"信"一看，原来是她用三张小纸条组成的所谓的"信"。第一张画了一个戴着红领巾的学生，嘴角向下弯，后侧写着文字：

亲爱的老师：

又是一个长假过去了，这一学期您真是辛苦了。我的期末考试考得有点差，请您原谅我吧，这一学期（我）一定好好努力，考个理想的成绩。

学生：×××

2019年2月21日

看写信的日期，那时学校还没开学。

在第二张小纸条上，写着简短的祝福。

老师，新年快乐！您辛苦了，又过了一年，这一年您过得如何？身体健康吗？请看看我写的作文。

在第三张纸条上，是她写的所谓作文。

从4岁起，我就会洗菜、洗碗、压面……现在我7岁半了，会洗袜子、压面、切菜、洗脚、扫地、擦地……

今天，我8岁了，我又学会了洗头。妈妈夸我："真能干！"爸爸夸我："是个好娃娃。"

"咚咚咚"，我打开门，原来是姑姑，（。）我连忙给（让）姑姑吃水果，姑姑夸我有礼貌。

看到这些稚嫩的文字，我有一种明晰的感觉，一是这个孩子的内心世界不同于一般同学；二是她对生活挺热爱的（家人也注意这方面的培养和训练），感觉她也热爱这些事。

因此，今后，我也可以利用书信的形式和她多沟通，多给她鼓励，让她树立自信，变得大胆、开朗、麻利起来。

用心感受心，用爱唤醒爱！

# 教育理解：
## 走在幸福育人的路上

◇ 教育，一边是细枝末叶的碎片，一边是"知情意行"的凝结，一边是歇斯底里的无助，一边是柳暗花明的坚定。在这条路上，喜也罢，忧也罢，咬定青山的坚持、向着远处的灯塔的执着，是我们每一个教育工作者应有的情怀。

◇ 生命教育不仅要教会青少年珍爱生命，还要启发青少年完整理解生命的意义、积极创造生命的价值；生命教育不仅要告诉青少年关注自身的生命，还要帮助青少年关注、尊重、热爱他人的生命；生命教育不仅要惠泽人类，还要让青少年明白应该与其他物种和谐地生活在同一片蓝天下；生命教育不仅要关心今日生命之享用，还要关怀明日生命之发展。

◇ 抓住教育节点，开展有目标、有计划、有效果的活动，不仅要点燃儿童的热情，渗透无形的教化，更重要的是要培养具有健全人格和思维品质的学生。我喜欢这样的教师，也喜欢这样的生活。

# 办好家长学校，助力家庭教育

随着新时代教育体制改革的不断深入，国家对家庭教育的定位和要求也越来越明确。2021年10月23日通过、2022年1月1日起施行的《中华人民共和国家庭教育促进法》正式以法律的形式确认了家庭教育的职能。在第一条中明确了颁布该法的目的和意义：为了发扬中华民族重视家庭教育的优良传统，引导全社会注重家庭、家教、家风，增进家庭幸福与社会和谐，培养德智体美劳全面发展的社会主义建设者和接班人，制定本法。在第二条中，对家庭教育进行了界定：本法所称家庭教育，是指父母或者其他监护人为促进未成年人全面健康成长，对其实施的道德品质、身体素质、生活技能、文化修养、行为习惯等方面的培育、引导和影响。在第三条中，对家庭教育的内容进行了概括和要求：家庭教育以立德树人为根本任务，培育和践行社会主义核心价值观，弘扬中华民族优秀传统文化、革命文化、社会主义先进文化，促进未成年人健康成长。

细读该法律，对比时下的好多家庭，我们不难发现，家长们对家庭教育的理解和教育能力存在不同程度的缺陷和不足。因此，学校开展家庭教育培训就显得十分重要。具体要怎么办？我个人认为应做好以下几点。

## 一、充分利用家长学校阵地定期开展家庭教育培训

学校在安排大型活动的时候，要将家长学校开展的专题培训安排进去，定场地、定时间、定人员、定主题，有计划、有步骤地开展对家庭教育的指导。

学校可以借助强大的网络技术资源，利用"云校家"或"问卷星"针对家庭教育中最令人困惑或最棘手问题进行问卷调查，通过数据分析，找到目前家庭教育中急需解决的问题，有针对性地开展专题讲座；可以通过家长学校公众号和视频号推送家庭教育方面的小专题资源；也可以给家长推荐有价值、有水准的视频号或家庭教育公众号，让家长随时随地挤时间阅读观看。

## 二、充分发挥班主任的家校沟通效能，为家长提供及时的、细节的、持续跟进的家庭教育指导

学校可以利用本校心理教育教师的资源优势或定期聘请专业家庭教育心理指导师对班主任进行家庭教育、心理健康教育的专题培训，然后让培训后的班主任广泛辐射、带动和影响本班学生家长群体，进行跟进式的家庭教育指导。由内而外、由教师到家长，这也不失为一种快速有效的指导路径。

## 三、各班级可以利用家长群体中的资源进行家庭教育经验分享

例如，家长群体中在家庭教育方面取得过成功或有特长的家长，邀请他们在本班开展互动交流活动，也可以在微信群里进行家教育儿的经验交流和互动。大家针对发现的问题及时进行询问，及时进行自我革新，及时进行纠错，为孩子创造一个更理想的成长环境，维护孩子良好的情绪状态。

## 四、为家长推荐通俗易懂的家庭教育书籍，引导大家在阅读中成为合格的家长

例如，《孩子，把你的手给我》《正面管教》《家庭教育》《陪伴孩子终身成长》《好妈妈胜过好老师》《你就是孩子最好的玩具》《非暴力沟通》等，都是很好的家教书本，值得大家阅读。以家长学校的名义，定期在学校公众号和班级微信群进行家庭教育书籍的推荐，如针对一本书，可以介绍该书的基本教育思想、基本内容、作者等，方便家长有选择地借阅或购阅。

家庭是一个人成长的最安全的港湾，家长有义务建立起"安全"的屏障，如心理安全感的建立、自信心的建立、学习兴趣的建立、亲子关系的建立……

家长学校应该义不容辞地担负起支持和引导家庭教育的责任，相信家长学校也必将改变学校教育势单力薄的情况，为全面育人，培养国家真正的建设者和接班人注入新的力量。

# 从毕业典礼说仪式感

仪式感，是一个人在经历人生的重要节点或关键时刻时，所需要的不可或缺的一种氛围。仪式感能有效促进一个人对人生节点或行为举止的认可和肯定，强化他对正确方向和关键阶段的把握。

我校隆重举行六年级毕业典礼的那天，旗柱上醒目的两行字映入眼帘："志当存高远，无愧梦少年"。是的，少年儿童是祖国的未来、民族的希望，少年强则国强，少年雄于地球则国雄于地球，唯有英雄少年，才能主宰历史。作为基础教育的小学阶段，我们开展这种具有仪式感的活动，不仅是在表达我们对生命成长的尊重与关切，也是在增强孩子对自我存在和自我价值及成就感的认同。

雄壮的国歌，冉冉升起的国旗，时刻提醒孩子们学习的目的是感恩父母、回馈社会、报效祖国。家长的殷切期望、老师的谆谆教诲、校长的深情嘱咐，都是让一个人的人生实现新跨越的动力。

譬如范校长的讲话。

同学们，无忧无虑的童年即将成为过去，同学们就要离开母校、奔向新的学习旅程。借此机会我向全体毕业生提出以下六点希望。

一是要进一步明确学习目的，立下远大志向，磨炼顽强意志。每个人都有美好的愿望，但目标的实现要靠顽强的意志来保证。敬爱的周总理从小立下"为中华之崛起而读书"的宏伟志向。他是这样说的，也是这样做的。我们每个人都要严格要求自己，学会控制和约束自己，集中力量和智慧向着目标奋力前进。成功就在你一步步坚实的脚步下，成功就在你一回回坚韧不拔的坚持中。

二是养成良好习惯。良好的学习习惯包括热爱学习、善于思考、认真实践等。好的学习习惯是一个人取得成功的阶梯，我国著名的教育学家叶圣陶先生曾经说过："什么是教育？简单一句话，就是要养成良好的习惯。"英国著名的教育家培根也曾经说过："天性的力量和言语的动人，若无习惯的增援都是不可靠的。"希望每个同学都能养成良好的学习习惯，让它像影子一样跟随你一生。

三是掌握科学的方法。17世纪杰出的法国数学家、哲学家笛卡儿曾经说过："最有价值的知识是关于方法的知识。"我们在同一所学校、同一个班级，有着同样的教师、同样的时间和学习环境，但是不同的学生却有着不同的收获，有人事半功倍，有人事倍功半，这里有多种原因，其中一个重要原因就是选择了不同的学习方法。

四是善思多问。一个什么兴趣爱好都没有的人，往往是一个无所用心的人，也是一个懒散的人，更是一个胸无大志的人。一个人只有多参加活动、多读书、多问为什么、多观察，生活丰富了，眼界开阔了，思维敏捷了，手脚灵活了，才能充分发挥自己的聪明才智。

五是要慎重交友。我们有时不能选择环境，但可以选择朋友。交好朋友能使自己受益匪浅。古人说的"近朱者赤，近墨者黑"就是这个道理。

六是珍惜时间。"一寸光阴一寸金，寸金难买寸光阴。"珍惜时间就是珍惜生命。珍惜时间，也就意味着获取更多的知识，延长我们为社会、为人类做更多贡献的时间。

范校长的讲话，简明扼要地为即将跨进新环境、认识新朋友、面对新老师、接受新知识的同学们送上关于理想、习惯、方法、思考、交友、惜时的教诲，言辞恳切，款款情深。

相信，只要是心有远方、胸怀梦想、脚踏实地的同学，此段讲话一定会让他们感触良深，对他们影响久远。毕竟，对于一个人的一辈子而言，这是一次结束，也是一次开始。结束的是金色烂漫的童年，开启的是一段进入高发展、快进步的崭新阶段。

营造仪式感，不只是一种形式，更是一种真正意义上的教育方法。作为学校，作为教师，既不可忽略，也不可轻视，以虔诚的心和敬重的态度认真对待每一个具有仪式感的活动，这本身就是一种不言之教。

# 放眼远方，贴地前行，做一名有思想的教育人

回望自己这一路的教育之旅，特别是加入"全国班级联动"之后的教育之旅，我想用三个关键词表达对教育的这一份敬畏和信仰。

## 一、高远

### 1. 明白自己

有言："以其昏昏，使人昏昏；以其昭昭，使人昭昭。"也有言："教师的最大愉悦就是把一群群孩子送往理想的彼岸。"是的，一个人应该首先对自己的人生有思考：我从哪里来？要到哪里去？怎么去？一个自己都活得糊里糊涂的教师，如何去引导孩子们的生活？譬如：在我的课堂上，我就向孩子们讲述了自己为了小时候幼稚的梦想而不断努力的过程。梦想不是一成不变的，而是随着年龄、阅历与平台的不断变化而变化的。

### 2. 了解前沿

教师要比较前沿地了解世界变化，了解社会发展，了解科技进步。如果作为教师不主动去阅读，不主动去坚持上网学习，连自己都不知道这个世界在发生什么，不知道时代对未来的人提出了什么要求，那怎么引导孩子面向未来、面向世界、面向现代化呢？

### 3. 走出小我

不管是哪个学段的教师，都要有走出小我的勇气和魄力。只站在自我的小圈子里，对学生永远是有伤害的。不管是班主任还是任课教师，都要有着眼于学生全面发展、长远发展、个性化发展的理念和思维。否则，只站在自己学科的角度思考问题，往往会使孩子们感觉很枯燥甚至很痛苦。譬如：一个班主任既要考虑自己所任学科的学生学力，又要考虑其他学科的学生学力；既要看到孩子们的现在，又要考虑孩子们的未来，考虑我们的教育会为他们今后的发展提供什么支持与帮助；既要考虑全面发展，又要扬长避短，考虑优势学科、优

势能力、优势特长的侧重培养与发展。而对于此，我们教师一定要有"舍得"的胸怀。

## 二、求实

### 1. 立足实际育人

教育如同种庄稼，需要的是"一分耕耘，一分收获"的坚持。不同地区、不同家庭背景、不同经济基础、不同人文环境等，都会影响教育的践行。作为教育者，在引导孩子们奔向理想的彼岸时，不要好高骛远，高估了孩子们的智商条件、情商条件及家庭条件，也不要低估了某些孩子的"禀赋"，应该实事求是地站在孩子们的角度，站在未来社会对人才的需求角度，扬长避短，立德树人，以全人教育的思想，尽可能地为孩子们点亮理想的光亮，点燃学习的热情，培养学习生活的必备品质、关键能力和正确的价值观。

### 2. 简洁清爽育人

时下，我们的教育受到多种因素的影响，出现了不同的教学模式，可以说"见仁见智"，但说到底，有一条规律是必须要遵循的，那就是让人成为人，让人回归自然发展的规律。只有这样，我们的孩子才不会被花样繁多、花样翻新的教育现象所迷惑。就拿语文学科来说，它的性质就是人文性和工具性的统一。它承载的任务就是立德树人，引导学生继承和发扬中华优秀传统文化、革命文化和社会主义先进文化，让学生能够在实践生活中具备听说读写的能力（包括对想象力、思考能力、批判思维的训练），让学生具有一定的鉴赏能力和审美情趣。那么，语文教学就应该要读写。而事实上呢，现在的语文课堂，教师讲的时间多，学生读的时间少；教师问的时间多，学生思考的时间少；学生重复作业的时间多，教师示范的时间少；学生写字的时间多，学生练字的时间少；学生被动读课文的次数多，学生主动读课文的次数少。

### 3. 朴实接地育人

在活动的开展上（这里重点指班级活动），我们应该琢磨设计一些适合自己班学生生活背景、兴趣爱好、共同愿景、心绪精神的活动，还需要设计有传统内涵的、仪式感很强的活动，更要凸显活动设计的个性化。我在想，要实现朴实接地育人，发挥活动育人实效，就要讲求活动在实不在虚、在小不在大；在精不在多。只有走进学生的内心世界，设身处地为他们的成长提供引领和支持的活动，才是深入人心的活动。

### 三、点燃

人生是一个不断被点燃的过程。孩子们其实生来就自然而然地具有学习和生存的本能，但是本能的存在需要被激发和点燃，这是我们教育者对学生也是对自己的要求。班级联动就是一把火，是一把不断迸发力量和智慧的火，我们在讲坛讲座中，在话题研讨中，在优秀同仁的空间、微博、公众号、博客中，汲取养分，获得力量，反思自己，乘势而上。

持平常心，放眼远方，贴地前行，在这个美好的时代，让我们去守望一段美好的教育。

# 坚守初心，躬耕不辍，行走在育人路上

## ——在师德师风交流会上的发言

美国心理学家威廉·詹姆士曾说过，播下一种行为，收获一种习惯；播下一种习惯，收获一种性格；播下一种性格，收获一种命运。人生百年，在时间的长河中，不过沧海一粟。唯有拥有一颗平常心，一颗对人生的恭敬心、虔诚心，才会宠辱不惊，苦乐坦然。而要做到这些，最重要的大约是形成一个稳定、健康、乐观的性格吧！

站在不惑之年的洪流中，反观一路走来的教育之旅，我觉得教育的意义在于顺势而为，扬长避短，是影响、激励、唤醒和鼓舞。其实，教育在我心目中就是满怀希望，和一群不确定的孩子们奔跑在向好、向善、向美的辽阔草原上；就是脚踏实地，以一颗虔诚的心匍匐在"不问收获，但求耕耘"的土地上。我还想说，教育就是在陪伴孩子们成长的过程中，让孩子们实现对自己人生的一次成全。

首先，我谈教育就是满怀希望，和一群不确定的孩子们奔跑在向好、向善、向美的辽阔草原上。基于这样的认识，作为一名从教多年的中年教师，从偏僻的山村到相对繁华的县城，从普通人民群众成为一名中国共产党党员，从一个自认为优秀的青年才俊到如今感觉诚惶诚恐的中年教师，我越来越觉得，最佳的教育状态，就是要坚定理想信念，要满怀对世界的美好期待，满怀对孩子们的美好期望，以自信、阳光、渊博、健康书写教育人生的每一个黎明与傍晚。相信这个世界的未来，相信这个世界的善意，相信祖国的富强与伟大，当然更要相信孩子们的可塑性和无限可能性。奔跑，是一种姿态，也是一种劲头。草原，除了广阔，还有人生的绿意。

其次，我想说教育就是脚踏实地，以一颗虔诚的心匍匐在"不问收获，但求耕耘"的土地上。教育如种庄稼，一分耕耘，一分收获。但又不同于种庄稼，因为教育的回馈周期长，短则三五年，长则十几年甚至几十年。作为一线教师的我，其实一直秉持着对教育的敬畏和虔诚之心，从活动入手，从细节着眼，点点滴滴，日积月累，从量变到质变，循序渐进，不辞辛劳，相信耕耘的力量，不问回馈。而孩子们的成长，存在个体差异，存在家庭差异，存在不可预知的社会发展差异。

最后，谈谈教育就是在陪伴孩子们成长的过程中，让孩子们实现对自己人生的再一次成全。人生，就是面对一次又一次不断出现的缺憾，同时又在进行着一次又一次不断的成全。作为一名挚爱教育者，作为一名敢于以平常心看待教育的教育者，作为一名经历了多年教育生涯的教育者，我不仅是从教书育人的职业中获得人生的基本保障和价值，更是从不少学生求学时的经历、成长中的坚忍，以及他们身后的故事（如父母离异、基本生活难以保障、人穷志坚等）中，寻找自己的价值、工作的意义，当然，还有绵延不绝的师生情谊：节日问候、礼物赠送、口传美誉……

做一个教师难，做一个"四有"好教师更难。在"十四五"规划的开局之年，让我们所有教师，在党和国家给予教育大力支持的背景下，在习近平新时代中国特色社会主义思想的指引下，坚守初心，躬耕不辍，在高质量育人的新大道上阔步前行。

# 何谓带班的"度"

孔子有云："过犹不及。"这是圣人所言为人处世之"度"。我自己对"度"的描述是：在触手可及的范围内，合理、舒适、顺畅、有效，即为"度"。

凡事有"度"，班级建设也是如此。

从我的教育实践和思想认知出发，我认为在班级建设中应力求做到以下几点。

## 一、班主任的视野要广阔、目光要高远，能站在孩子终身发展的角度思量班级建设的种种事宜

譬如：班会课的设计，既要从纵向上考虑学生年龄特点、认知特点、情感特点、意志水平的发展变化，又要从横向上考虑活动的内容要广泛而有意义，形式要多样而有趣味。一节以学生歌唱比赛为主题的班会课，为一年级设计时，要考虑氛围的营造、黑板的布置、主题的趣味化（如《森林音乐会》），主持人的训练与主持词的撰写就得依靠家长和老师，奖励就要以小朋友喜欢的小礼物（如彩虹糖、小贴画，甚至一个拥抱等）为主。但是到了高年级，要设计同样主题的班会，那就要在表演者水平的评比上、主持词的设计上、主持人的自我推荐与训练上、主题题目的确定上，以及评委的选择上、评价语言的策略上等方面有一个纵向和横向的全面变化，这样，学生既能感受到一脉相承的连贯性、延续性，又能感受到活动的跟进性、阶梯性和创新性。

## 二、班级管理方式要简约，重在明理、内省，而非千丝万缕的考评细则

时下，有不少班主任根据自己的班情设计了一系列管理班级的方法，这里面就有诸多带有激发学生竞争的考评。在班级内建立一定的竞争机制，对于推动班级文化建设和优化班级管理有很重要的促进作用。只有不断树立新目标，

才能引导大家营造"赶、帮、超"的氛围。但是，教育更重要的是培养学生的自尊心和自信心，一个内心强大的生命，只要明晰自己的奋斗目标，他就懂得如何与别人建立或学习、或帮助、或超越、或欣赏的联系。在班级管理中，要少一点量化，多一点情化；少找一点"不足"，多扬一点"正向"；少填一些表格，多写一些文字；少讲一些道理，多讲一些故事。

### 三、班级活动宜精不宜滥，宜块状设计不宜碎片化，要利于学生个体从宏观上把握自己的所作所为

这个宏观是相对的，是从关键处、整体上进行引导的，而非不可捉摸的、或遥不可及的、或高大上的。例如，孝顺文化，从孩子很小的时候就要开始介入引导，从和父母打招呼、拥抱、亲亲父母的脸蛋……到替父母做一定的家务、吃饭的文明礼仪、给父母过生日制作生日礼物……再到高年级替父母改善家庭环境、替父母照顾长辈……以此作为班级活动，要精心设计从一年级到高年级的螺旋式上升的教育活动。

### 四、家校合作关系中"度"的把握更加重要

例如，家庭作业、学校各种问卷调查、App数据填写、网上投票等一波接一波、有益无益、会做不会做的事一股脑儿地袭向家长。把握之法除了合法，还要合情合理，简单点说，"己所不欲，勿施于人"就是最好的把握。

时下，因为学校活动、表格问卷、学生作业相对较多，引发家长抱怨和不解，所以家校合作关系从某种意义上说比较难处理。处理之法，我觉得沟通至关重要。只有消除疑虑、困惑、怨气，才能顺畅地使家校合作持续向好发展。

换位思考很重要，合情合理方为上。譬如：有位老师，因为一个聪明但淘气的学生数次完不成家庭作业而和家长进行沟通，孩子爸爸说他在外地打工，孩子妈妈说她不识字，不会监督检查。这似乎在告诉老师，这一切就只能靠你了。沟通无果后，有一次，老师打电话让家长把孩子领回去。这一领不要紧，却引来家长气势汹汹地责问："人家中学现在都动员已经生了孩子的大娃娃去入学念书，你让我把孩子领回去？你是不是嫌弃我家孩子的学习成绩拖了你班的后腿？是不是我们做家长的哪里招惹你了？我们可以向你道歉，但不能和我家孩子过不去……"一系列的质问，说明当时家长的情绪很激动。

该老师是一位优秀的班主任，对学生认真负责、要求严格，班里学生学习成绩整体在学校名列前茅。所以他希望不能让一个学生掉队，对这位经常完不

成家庭作业的同学肯定是先沟通、检查、监督甚至适当地惩戒。然而，这一切教育之法过后，他想采用更加有力的"妙招"加强对孩子的教育力度，却因提前的沟通不畅而导致了上述情景的发生。很明显，这位家长是带着对老师的不满情绪来找老师和学校的。

教育之中的"度"，除了法律之度、伦理道德之度，还有个人认知之度。不言弃，不放弃，但也别固执，不要以为教育是灵丹妙药，包治百病。再好的药物，也不可能治好所有的疾病；再好的医生，也不可能医好所有的病人。教育亦是。要把握好教育之度，教师要有一颗平常之心、恬淡之心，因材施教，顺势而为。

当然，把握好班级管理中的"度"，还得有"规则意识""边界意识""底线思维"。越界，往往是教师太偏执，一个能以学生成长为目的，能理解人、宽容人，会换位思考的教师，一般不会发生越界行为。

将自己活成自带光芒的状态，少一厢情愿行事，沟通，沟通，再沟通，有规则意识、底线思维。

教育的最好境界就是：行不言之教。而此境界的抵达，需要教师活成一束光。往那里一站，就是教育。而自带光芒需要长时间持续不断地修炼，所以我们当下要尽可能地做到要言不烦，重视引导学生从内自省，尽量说话做事简约，尽可能地宽以待人。

# 假期作业检查，教师更要关注什么

开学初，绝大多数教师都会对学生的假期作业进行全面的检查或有重点的抽查。那么，对于检查的内容，应该怎么界定呢？根据我多年的检查习惯，我觉得，除了检查作业完成的完整性和正确性，我们还应该关注以下内容。

## 一、关注假期作业的完成节奏

是短时间内集中完成，还是有计划地逐渐完成？假期作业除了丰富学生的假期生活，促进学生的心智发展，还承载着对已学知识与技能进行巩固和提升的任务。如果假期作业是短期"赶忙工"完成的，势必会影响学生新旧知识的对接。

## 二、关注学生的假期生活内容

比如：通过日记和读书笔记可以了解到他们假期生活的活动、项目、所读的书目。有些学生在假期随同家人回到老家，感受老家的年味，如贴对联门神、烧香祈福、供奉祖先、叩头拜年、走亲访友、社火仪程……有些学生一家出门旅游，在观光览胜中，目睹祖国大好河山的壮丽、中华文化的源远流长与博大精深。有些学生参与到自家经营的生意中，体验到买卖交易的诚信、礼仪、语言与灵活。

## 三、关注学生的自觉行为与个人成长

其实，"士别三日，当刮目相看"的道理，不仅仅适合评价有追求、有志气的"士"，还适合评价学生。少年儿童的变化有时会出乎预料，特别是在假期，他们有机会接触到实实在在的生活，接触到更多的人物和关系。这时，或许一本书，或许一次事件，或许一番交谈，或许一次经历……都可能影响他的思想认知。我们要尽可能地通过作业寻找这些细微变化，特别是教师眼中的"特别学生"。这样做对教师有的放矢地调整教育教学思路，积极组织语言评价学生大有裨益。

当然，这只是我的一点经验和思考而已，仅供参考。

# 三言两语说教育

只要你的心在那里，只要你的目光不再短浅，只要你的胸怀足够旷达……总会在你不经意的工作或生活间隙里，有一个词语或句子冲进你的脑袋，那么富有力量，那么激越……或许，爱得深沉的你，都有过这样的时刻……

## 一、活动篇

（1）学生的日子要闪亮，离不开一个又一个富有时代气息又具有科学性、趣味性的实践活动。而设计这些活动，是彰显一个教师践行"立德树人"根本任务的重要标志，是考验一个教师是否具有教育智慧的重要因素。

（2）没有活动的班级，永远谈不上是一个优秀的班级；没有活动的学生，永远难以形成强烈的向心力和凝聚力。

（3）为应付检查而开展的活动，永远是假活动。为活动而活动的活动，永远吃力不讨好。活动，应该有来龙去脉。从活动设计的缘起，到活动的准备，到活动的开展，再到活动的后续跟进和延伸，环节完善才是美丽的闭环。

（4）活动不一定要花里胡哨，可以是5分钟的发言或者10分钟的讨论，可以是3分钟的演讲或者5分钟的读书（日记）分享，可以是观看一段影片或者公益广告，可以是主题辩论或者实践调查体验活动……但活动一定要实实在在，要有真善美的因子活跃在其中。

## 二、修养篇

（1）太阳之所以被无数人歌咏，源于它无私的奉献，毫无怨言。流星划过星空的一瞬，给多少人无限的遐想，但无法孕育真正的新生。

（2）欲念小了，心就大了；欲念大了，心就小了。人生永远处在一个矛盾体中。

（3）即使看到了孩子十年后的生活，你也不至于把自己气得青筋暴起；

如果看到了孩子二十年后的生活，你或许会发现自己根本没资格或没能力教育孩子。

（4）眼睛盯着分数，教师累，学生累，家长累。如果给分数松绑，将学校、班级的生活视为一段实实在在的生命旅行，包括旅游目标的选择、旅游路线的规划、开销筹备、意外保险、活动设计、住宿饮食……都怀着愉悦的心情去面对、去体验、去经历，这本身对所有人来说就是一种美好的体验。

（5）最美好的教育是合作，是师生之间的合作，是家校之间的合作，是任课教师之间的合作。没有合作的教育是苍白的，不会合作的教育注定是失败的。所以合作是所有人必备的品质，特别是家校、师生。

## 三、反思篇

（1）脚踏大地，仰望星空。低头拉车，抬头看路。只要生命尚存，就该不断思索，观照内心，反求诸己。

（2）没有哪一个人会随随便便成功，也没有哪一个人注定平庸，差别就在于你为这份事业执着了多少、付出了多少、留下了多少。作为教师，或许留下来的只能是一些与学生、课堂、生命有关的故事……而这些，就需要积累、沉淀、提炼、升华。

（3）喜欢学生，喜欢这份实实在在的陪伴，只可惜自己的时间过多地被事务性工作占据，自己无法真正开展一些有价值的活动，写一些有情调的文字，更无暇去思考一些真正属于我们教育工作者所应该去思考的东西……

（4）作为教师，要做到"言必行，行必果"。或许你工作或生活中的事务的确让你力不从心。但是一旦你许诺了孩子，就一定要做到。例如，答应孩子们每天坚持写"下水文"日记，结果没有做到天天写；答应孩子们出班级学生作品集，稿子收集起来了，没时间矫正归类，没有做到；答应孩子们写长篇童话故事，并给他们示范分享，令人疲惫和干不完的工作占据了我的边角料时间，还是没做到……这些没实现的承诺，让我有种深深的自责和担忧。如何在孩子们心中建立良好的威信？大约信守承诺、做出榜样是必不可少的吧！

（5）一个教师完整的教育生活，一定离不开阅读与写作。这二者可以视为教师专业成长的双翼，缺一不可，更别说连一个都不具备了。

# 教育中最耐人寻味的几个关键词

## 一、爱

爱是教育的全部。爱不是停留在文字上的"心灵鸡汤"，不是整天喋喋不休地念叨，而是落实在时间流里的陪伴，融进生命每一个黎明和黑夜的不离不弃的守望。

爱是具体的。每一个对儿女亲密的拥抱或额头的亲吻，都是爱的传递。每一次学生进步时的强化肯定，每一次孩子受挫时的倾听和理解，都会让爱的琴音自然流淌进柔软的心田。

爱是理智的，不以规矩，不成方圆。抛却尘世的繁文缛节，以舒畅通透的感知触角，去触摸每一次的情绪波痕，去洞悉藏在内心的愿望和思想萌芽。然后循着千百年来经典与圣贤的点化，陪伴孩子走过黎明前的黑暗给予他们乌云翻滚时的镇定及坚持不懈的信念。

爱是有技巧的。爱有一个高洁的灵魂，但它更有一个朴素典雅、举止端庄的仪表。一个拒绝成长的生命，如何让爱的力量以温润的姿态晕染自己？爱有时或许是一个默默的赞许，有时或许是一句浅浅的鼓励，有时或许是一分钟静静的倾听，有时或许只是一次热泪盈眶的追述……

爱是藏在光鲜背后的一份守望。每一个无助的日子，每一次犯错后无处寻找慰藉的泪水中，都会有一个厚实的肩膀，将这份无助、恐慌、失落扛住，哪怕这肩膀早已颤颤巍巍。

## 二、放手

放手是另一种形式的爱。放手不等于放手不管。放手是做好充分的预案和准备工作之后的大胆尝试，能为学生创造锻炼和挑战自己的机会和平台，能让学生在具体可感的生活情境和生活实践中进行实地体验。譬如："我班的美食节"这个项目式活动的设计，就完全可以让学生做方案、做安排，让他们从食材准备、做美食、晒美食、尝美食、评美食、写美食等环节进行操作。这里面就有团队合作的智慧，有互帮互助的凝聚力，有班干部的领导力和组织力……放手，不是暗中偷窥，而是宏观的引导。

不同的放手方式是有办法区分的。当生命的自信充斥着崭新的草地，它悄悄抽身，去旁边的小木屋里，远观草地上奔跑、追逐乃至摔跤的身影，只要你已经修炼好了欣赏的水准，这些都是一番别样的享受。当行走的脚步战战兢兢，安全的扶持便是明智之举。放与不放，准确拿捏，全在你视野所能抵达的范围之内！

放手是一种对新高地的探索。潜能的激发，绝不是我们所能预想的，它的高度、宽度和长度，需要"天造地设"，也需要"二度开发"。把时间还给孩子们，让他们驰骋于广袤的原野。把时间留给自己，以清零的心态，持续不断地涤荡心灵，让一次又一次的思想和情感碰撞，捋清那些迷茫的行程。

## 三、示弱

示弱是一种诚实，一种正态，一种对事物认知的辩证法。世界一旦存在，就一定有强弱、是非、优劣；同样，人也有强弱、是非、优劣。在教育中，示弱非但不会降低师者和家长的尊严，相反，还能激发孩子的自信、责任感和独立性。有时，你越是展示光鲜的一面，越是会降低孩子的自信心或责任感。

示弱需要坦荡的胸怀。每个人，大约都有分享"过五关斩六将"的冲动，而尽量对"夜走麦城"的不堪避而不谈。所以，面对受教育者，我们往往会展现出自己强大、英勇的一面，这样除了给孩子造成不可比拟的能力距离感，还会导致双方心理难以彻底相通。

示弱要考虑孩子的承受力和情绪，把握好恰当的时机。此情此景，此时此刻，该示弱时就示弱，没有一次又一次的跌倒和挫败，怎么会有独立人格的建立和自尊心的形成？

示弱，不是真正的弱，而是用弱的退出激励孩子不断地成长，在互帮互助中与孩子共同成长！

## 四、信任

有一种力量叫信任，从衣食起居到待人接物，从生活琐碎到学习认知，看在眼里，想在心里，落在言行间。

　　教育，不是正义与邪恶对立的两个阵营，也不是斗智斗勇的警匪剧，它是同舟共济的启航，是守望相助的依恋。信任正好用一种特别高明的姿态和虔诚的信念，架起了联通心灵与心灵的桥梁，消除了因误会与错误产生的隔阂。

　　信任，只能生存在善意的花园里。戒备甚或敏感、提防，只会让信任之花，在瞬间遭受风吹雨打而花落叶败。

　　信任需要持久的考验，尤其是在困难面前，在错误面前，在落魄之际。

# 每一个孩子都是独一无二的

在一个学习群内，有人推荐了一部电影《地球上的星星》。某个下午，我静下心来在手机上观看了全剧。

它是一部很有价值、很有思想教育启迪意义的影片，适合各类人群，包括儿童、青少年和成年人，而最适合观看的人群莫过于教育者和家长了。

在这部影片中，伊夏是一个活泼、好动、想象力丰富，对自然界充满探求欲望的男孩，简单的图案、司空见惯的景象在他的脑海里，往往会变得形态万千、充满乐趣。

伊夏的性格倔强，又存在一些智力发展上的障碍，到后来用美术教师尼库巴的话来说，就是"阅读障碍"症，他对一个球的大小、扔出去的距离、球的速度的判断都和正常孩子不一样，所以时常遭到同伴的欺负。受到欺负的他每次回到家总能得到妈妈的爱抚，妈妈温柔地照料着他的饮食起居并和蔼地告诉他一些做人做事的道理。

但是，他的学习成绩还是越来越差。上课时间，他听不懂，就常常将头探到窗外，观看窗外的世界。作业本中的"桌子"，他一会儿写成"桌了"，一会儿写成"卓子"。更有意思的是，有一次他将"3×9="的答案写成了"3"。他的思维过程是：他将"3"想象成第三个行星地球，被他的宇宙飞船带着在太空中飞行，在穿过几个行星后，将第九颗行星冥王星碰撞爆炸，地球胜利了，所以答案是3。

在成绩很糟糕的情况下，数学教师让他把考试卷带回家，让家长签字。他不敢让家长知道成绩，就一个人偷偷溜到大街上，漫无目地转悠。这时，他看到了很多有意思的事。

后来，父亲发怒了，他感觉伊夏的问题已经很大了。除了学习差，还惹是生非，已经属于那种不可救药的孩子了。

最后父亲把年仅八九岁的伊夏送到了寄宿制学校。在那里，依然还是以

"秩序、纪律、劳动"为管理原则的，追求的依然是分数、名次。不同的一点就是惩罚更重，不让孩子回家。

在伊夏又一次面临被退学时，新来的美术教师尼库巴挽救了他，让他慢慢地重新找到了温暖和自信，最后在一次美术大赛中，他以第一名的好成绩获得了众多认可与赞赏。

阿瓦斯夫妇是典型的家长代表。妈妈是个善良、勤劳、有耐心的妇女，但没有什么好的教育方法，原则性不强，比较溺爱孩子。爸爸是一名工作繁忙的上班族。在他们的观念里，听话、成绩好，就是有希望的孩子。大儿子约翰就是令他们很欣赏和骄傲的孩子。但对于小儿子，爸爸除了严重缺失对他的陪伴，还对他的智力发展和生活状态都了解甚少。当伊夏出现问题时，他气急败坏，感觉孩子已经无药可救了。而且，在他的意识里，唯有成绩和名次才是孩子屹立于不败之地的唯一出路，他从没有注意到孩子还有那么敏锐、神奇的画画天赋。

"我们中间一直都有那样的人，他们可以用不同的思维看世界，因为他们眼中的世界是另外一个样子，他们的想法不一样，而且并不是所有的人都能理解他们，他们被反对，但是他们中间出现了最后的赢家，于是惊艳了世界。"从这里，我们不难看到：家长对孩子的认知决定着培养的方向，也决定着孩子生活的幸福。只要我们有"每个孩子都是坠落在凡间的星辰，每一个孩子都是独一无二的，总有一天，他们会走出自己的路"这样的理解，就一定会尊重孩子，从孩子的实际出发，从他们的兴趣出发，因势利导，就不会把自己没实现的愿望投注到孩子身上，也不会随大流妄估孩子的实力。"每个小孩都有独特的才华、能力和梦想。"

再从教师角度而言，尼库巴的青春、热情、乐观是一种资源、一种可贵的气场。再加上他丰富的学识、细致的工作方法、对学生真真切切的爱和高超的育人艺术彻底改变了伊夏，也成就了伊夏。

这里我简要谈几点。

## 一、了解学生，特别是了解现象背后的故事

当尼库巴老师发现自己如此活跃的课堂，几乎所有同学都跳啊唱啊，说啊笑啊，沉浸在一片欢乐的海洋里。杰瑞和伊夏两个同学却在座位上一动也不动，当然，杰瑞是身体有问题，靠双拐才能走动，那伊夏呢？尼库巴老师通过观察、询问同学、走访家长，了解到了伊夏对生活失去信心的原因。家长和同学不了解伊夏存在阅读障碍（他的自信心全被击垮了，他以不服从来掩饰自己

的无能，证明自己的存在感，他这是在与世界斗争。与其承认"我不能"，不如说"我不想"），只把语文、算术、科学、英语等科目的考试成绩和排名作为评价孩子的标准，忽视了孩子的优点和天性。

## 二、努力调动各种信息渠道，寻找闪光点

在一次家访中，尼库巴老师发现了伊夏爱画画，而且想象力奇特、丰富，有极强的创造力。他抓住这一点，不断地对伊夏进行鼓励，并寻求学校的支持和帮助。尼库巴老师一边以画画作为激发他自信的动力，一边花时间与他沟通，帮助他学习读与算，渐渐地，伊夏变得阳光起来、自信起来、自觉行动起来。

## 三、以名人故事激励孩子

在一次美术课上，尼库巴老师讲了好多名人小时候学习成绩糟糕的故事，如爱因斯坦、达·芬奇、爱迪生、阿布洛克·巴强的故事，虽然他们学习成绩都很糟糕，并且思维很独特，常常让人难以理解，但当他们的成就被世人所知，大家被震惊了。"他们都有独特的思维和想象力，对世界充满好奇。""在我们周围，那些用独特眼光看世界的人，最终改变了这个世界。"在这节课结束时，尼库巴老师亲切地叫住了伊夏，他轻轻对伊夏说："今天，我讲的名人中，有一个还没讲，你猜是谁？"伊夏不知道，他神秘地说："尼库巴。"

## 四、提供平台，让伊夏有展示的机会

这是一次大型的绘画比赛。为了郑重起见，尼库巴老师还约请了自己的老师、校长，还有其他学校教师，自己命题组织了全体同学都参加的绘画比赛。一场比赛，让伊夏的天赋得到了充分的发挥，从此，改变了同学和教师对他的偏见。

是的，不是每一个家长都能遇到尼库巴这样的优秀教师，不是每一个教师都能具有尼库巴这样优秀的才能和博大的爱心（他根据伊夏的表现，就能判断出他患有阅读障碍症，那阿瓦斯夫妇怎么就没发现呢？其他教师怎么就没意识到这一点呢？说明尼库巴老师学识渊博，并且具有多元化的认知结构），也不是每一个孩子都像伊夏一样有画画天赋。但是，不管作为父母也好，作为教师也罢，我们都要站在孩子的角度，把他当作一个神圣的生命个体，去尊重他、善待他，根据他独特的个性与天赋扶持他、鼓励他、引导他，给予他充分的信任。每一个孩子都是独一无二的，总有一天，他们会走出自己的路。

# 我心目中的理想教师

一个时代有一个时代的长征路，一个教师有一个教师心中的理想教师，因此，不同教师对理想教师的认知也不尽相同。下面我结合自己的教育理想与教育实践，谈谈自己心目中的理想教师。

首先，要有一种初心使命感和责任担当感。从进入教师行列，准备在教师岗位上开始自己的人生理想时，我认为就应该有一种初心使命感和责任担当感。"为党育人，为国育才"不是高大上的口号，而是朴素的理想信念。作为教师，特别是小学教师，尽管给孩子传授不了多少高深的知识、高妙的技能，但是"万丈高楼平地起"，我们的工作是夯学生成长之基、张学生理想之帆。因此，正确定位自己的使命担当，正确理解自己的工作性质，引导少年儿童形成良好的行为习惯，建立正确的价值观、人生观和世界观，是我们教师义不容辞的责任。

其次，要有对人生价值的哲学思考。如果一个教师仅仅将自己的职业定位在换取薪水上的话，除了难以获得心理上的自尊感，更重要的是无法在自己的工作领域内获得心灵上的价值感和幸福感。育人的工作，是一份沉甸甸的良知，它担负着千万家庭对美好生活的追求与梦想，也担负着一个国家和民族实现伟大复兴的人才保障。作为教师，就应该有时不我待、强国有我的责任担当，做好当下培根铸魂、启智增慧的工作。

第三，要有一颗无私的爱心。爱是教育的前提。作为教师，应该首先要有对学生的爱，把关心、理解、宽容作为对学生最基本的心理感情。在学校生活中，教师，特别是班主任，要细心、悉心了解学生，了解学生背后的故事，挖掘学生内在的潜质，扬长避短，顺势引导，并帮助个别问题学生或困难学生，让他们树立生活的信心和勇气。有爱的教育，才会让学生点燃生活的信心；有爱的教育，才能让教师感受职业的伟大。

第四，要有精益求精的学习力与内驱力。在当今世界百年未有之大变局的背景下，要保持持续不断的学习力，与时俱进，日日新、时时新。要以敢为人先的魄力，着眼学生，立足当下，遵循教育教学规律，扬长避短与取长补短并重，让课堂教学与立德树人紧密结合、相得益彰。学习力与内驱力，不只是学生该有的成长利剑，也是教师成长必须拥有的修炼与能力。一个没有学习力与内驱力的教师，很难在当今教育业内游刃有余地教书育人，相反，还可能贻误学生。

第五，充分利用教师成长的两架马车——教育阅读与教育写作，不断提高自己的专业素养，拓宽自己的知识视野，深耕自己的专业田，做反思型、学者型、教育家型教师。纵观在教育界做出杰出贡献的教育大师和德高望重的一线教师，如我国现代教育界赫然有名的朱永新、林格、李镇西、魏书生、于永正、余映潮、窦桂梅、干国祥、王崧舟……无一例外都热爱阅读、坚持阅读、宽泛阅读，同时善于观察、勤于动笔、擅于反思。虽然我自己目前没有出几本教育或文学专著，但我喜欢教育阅读与写作的习惯，它已经在我的教育生活实践中发挥了不可低估的作用。例如，上语文课时，我能行云流水、侃侃而谈；指导学生口语表达与书面表达时，我能信手拈来、挥洒自如；其他时间，我还能对自己的教学行为进行反思，并对教育故事进行呈现……这一切都源于我坚持教育阅读与教育写作。

第六，拥有不断创新的工作精神。教育是一个老话题，更是一个常说常新的新话题。教育的本质不会变，但教育的载体、媒介、方式、视域等在不断翻新。作为教师，我们要有敏锐的感知力、判断力和足够强的适应力，成为更好的、更适合的、更有益于培养完整人格和强健体魄的、更有用的人。AI智能时代的到来，标志着未来已到。要满足新时代、新样态对教育的需求，我们必须努力学习，守正创新，做一个时时学习、处处学习的教师。

理想教师，做理想教育，用一步一个脚印的坚实步伐，去实现自己的教育理想，更要帮助孩子实现他们的人生理想。

# 随谈小学生规则意识的建立

孟子曰："不以规矩，不能成方圆。"也有人说，少和不讲规则的人在一起。是的，不管是伦理道德、规章制度还是法律法规，说到底都是一种规则。任何人都不可能游离于社会和集体（包括家庭）而存在。所谓的"民主""自由""平等""公正"，都是在一定范围或条件下，在我们可以称为规则的约束下存在的。

作为教育者，从小让孩子树立规则意识，是必要的，也是紧迫的。

## 一、规则意识的建立包括以下几点

第一，建立规则意识，要从触手可及的例子讲起、练起、做起。简单来讲，过马路要走人行道，做事要光明正大，对人要讲诚信，对父母要孝敬，别人的东西不能私自带走，进别人家要敲门……如此种种，都是生活中的规则。它们有的涉及人身安全，有的涉及人格修养，有的涉及为人处世，有的涉及文明礼貌……但只有关注和厘清这些规则的意义，持续从明理、实操、评价反馈等方面进行发力，孩子的规则意识才会逐渐被建立起来。

第二，要着眼于孩子的终身成长，帮助他们融入社会，适应正常的工作与生活，形成自己健康的性格，建立逐步成熟、正确的价值观、人生观和世界观。

第三，做好及时评价、正向宣传、体验反馈，让孩子感受和体验到"规则"的重要作用与价值。

## 二、这些不容忽视的教育内容什么时候做、怎么做很重要

第一，抓好微班会。顾名思义，重视3~5分钟的班会。如在课前或课外活动时间，班主任需及时捕捉学校中新近发生的与学生行为、处事规则相关的案例，进行现象剖析，寻找缘由，找出解决方案，继而进行规则意识教育。

第二，充分发挥好主题班会的作用。制定集中的主题，通过案例分析、讨

论、交流等形式，统一思想认识，加强实践体验，让学生看得清、想得通、辨得明、做得到。

第三，借助学校的大型主题演讲、道德大讲堂等活动，进行人生"规则"教育。

第四，引导学生勤于阅读，以经典润泽心灵，让学生参悟做人的规则，自觉遵循规则。

要想自由，就要遵循规则行事。当然，这个规则不是指不合时宜、不合情理、不合人性、不合发展的陈规陋俗。

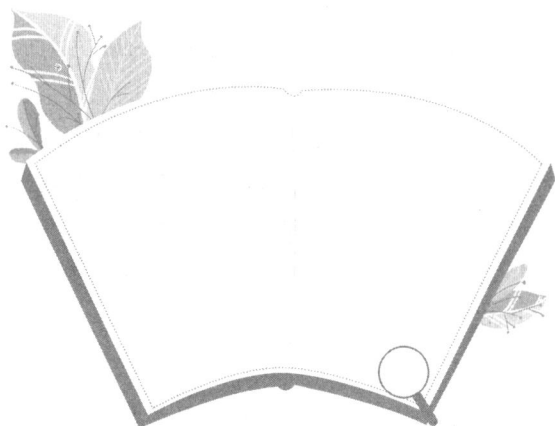

# 林格老师《做扎根的教育》讲座听后感

　　对林格老师的认知，源于他的教育著作《教育是没有用的》及他的微博。因长期深入全国各地1 000多个县、1 200多所学校进行调研或者蹲点实验，林格被称作教育界"用脚做学问"的人，他在研究区域教育发展战略、提炼办学理念、建设学校文化体系、创建生命课堂、生成校本课程体系、推进教师专业发展、进行德育创新等方面进行了积极、有效的探索。而在教育理论上，他在厚实、丰盈的中华传统文化土壤上，融入西方灿烂人文之精华，并先后师承于张岱年、李慎之、童大林、柳斌、孙云晓、杜和戎、程鸿勋、郭思乐等当代人文教育大家，逐步形成了自己独到、系统、通达的教育理论实践体系。他流传较广的教育观点有"教育做到极致就是一种文化""教育者唯一要做的事情是捍卫学生的主动性""教育的成功一定是常态的成功""做有温度的教育""在解放学生的过程中解放教师""养鱼养水，养树养根，养人养心"等。

　　教育家孙云晓评价林格是一个具有卓越才能的人。著名语言心理学家佟乐泉评价林格："博闻精思，豪气睿智。"教育家程鸿勋评价林格："感谢林格把自己的青春献给了中国的教育事业，他的学习能力与成熟的思想令人佩服。"著名教育专家唐曾磊说："很多人认为聪明的人才会成功，其实恰恰相反，比如著名教育专家林格的智慧就在于——越是聪明人越要懂得下笨功夫！"

　　林格老师执着于教育的深度、广度和朴实、真诚的精神，他的执着深深地影响了我，所以我经常去品读他对教育的见地。在他的文字里，我们无法使用"拿来主义"，而是要透过他对"物"的描述与品味，感悟教育之道，如他经常将教育与"玉""茶"联系起来，以实实在在的"象"切入，让我们从中体悟教育之道。

　　前两天通过网络直播，我有幸聆听了林格老师在北京师范大学静海附属学校做的题为《做扎根的教育——教育的道、法、术》的讲座。他围绕"教育是一种状态""做扎根的教育""教育的使命就是唤醒"三个方面依次铺开，娓娓道来，聊了教育之道。

## 一、林格先生谈了他对教育的理解和定位

他认为教育是一种教育者自身的状态。一种什么样的状态呢？宁静的自信、平静的接受、喜悦的参与、优雅的从容、深远的辽阔。教育，其实是教育者的自我修行。如果教育者能够从自己做起，视教育为一场盛大的人生修炼、一次不断提高自身能量的修行，那么他身上所散发的光芒就是教育。一个人若能自信、接纳、参与、从容、宽广，以包容和豁达的胸襟对待人、事与生活，便会拥有别样的生活境地。这其实就达到了教育的目的，而教育目的的达成，最重要的因素是教育者活成了什么样子。

一个整天满嘴抱怨、满腹牢骚、吹毛求疵的教师或家长，如何影响和成就一群有责任与担当、自信乐观、追求上进的孩子？仔细想想也是，教师和家长做事拖拖拉拉、不求上进，却要求孩子做事干净利落、有强烈的上进心；教师和家长面对自己眼前的一片垃圾都懒得弯腰捡起，却要求孩子爱护环境；教师自己上个厕所，便池里懒得冲干净，却要求学生讲卫生。苍白的语言，如何抵达幼小的心灵？林格老师希望教师把上面这二十五个字（宁静的自信、平静的接受、喜悦的参与、优雅的从容、深远的辽阔）贴在自己的家门口，出门时经常念一念，等过二十一天，就会有感觉，我认为真的很有必要。

林格老师还说，痛苦不是因痛苦自身而产生的，而是心太低了。心在高处的人，身上是有光的。因为心在高处的人，距离太阳近，太阳会优先眷顾他的。

教育一定不是驱赶，而是陪伴和引领。

所以，林格老师说，教育者要"三修"，即修正（养浩然之正气，其方法就是读经典）、修炼（提炼，让生命有纯度）、修行（言行一致、心口一致、知行合一）。

## 二、做好教育，就得扎根

我们要扎根中国大地，扎根中华优秀传统文化，扎根人心办教育。为了靠近太阳，就得拼命地扎根。虽然扎根很痛苦，谁也不知道土壤里是有砖块瓦砾还是虫害侵扰。

怎么扎根？①未之能行，唯恐有闻；②温故而知新；③学而时习之；④知行一体。从林格老师所讲的内容我们不难悟到：教育需要一步一个脚印地去

进行，在适合本校、本班、本人的基础上进行适当的创新，最重要的一点，就是不管从哪个层面，都要做到知行合一，说到做到，或者先做再说，切忌浮夸造作。

### 三、教育的使命就是唤醒

真正有智慧的教师都是会唤醒人的。他说，没有真爱就没有教育。凡是跳楼、割腕的学生，他们的心都是凉的。为什么？因为他们在生活中只能被动接受接连不断的要求，无法让个人的情绪和情感得到释放与宣泄，无法让心灵安放。

通过他的讲座，结合当下教育的实际和存在的困惑，我得出结论：做教育就得坚守初心使命，甘于平凡，乐于奉献；用一颗宁静的心做教育，才能在爱与智慧的陪伴中，创造教育的新天地，为孩子们幸福的未来提供力量。

我真的很渴望教育的一亩三分地呈现出宁静、安详之气，让我感受到清爽、朴实、自然，这该是多么美好的意境啊！

# 我想做这样的教师

从懵懂中爱上教师这个职业到考上师范院校进入教师培养园地再到扎根教育一线当教师，已经足有三十余年了。时至今日，我从未后悔成为一名教师，而且，我在好多场合都坚定地说："我喜欢当教师。"因此，内心的信念驱动着我，从师范求学到一线从教，我一直对教育怀有敬畏之心、虔诚之心。

我想做这样的教师。他拥有渊博的知识，拥有通天文知地理的本事，不管是文科抑或是理科，不管是心理学还是美学……他都知晓一二。他虽然不是科学家，却能点燃孩子们探求未知领域的好奇心和求知欲；他虽然不是文学家，却能用自己的人生经历、真挚情感及入情入理的文字打动孩子们真善美的内心世界和精神空间；他虽然不是法官，却能让孩子们感受到人间的公平正义和责任担当；他虽然不是演说家，却能在三尺讲台上用自己独到的语言、动作激发和唤醒诸多尚待改变、塑造的灵魂。

我想做这样的教师。他心怀善意，悲天悯人。他有一个菩萨心肠，善于捕捉善的种子、善的因缘。从崎岖的山道上，要能看到走出大山的力量；从脏兮兮的脸蛋上，要能看到潜藏于孩子们心中真切的渴望；从留恋的眼神中，要能洞悉一颗颗朴实而真诚的心灵。

我想做这样的教师。他内心有讲不完的故事，有从经典中阅读到的故事，有在社会中听闻的故事，有自己人生中亲历的故事，也有他想象出的故事。有故事的教师，才能让孩子们"百读不厌"。从故事中，孩子们渐渐走向希望，走向理性，走向成熟，走向远方。

我想做这样的教师。他着眼孩子的未来，不以分数论成败，不以眼前得失定英雄。尽管历览古往今来的考试制度，没有哪朝丢开分数论"人才"，然而，教育的终极目标，不是成为所谓"人才"，也不是获得"高官厚禄"，更不是"见钱眼开"，而应是找到人活着的意义——幸福、健康、平安、快乐、创造、奉献。

　　我想做这样的教师。他诙谐幽默，为孩子们带来笑声，陪伴他们度过美好的童年（少年、青年）时光，同时，他的言谈举止能够感染和浸润孩子们的言谈举止，让他们成为快乐的传递者、智慧的传播者、爱心的守护者。

　　我想做这样的教师。他不忘初心，一如既往；童心长存，激情不减。用不断的阅读和写作丰盈他的灵魂，用不断的行走和出发感触日新月异的世界，用自己的实际行动影响和带动孩子们保持旺盛的原动力，一如既往、坚持不懈地行进在求学、探求未知、追求真理的道路上。

　　我想做这样的教师。他一视同仁，包容理解，拥有平常心态，能用平等的目光对待所有学生，不管课内课外，不管民族差异，不管贫富差异，不管学习好坏……

　　我想做这样的教师。他敢说敢做，直言不讳。孔子有言："知耻近乎勇。"其实我觉得，敢于袒露自己的心迹也近乎勇。有多少教师朋友，也不乏有自己独特的教育观点或教育经验，但往往缺乏勇气，没能通过文字或视频呈现出来，成为宝贵的教育资源和精神养分。随着年龄的增长和教育生涯的结束，他身上可贵的东西就可惜地失去了。

　　人生不一定都能成功，也不一定都能精彩，但我在朝着这样的方向继续前进！不负孩子们，不负我的初衷，不负我的梦想！

# 叙事德育：一剂德育教育的良药

2010年4月16日，我受学校派遣有幸聆听了广东教育学院教育系应用心理学教授、广东教育学院德育研究中心主任、广东省中小学德育研究与指导中心首席专家李季关于班主任德育方法和教育能力的报告会，我深受教育，启迪不少。

早上8点，我县几个熟识的同行早早来到吴忠市影剧院门口，那里已经聚集了很多来自全区各市县的教师。8点半讲座正式开始，李季教授谦逊地向大家示意问好，然后就开始了他的报告。他报告的题目是《叙事德育：拨动"琴弦"的教育艺术》。

整个剧院座无虚席，还有相当一部分教师将凳子放在过道里，甚至有一部分教师被安排到台上面。从前往后望去，黑压压的一片。这么多的教师，坐得又这么拥挤。根据我以往参加培训的经验，会场肯定会很吵很乱的。

然而出乎我意料的是，整个会场虽然有一两千人，但是出奇的安静，秩序井然。我猜测了多种让会场如此安静的可能性，但都被一一否定。真正的原因是李季教授平实如叙家常的一个又一个叙事故事，一个又一个活生生的、普通的、却蕴含思想和主题的故事，承上启下，环环紧扣，紧紧地将听者的心和故事中主人公的心牵系在了一起，将一个个大脑的轮子驱动得高速旋转了起来。在图文并茂，音画配合，再加之教授本人听似朴实却又深情的叙述中，我们悟出了一个又一个道理，学会了一个又一个方法。

聆听中反思，聆听后总结，我着实受益匪浅。

## 一、我懂得了"叙事的魅力"

演绎生活哲理，传递文化价值，感悟人生道理。叙事教育犹如一股温情潮润的春风，正以不可抗拒的力量轻轻地吹向每一位教师的心灵深处，在数以万计的教师的思想领域悄然掀起一场关于如何有效地开展好德育教育的浪潮。李季教授的讲座为什么会如此地吸引听众？一个个如珠玑般经典的故事、坦诚真挚的情境被娓娓道出，无形的力量将那么多听众的注意力集中到这次讲座上，全场鸦雀无声。每一个大脑都在高速地运转，都在不断地反思着自己平日的教学习惯和行为。

## 二、我了解了叙事德育的原理、功能、应用等

叙事德育的原理，是"感触—感动—感悟"，它不需要教师讲述多少大道理，就能让充满灵性的故事走进心灵、感化心灵、引导心灵。因为有强烈的感受才有强烈的感动，有强烈的感动才有强烈的感悟。引趣、唤情、明理、启智、导行五大功能在叙事德育讲座中也体现得淋漓尽致，其中令我印象最深的是他选取的几个意味深长却又通俗易懂、动人心弦的故事：《世上最美味的泡面》《一碗牛肉面》《苹果树和一个男孩的故事》《孝心无价》《母爱如溪：没有上锁的门》《应该搭谁》等。其中第一个故事是这样的。

他是个单亲爸爸，独自抚养一个七岁的小男孩。每当孩子和朋友玩耍受伤回来时，他对过世妻子留下的缺憾，便感受尤深，心底不免传来阵阵悲凉的低鸣。这是他留下孩子出差当天发生的事。因为要赶火车，没来得及陪孩子吃早餐，他便匆匆离开了家门。一路上担心孩子有没有吃饭、会不会哭，心老是放不下。即使抵达了出差地点，也不时打电话回家。可孩子总是很懂事地要他不要担心。然而因为心里牵挂不安，便草草处理完事情，踏上归途。回到家时孩子已经熟睡了，他这才松了一口气。旅途的疲惫让他全身无力，正准备就寝时，突然大吃一惊：棉被下面，竟然有一碗被打翻了的泡面！

"这孩子！"他在盛怒之下，朝熟睡中的儿子的屁股一阵狠打。

"怎么这么不乖，惹爸爸生气？你这样调皮，把棉被弄脏，要谁给洗？"
"我没有……"孩子抽抽咽咽地辩解着："我没有调皮，这……这是给爸爸吃的晚餐。"

原来孩子为了吻合爸爸回家的时间，特地泡了两碗泡面，一碗自己吃，另一碗给爸爸。可是因为怕爸爸那碗面凉掉，所以放到了棉被底下保温。

爸爸听了，紧紧抱住孩子。看着碗里剩下的那一半已经泡涨的泡面对孩子说："啊！孩子，这是世上最最美味的泡面啊！"

是啊，这是世上最美味的泡面。孩子即使再年幼，也有他们的尊严，如果父母发现错怪了孩子，要勇敢地向他们说："对不起！"虽然只是简单的一个故事，但启发了我们成年人，特别是家长和教师，在面对孩子时，一定要俯下身子，悉心聆听孩子的心灵。否则，我们会犯很大的错误。

### 三、关键要提高教师讲故事的能力

我觉得要真正落实叙事德育，关键要提高教师讲故事的能力，包括教师构思、搜集、筛选、加工等能力。当然，还需要教师有较强的讲故事的语言艺术。正像李季教授所言，叙事可以没有激情，但绝对不能没有风格。另外要注意有效的叙事必须把握"好主题加好故事"这一基本要求。

至此，我更加清晰地感受到"叙事德育"在孩子认知建构的过程中不可或缺的作用，矫正了存在于我大脑中的"教育是行为习惯的养成"这一惯式观点，刷新了我对"思想产生行动，意识决定行为"的看法。

在叙事中成长，在叙事中育人，教育无痕，润物无声。愿我们一线的教育工作者都能以热血沸腾的激情、发人深思的幽默、润物无声的平实，为孩子们的健康成长撑起一片新的蓝天！

# 学校内涵式发展之我见

什么是学校内涵式发展？学校内涵式发展是指学校在遵循教育教学规律的基础上，依托本校校情，把"立德树人"作为根本目标，把以人为本、师生共同成长作为发展目标，在学校文化、学校特色、课程研发、教学研究、师生发展等方面顺应教育规律、时代发展和改革要求，实现学校自主的内在发展。

我在教育一线摸爬滚打了二十多年，经历了中国教育发展的关键阶段，如教学模式从八几年的"四步教学法"到布卢姆的"目标教学法"再到"高效课堂"，从"扫盲""普初""普九"到现在的"优质均衡"。我因培训学习也参观了解了很多名校，从宁夏、陕西到福建、成都、江苏、浙江、深圳等地区和城市都有涉及。我在教育书籍阅读方面从苏联著名教育家苏霍姆林斯基，到美国的罗恩·克拉克、雷夫·艾斯奎斯、帕克·帕尔默，到印度的吉杜·克里希那穆提、德国的卡尔·威特、日本的佐藤学，再到中国的叶圣陶、陶行知、朱永新、林格、斯霞、魏书生、李镇西、于永正、窦桂梅、李希贵、尹建莉、周春梅、张文质、陈宇等教育家、优秀校长、优秀班主任的作品都有涉猎。个人成长也经历了从乡村任教到县城任教，从担任班主任岗位到担任少先队辅导员、年级组组长、教研组组长、团支部书记、办公室主任到副校长等岗位，可以这么说，不管是在个人思想认知层面，还是在实践体验感悟层面，我对一所学校如何充满希望与活力逐渐有了一些看法和思考。

## 一、准确为学校量身定位

一所学校，能走多远，其决定因素是学校领导班子能否给学校一个明晰、准确、可行的定位。好高骛远或顺水推舟或随波逐流，都不会实现一个学校长远的内涵式发展，甚至会使学校逐步失去活力，沦为一潭死水。这恰如断了线的风筝，飞翔的高低就不再由主人左右，而是完全依赖于风的力量。只有学校领导班子经过调查研究、集思广益，在深思熟虑后制订好学校长远发展的规划，才能实现学校的可持续发展。就拿福州市茶园山中心小学来说吧，这所小学创办于1959年，位于福州市西郊的凤凰池，居于城市比较拥挤的杨桥中路地段毗邻美丽的福州大学。办学初期，校园面积不是很大，占地面积约9 280平方米，建筑面积约6 287平方米。开始，他们学校本着"强素质，以人为本；树形象，以发展为本；赢满意，以服务为本"的办学宗旨，在教育和管理实践中努力做到"一切为了学生的发展"，精心打造"四园"（即：学习的校园、活动的乐园、生活的花园、温馨的家园），倡导"四风"（即：校风——和谐、文明、求实、奋进；教风——敬业、爱生、博学、善教；学风——乐学、勤思、善问、践行；作风——团结、勤奋、奉献、创新）。乍看上去，似乎他们学校的文化很全面、很有积极意义，但是仔细琢磨，我们发现这样的校园文化缺少个性，缺少本校文化内涵，有点放到哪所学校都适用的感觉。所以校长杨建华和党委书记周英姿在经过和前任校长、本校教师的广泛沟通后，在广泛征求教育前辈、广大教师与家长建议和意见的基础上，重新确认了学校的文化新理念和发展总基调，那就是"智勇"文化：智以修心，勇而正身。

## 二、深入挖掘学校发展内涵

不同的区域、不同的风土人情、不同的历史背景和文化积淀、不同的民族习惯等，决定了一所学校的办学特色。作为一所有内涵的、可持续发展的学校，必须仔细斟酌和研究本地区、本学校的特色，广泛征求教育前辈和一线教师的建议、意见，确立适合本校可持续发展的、独特的东西，由此提炼出学校的发展目标、办学宗旨、校风、教风、学风和校训等，做到长规划、小计划、短安排都能围绕一条明晰的特色之线进行，切忌空泛的、口号性的、放在哪个学校都适用的东西。福州市茶园山中心小学确定了校训——智以修心，勇而正身；校风——益智尚勇，达己成人；教风——大气养智，大爱率勇；学风——智而博闻，勇而多艺。后续，他们的其他文化建设，就紧紧围绕这个来展开、来发展、来延续、来凸显特色。我觉得这就是内涵式发展的前提，也是总基调。没有对学校发展和追求的总定位，学校的发展就会始终行走在被牵着鼻子走、没有内涵的道路上。茶园山中心小学就盯准一点，然后由此生发、延伸开来，恰如一棵根正苗红的大树，发展有基础，蓬勃有方向。对校训、校风、教风、学风的提炼，文字可以厚重，也可以简约，但务求真实、充实、切实。

## 三、建好学校发展的核心力量

从学校内部而言，学校的发展离不开每一位教师的兢兢业业、恪尽职守和无私奉献，更离不开建立和组织好学校发展的核心力量。这个核心力量包括两个部分：一是一套团结务实、开拓创新的领导班子；二是一套勤于研究、敢于创新的教研团队。在这里，我重点谈一下教研团队的建设。教研，应该是一所学校充满朝气与锐意的法宝，是学校立于不败之地的"核武器"。

作为学校，一定要高度重视教研团队的组建和培养。比如说，团队中要有一个有主心骨的领导人物（必须有教育教学的较高造诣和对教育研究的经验和能力），成员可以涵盖老中青，主要包括特级教师、区级骨干教师（塞上名师）、市级骨干教师（六盘名师）、县级骨干教师（县级名师）、学科带头人等，学科涵盖所有学科。团队组建好就要发挥团队的力量，从教研制度、规划、计划的制定开始，就要落"实"搞"活"从"小"（"实"指教研活动的效果要有实效，开展的过程要真实，不走过场，不搞花拳绣腿；"活"指教研活动的形式要多样化，开展的时间节点要灵活，地点要以教师方便为宜；"小"指每次的教研活动的选题要小，突出小切口，这样就能实实在在地解决真问题）。制度、规划、计划不能搞花架子，要一板一眼，为教师自身的专业成长服务，为学校的长远发展服务，当然最重要的是为学生的终身健康发展服务。不求一日千里，只求循序渐进；不求华丽纷繁，只求实实在在地成长。

重视教研，就要重视课题研究、重视"名师工作室"建设，利用优秀人才的引领、辐射和带动作用，促使一部分青年教师尽快成长起来，让他们在参与中明白名师的成长之道，学会教育教学的扎实本领，培养敢为人先的创新意识，铸造甘为人师的教育情怀。

## 四、不断为教师自身成长寻求出口

教师是一所学校发展的生力军。教师自身的成长，是让这支力量不断焕发新生的基本保证。苏联教育家苏霍姆林斯基说过："教育，这首先是人学。"教师的发展一定是学识、道德、情感乃至价值观等方面的全面发展，是学校内涵式发展的永恒主题。教师的发展需要引领，也需要疏导和纠正，更需要正确的促进和评价，但这一切又必须紧紧围绕教师学会自主学习和自我管理这个目标的达成，这样才能实现学校里的人的原生态发展。关于教师发展，清华大学老校长梅贻琦大师这样说："大学者，非大楼之谓也，实大师之谓也。"这句话揭示了学校内涵式发展的真谛。教师是学校发展的第一生产力的观点已成为教育界的共识。

时下，需要学校为教师专业化发展进行积极、科学的规划、引导、帮扶，让每一位教师心有远方、眼中有光、脚下有路。这样，教师就可以避免职业倦怠，体会到教书育人事业的价值和意义。因此，我认为，学校层面应该对不同年龄不同职称的教师进行必要的专业成长引领，帮助他们设定一定的目标，这个目标应该不仅仅局限于职称，更重要的在于专业发展。开展活动不要局限于提高学生成绩，更要考虑教师的身心健康和心情愉悦，特别是价值引领和理想信念的塑造。比如：对教师承担的汇报课、观摩课、示范课、研究课进行分类，进行连续性登记，对一学期的优秀教师进行公开评议，择优推荐，进阶培训。对存在问题的教师，再按照抓常规的方式进行培训指导。激发一部分教师的潜力，辐射带动更多教师的成长。若把20%的教师比作石子，把整个教师比作湖水，一颗石子的掷入，势必会激起一圈一圈的涟漪，对不同教师的心理都会产生心理和情感影响。一直平静的湖水绝不是充满生机的，而微风拂过湖面或石子投入湖水的那刻，才是安静湖面的生机所在。

## 五、敢于遵循"不拘一格降人才"

党的十八大报告指出："文化是民族的血脉，是人民的精神家园。全面建成小康社会，实现中华民族伟大复兴，必须推动社会主义文化大发展大繁荣，兴起社会主义文化建设新高潮，提高国家文化软实力，发挥文化引领风尚、教育人民、服务社会、推动发展的作用。"对于学校文化，不应追求花花绿绿的张贴布置，而应凸显学校一贯的价值追求、办学目标、精神引领等，应体现学校的校训、校风、教风和学风等，不应一蹴而就，不应一成不变，而应与时俱进。对于班级文化建设，建议学校不要做硬性要求，也不要统一规划。个性化的东西，才叫文化；发自内心的东西，才叫文化；心触动心的东西，才叫文化。

对于教师民主评议和意见建议征求会，要常开，更大范围地开，广开言路，要让教师真正成为学校的主人，而非学校领导管制下的"教书人"。

## 六、建好学校真实发展档案

档案，如同一部纪录片，记录着一所学校的风雨沧桑。档案资料力求真实，哪怕少一点，也宁缺毋滥。建档案要分门别类，条理清晰。人员配备要完善，及时跟进，实事求是。

　　当下载、复制、粘贴、修改成为一种流行病时，对真实的呼唤似乎成为我们的奢望。教育，呼唤真实，呼唤等待，呼唤触及心灵乃至灵魂的力量。完善的档案建设有助于学校进行定时的查阅、反馈、反思和寻求新突破。不管是成功的案例还是失败的教训，不管是实证的数据还是鲜活的图片、影像，都能为学校提供宝贵的第一手资料。

　　成功的经验和成熟的理论，都需要从学校管理、校本教研、教师成长、课堂实录、活动记录等方面进行总结、提炼和探索。

　　学校要永葆活力，就要走内涵式发展的道路。内涵式发展，不是由外而内的逼迫，而是由内而外的生发；不是一时兴起的堆砌，而是天长日久的积淀；不是一朝一夕的辉煌，而是经年累月的沧桑。

# 教育是一束光

亲爱的联动家人们：

晚上好！

真可谓弹指一挥间，不知不觉已经进入联动七个年头了，如果说前世的五百次回眸才能换得今生的一次擦肩而过，或许我与联动这份难得的缘分，正是前世数千次的回眸吧！在人生成长的路上，最重要的是能读到几本关键的好书，能遇到几个关键的人（团队），能经历几件关键的事情。是的，因为联动，我对教育有了更加明晰的认知，也对安然于教育有了一颗恬静的心。也因为联动，我荣幸地认识了天南海北的你们，而且有些已成为至交好友。在这里，联动给了我传递个人教育故事与理解的机会，我已经在联动中主持联动话题五六次，参加联动讲坛三次，这次已经是第四次。从《回归教育的源头》《持平常心，与教育同行》《跟着林格老师学做教育》到今天的《教育是一束光》，数次讲座从不同方向侧面呈现了我对教育的追求、践行与思考，也见证了我作为一个教育人一路的成长。

我从乡下到小县城，从乡下小学的班主任、少先队大队辅导员、校长到县城的小学班主任、年级组组长、教研组组长、少先队大队辅导员、团支部书记，干的活可谓都是"班主任+"（自从担任办公室的工作后，实在忙不过来，就没有带班）。在这么多年的教育教学工作中，我一边遵照老师和父母、领导的教导，兢兢业业工作，一边不断学习、思考、探索，将自己所从事的事业干得出彩。有人说过：一个不懂得教育规律的教师，越是认真，对学生的伤害就越大。是的，在这么多年的教育实践与学习中，我逐渐认识到，自己应该怎样做一名教师，个人认为，不妨把自己活成一束光的样子，以一束光的姿态做教育。下面我将具体从五个方面和大家交流。

## 一、着眼远方，传递光亮

作为一名教师，我们的首要任务不是学生的成绩（当然这个不可或缺），而是让学生发现光亮，眼中有光，心中有爱，懂得寻找光亮的方法、途径和意义，感受到生活的安全感、归属感和幸福感。这里我分两个部分谈谈我的做法与理解。

**1. 带领学生发现光亮**

这里面蕴含着诸多的教育目标和责任，如理想信念的建立，爱国、责任、诚信、奉献、友善等品质的形成。说实话，我的教育观的真正形成，是从我进入联动以后才开始的，这得感谢联动，感谢群内热衷于教育的你们！

我们知道，作为低年级的同学，要想形成自己稳定的理想信念，那是不可能的，就是成年人也未必能做到，但是，我们教师能够利用细小的可以抵达的生活、习惯、学习小目标来设定。譬如：对于爱国主义的教育，我们可以从周一在国旗下庄严地行队礼（动作规范、场景严肃、了解国旗的意义）、每天佩戴好红领巾、保护好红领巾、在公共场合捡拾起掉在地上的小国旗做起，从爱惜父母做的饭菜、保持衣服整洁做起；对于责任感的建立，我们可以从按时开关灯和朋友相约守时、保护小朋友不受小动物的惊吓这些触手可及的小事上培养。

就拿我对学生孝敬父母的思想教育来说，我认为：古人尚有"二十四孝故事"，但我们的孩子对这些却知之甚少，即使通过阅读了解的，也很难理解。为了进一步增强学生孝敬父母与老人的思想意识，我精心准备了一节"新孝行，我们在行动"的实践课，通过"明理知孝、用心行孝"的方式，初步完成了一个从意识到行动、从明理到习惯的德育教育过程。这个过程远比单纯的说教有效得多，因为其中包含了学生课外对孝敬父母与老人的故事的阅读、对自己孝敬老人行为的梳理、对演讲者声情并茂讲述的动心，以及触动之后内心燃起的新的打算。

不仅如此，当学生遇到挫折时，不断给予其有意义的引导也很重要。特别是对于那些只用分数衡量就归属于差生范畴的学生，我们必须开阔他们的视野，让他们从另一个视域发现自己发展的可能性，发现另一个不同凡响的自己。

**2. 带领学生将学习变成生活**

奥地利心理学家阿尔弗雷德·阿德勒在《自卑与超越》一书中谈道：幸福的人，一生都被童年治愈；不幸的人，一生都在治愈童年。成年人的情感、心理出现问题的，大多数可以从他的童年生活，特别是家庭生活中找到答案。作为教师，要在适合学生的状态中，开展科学的教育教学工作，凡是眼里只有学科"成绩""分数"的教师，一般情况下，他热衷于用"一刀切"的思想来评估学生的差异（如遗传差异、智力差异、家庭环境差异、区域差异、身体差异等），因为在他眼里，只有追求整齐划一的高分数，才能获得学校和上级的认可，至于学生的家庭差异、基因差异、智力差异、性格差异等，他不是不知道，而是他根本不愿意去理会。这样的教师，其学生哪有个性化发展的空间和机会？北师大资深教授顾明远先生有四句特别通俗易懂、特别经典的话：没有爱就没有教育，没有兴趣就没有学习。教书育人在细微处，学生成长在活动中。是的，学习与活动是相辅相成的，在学习中活动，在活动中学习。这里的学习包含的不单单是狭隘的课堂学习，还包含学生自主的课外阅读、实践操作、参观旅游、访问研学等，当然，活动不单单指体育活动，它更多的是包含着课堂内教师设计的动手动脑、互动交流，如小游戏、模仿、课本剧，还有课堂之外的班队会、课外活动、集会、春季踏青、清明扫墓、学雷锋月、课前日记分享、课前小演讲、课间跳方格、教师参与跳大绳、丢手绢、老鹰捉小鸡、脑筋急转弯挑战赛、定期手抄报比赛、折纸比赛、作业评比……应该说，只要班主任和科任教师协同配合，每学期就可以从总体上设计一些户外大型活动，在班级设计一些班内活动，在课前、课间和课外活动时间设计一些常态活动，活动的频率以缓解学生的单纯的学科学习负担为主，结合培养学生的综合素养。这样，学生的学习与生活就会达到劳逸结合，德智体美劳全面发展，学生怎么会不爱这样的学校生活呢？

记得在上统编教材二年级语文课时，在集中识字的《中国美食》这节课中，我们年级组相继组织了"我们班的美食节"活动，通过做美食、说美食、展美食、尝美食、评美食、忆美食六个环节，亲子参与做美食、师生参与尝美食，在轻松愉快的氛围中，学生不仅体会到了"美食"的制作过程，还感受到了"粒粒皆辛苦"的用意。走进文本是一种学习，连接生活更是一种学习。从字面的凉拌菠菜、红烧茄子、香煎豆腐、烤鸭、水煮鱼、小米粥、蛋炒饭……到鲜活的可以品尝、观看、触碰的食材，从扁平到立体，这是一个非常富有实践意义和创新思维的活动设计，教师自然要用点心、费点力，但对于孩子们来说却有不一样的收获。

## 二、心中有爱，传递温暖

教育生活不是冷冰冰的说教，其实它的状态应该是时时处处充满人间真情、充满温暖的爱。作为教师，自然就应该而且必须是传递爱的使者，不管你如何看待教育。

**1. 爱是包罗万象的美好情感**

不管是在立德树人的任务落实上，还是在学科素养的落实上，爱都是包罗万象的美好情感，它是人世间最美好的东西。教师，不管哪门课的教师，都要时刻将爱的音符在课堂上奏响，将爱的画笔在课堂上挥就，将爱的文字在课堂上诵讲……从最朴素的父母之爱到对大自然恩赐的回馈之爱，从爱一草一木的小爱到乐于奉献、舍己救人、公而忘私、舍生取义、舍小家顾大家的人间大爱。这些都是我们教师应该通过多种形式、多种渠道乃至多种时空必须传递的人生大课。

**2. 特殊的爱给特别的你**

在现实的教育实践中，不仅要有爱孩子的出发点，还要有对弱势群体孩子的特殊的爱，正所谓：特殊的爱给特别的你。时时能照到阳光的小树，或许，对阳光的煦暖并不在意。但是，一棵长期被大石头或墙壁遮掩甚至压迫的小树，能偶尔获得一点阳光，那可是会有别样的体验感和幸福感的。所以，在平平凡凡的日子中，我们可以对家庭条件好、同学关系好、教师都喜欢的学生正常对待，但对待那些特殊（贫困、单亲家庭、留守、残疾、智力稍差、孤独症）儿童千万要小心翼翼。在我的教育生活中，就遇到了一个周姓同学，他存在的问题与他的家庭有关。他父母离异后，父亲再婚，父亲和继母关系不和，继母对孩子的"爱"有问题，具体究竟发生了什么，我并不十分清楚，但从他爸爸的言行举止中，我多少了解到这个孩子为什么那么自卑、那么少言寡语。下面就分享一下我们之间的故事。

**难得的一笑**

——记我班周同学

真的是岁月催人老，从2009年接到这个班到现在，已经有六个年头了。明年的六月份，就是这些长大的天使与我分开的日子了。回忆这六年的时光，每一位同学的身影笑貌、举手投足都那么熟悉。这六年，也算是我教育人生中的一个黄金时期，也是一个大的轮回。因为在以前的乡村学校，我一直担任高年级的教学工作，一个班的学生一般任教一年，最多两年就毕业了，就这样反复循环任教高年级。对于目前的一个班六年时间，真的觉得不易。那些或认真踏实、或活泼机灵、或沉默寡言、或风趣幽默、或好动淘气的形象此刻在我脑海中挥之不去。

今天，要说的一个同学是我班的周同学。这是我参加工作这么多年来令我记忆最深刻的一个同学。之所以说记忆深刻，不是因为他有什么特别的经历，也不是因为他有什么特别的才能，而是因为我对他教育的无力。

周同学是在我任教2009级这届学生时留级到我班的。因为留级生普遍年龄比一般同学大一两岁，所以我对留级生要求比较严格。我记忆中一年级的他，特别胆小，怯生生的，连头都不敢抬，连句话都不敢说。当时，我就分析了他少言寡语的原因：可能是学习成绩不理想，教师过度的严厉造成的心理障碍；可能是家庭因素造成的性格缺陷；可能是他生性胆小。针对这种现状，我积极采取了一系列措施，对他进行帮助和心理矫正。我做了如下打算：

首先，就是有针对性地对他进行表扬和肯定。利用一切可以表扬的机会，对他进行真诚的表扬鼓励。

其次，就是尽量照顾他，让他有回答问题或朗读课文的机会，让他体验大胆表现的成就感，树立自信。

最后，就是找机会与他单独谈心交流，打消他的顾虑，消除他的胆怯心理。

在我开展了这些工作后，效果并不像我想象的那样，他依然显得不积极主动，依然不举手回答问题，就连老师点名回答问题时，他都不知道或不愿意站起来，在老师的提示下或老师的督促下，他才慢腾腾地站起来，但头始终不会抬起来，耷拉得很低很低……然后就是沉默，一言不发，就连简单地说"我不会回答"或找个借口都不会。其实，作为老师，最怕学生不开口，不开口就难以交流，难以了解学生的内心世界，也难以突破其心理障碍。

这条路走不通，并不代表这条路是错的，也许是还没走远没走深。因此，我在继续有意给予他机会的同时，开始了第二条沟通渠道的打开，那就是阅读作文周记，特别是利用他的日记来了解他的心理动态。从日记中了解到他父母离异的情况后，我就及时对他进行了心理抚慰，鼓励他要成为家里重要的人物。当时，在低年级时，是爷爷经常接送他的。随着年级的上升，他的个头的确比以前长了不少，但性格还是很内向，几乎很少与同学交流。上课时还是很少回答问题，甚至连小声读课文都是一种奢侈的表现。我对我的教育方法有点儿怀疑了。六年了，我连一个孩子的这么一点儿小问题都没解决，是不是我的教育方法、教育过程、教育措施出问题了？还是我的耐心不够，未能融化他受伤的心灵？我对自己的工作能力有点儿不自信了。

后来，我们的班级活动搞得越来越自主化，我这个班主任几乎成了忠实的观众。在每次班级班会课上或者一些活动课上，我都会充当评委或观众的角色。尽管如此，我也没有停下聆听的脚步，没有停下观察的脚步，在几次的班会课上，我留心了周同学的表现，特别是他的表情和投入度，尽管他没参与到节目中去，但他笑了，笑得那么灿烂、那么阳光。有人说：前世五百次的回眸，才修得今生的一次擦肩而过……我六年的努力，才换得他此刻纯真灿烂阳光的开心一笑，我也足矣。

这两天在读他的周记《不说话的原因》时，我看到了这样的话语：这件事已经在我心里埋藏了很久很久了。终于，我有了男子汉气概，可以向大家说了……后面就着重谈了他自卑和胆小的原因，就是缺少老师对他的信任和鼓励，遭遇过老师与同学的嘲笑，于是他有了心理阴影，他觉得自己失去了自我……

他的开心一笑，他的真情表白，让我看到了一个正在走出心理障碍、走向自信的他。是的，改变，要从意识形态开始，要从自我开始。

对于温暖的诠释，我在不断用亲力亲为的行动进行脚踏实地的实践。周同学虽然没有像其他同学那么阳光、开朗、健谈，但是他的脸上开始出现笑容。他初中毕业后，就上了一所职业技术学校，学的是烹饪技术，现在他正在西安某餐厅做厨师呢！当他想起我时，在微信中写道：有的记忆在脑海里只是过客，可是有的记忆却永远驻留在心里。我不是您最出色的学生，但您却是我最崇敬的老师。我的老师——邵老师让人捉摸不透也就捉摸不够。在我的记忆里，邵老师永远都是我的好老师。他让我们每天写日记、记积累本，还要检查、督促我们四班学生的学习，还给我们班起了一个特别好听的班名——"梦之翼"，还有每周把班会课弄得丰富多彩，真是用心良苦。可是，我却让老师很失望，我的学习成绩很糟糕，尤其数学也让老师很是失望。但是，我现在要告诉老师，我不后悔，走到今天，都是一步一步过来的，我不会后悔的，我也不觉得后悔。感谢老师，您是我记忆中的好老师，虽然我学习不是很好，但是我在其他方面会做得更好，谢谢我的老师，您辛苦了！

给予温暖，可以是物质上的帮助，如赠送一本书、几个本子、一本字典，可以是一件衣服，也可以是一次乘公交的车费、一次早餐的付费或者一次班费的减免，而更多的可能是一次嘘寒问暖的体贴关心、一个会意的眼神、一个肯定的点头、一次加油的挥拳……这些都会成为那些缺少爱和温暖的孩子成长路上的重要记忆与支柱。

**3. 温暖是相互的**

付出爱，只是一种形式，让孩子懂得爱、懂得知恩图报才是大家所期待的。滴水之恩，当涌泉相报。施爱者，不一定会获得受爱者的回馈，但我们教师一定要通过榜样示范、言语引导、观察暗示等方法让孩子懂得传播爱的故事，传递爱的火种，传承爱的天使。

## 三、打破场域，教育无声

教育的场域不仅仅局限在课堂，课堂外、学校外、舆论中都是教育。我们教育的场域由原来的物理空间扩展到信息空间，教育之光，不能仅凭三寸不烂之舌的说教来扩散和映照，它更需要跨越时空界限的立体、多维的行为与信息来充实和印证。

举个简单的例子：在街道上、学校里、公园旁、体育馆内、餐厅内……到处都可以看到类似"说文明话，行文明事，做文明人"的标语，其核心字眼就是"文明"。如何通过教师的行为实现教育孩子"文明"的言行和修为，仅靠课堂完全不够。我们作为教师，就得在"说文明话，行文明事，做文明人"的社会实践中，身体力行，通过自己的所作所为，让自己感觉得到"文明"的味道、别人肯定的"文明"评价、舆论正能量的报道。我们无法保证班里的和学校里的所有孩子都做到不乱扔垃圾，但最起码可以教导和影响我们自家的孩子绝对不乱扔垃圾，并做好垃圾分类。

有这样一个故事：退潮后的海边，一个小男孩正沿着海边抓起一条条小鱼扔回海里。这些小鱼因未能跟上退去的潮水，滞留在了海滩上的小水洼里，眼看就要干涸而死。一名游客嘲笑小男孩说："别扔了，这么多小鱼，凭你的力量是拾不过来的，再说又有谁在乎呢？"小男孩没有停下，拾起一条小鱼说："这条小鱼在乎。"他又拾起另一条小鱼说："这条小鱼也在乎。"是的，每一次微小的行动，每一个微小的个体，积累起来就能成为强大的力量。所以我们说话要有礼貌，包括在校园内积极回应孩子们的问候。

还有一件事：我们学校三年级（8）班有一位李同学，是侏儒症，腿很短很短，行走很不方便，而且因为个头小，容易受到个别同学的嘲笑。班主任对此事特别在意，在班上做了大量工作，该同学的脸上时时都有开心的微笑。我作为学校护学岗成员，每天有四次在校门口执勤的机会。为了增强李同学的自信心，帮他赢得其他同学的关注，我几乎每天到校门口执勤时都会主动喊一声：李某某，你好！并用招手的动作跟他打招呼。这时不仅旁边的同学会向他投来羡慕的目光，而且他也感受到了我对他的喜欢。于是每天进校门时，都会主动和我打招呼。

其实，如果我们把自己的作用定位为影响自己的学生，我觉得还不够。活成一束光，还有另一层含义，那就是影响周围的人，包括同事和家长。教育的要义不是立行立得，而是潜移默化的影响。在长期的教书育人实践中，我们要有一颗悲天悯人的心，不企图在短期内获得突飞猛进的进步或引人注目的收获，我们要的是由外而内、由浅入深、由自己到他人的思想意识、行为举止的螺旋式上升的变化。比如：在班级微信群与家长平等相待，以探讨的语气与家长沟通，亲力亲为为学生做榜样。在办公室不传播负能量的信息，以新的思路为自己的处境或不快寻找出口。

## 四、汇聚能量，自带光芒

教师职业是一个充满挑战的职业，墨守成规、循规蹈矩自然会被学生所厌恶，甚至被社会所淘汰。怎么才能成为学生喜欢、时代需要的好教师呢？我认为有四点必须谨记。

### 1. 坚定理想信念，认识到教师工作的价值

虽然"三百六十行，行行出状元"，但唯有教师这个行业，出状元的不仅仅是自己，还有自己的劳动对象。记得由宋青松作词、王佑贵作曲的《长大后我就成了你》这首歌的歌词中写道：……才知道那间教室，放飞的是希望，守巢的总是你。长大后我就成了你，才知道那块黑板，写下的是真理，擦去的是功利。我们面对的工作对象，正如伟大的人民教育家陶行知所说："你的教鞭下有瓦特，你的冷眼里有牛顿，你的讥笑中有爱迪生。"所以，我们责任重大，使命光荣。

### 2. 不断阅读学习，与书为伴

一个教师，要想获得思想的源头活水，就得阅读；要想获得专业知识的不断补给，就得及时阅读。特别是在这个信息化以幂次方不断递增的信息大爆炸时代，知识的更迭周期缩短，渠道拓宽。只有不断阅读学习，才能汲取自己作为光源的不断补给。我个人读书的轨迹从文学类到教育类，从报刊到教育专著，从国内到国外，应该说涉猎的范围还是比较广泛的，即使如此，我在工作中依然感觉捉襟见肘。

### 3. 拓宽学习渠道，重视反思

学习不只有阅读，还有网络学习、课堂实践学习、同伴互助学习、共同体团队学习（全国班级联动团队），这些都是很好的学习渠道，同时，还要善于积累（记录）和反思。反思最好的方式是用文字进行记录、梳理、思考、总结、想象。我个人的专业成长经历告诉我，教育写作给了我教育思想和风格的形成，也给了我教育的信心和力量。到目前为止，我在微信、QQ日志、简书、美篇、工作室公众号、班级联动论坛上写下的文字，估计一共有一二百万字了吧！这些文字从诗意人生、治班策略、课堂故事、教育案例、教学反思等诸多方面进行了记录，对我改进教育教学、进行教研课题及论文撰写都起到了重要的作用。

### 4. 与志同道合的人一起奔跑

有人说过：圈子决定格局。这话不无道理，和什么样的人在一起，决定着你的格局和眼光。作为教师，我们就要积极与那些能够传递正能量的、拥有学习力的教师结伴，彼此相携，成为工作生活中的伙伴。当然，向更高层次的人学习，更能提高站位，进步更快！

## 五、抱团取暖，众志成城

一束光，即使再光亮其能量也是有限的。唯有团结所有的力量，形成育人的合力，才能集聚起强大的能量场，照亮和促进孩子们的成长。具体来说，要做到以下几点。

### 1. 协调好各学科教师之间的工作，搞好各学科教师之间的关系

作为班主任，协调好各学科教师之间的工作，搞好各学科教师之间的关系，形成一个班级育人的统一性目标，对于班级整体的发展、减轻学生的作业负担、班级活动的开展、"问题学生"的帮扶与教育等都有非常重要的意义。就拿作业布置来说吧，我班的作业，我往往倾向于布置阅读性和日记作业，对于机械性的抄写作业少之又少，那么这样一来，数学学科的练习作业就可以多一点，英语作业也可以注重口语练习。早自习的时间，在我们这儿大多时候属于班主任管理，我总会让孩子把15分钟的时间安排出来练习口语，然后剩余的15分钟时间用来进行课文朗读或诗文朗读。这样的时间分配让英语老师十分满意，时常对我说感谢的话。慢慢地，孩子们各科的成绩都得到了均衡发展，孩子开心，家长放心，老师会心。

### 2. 协调好学校活动、班级活动和学生课业负担之间的关系

学校现在注重五育并举，相对而言，各种活动与事务也比较多。作为班主任，必须要做一个做事有条理，善于收集、整理、汇总班级学生成果的教师，要善于提前谋划，并与学校开展的各种活动进行有效的整合。在平时，要善于收集资料，发挥班级团队的力量。精心带领班级团队，形成抱团取暖、合作共赢的效果。

### 3. 协调好家校之间的关系

扣好人生的第一粒扣子，不单是学校的责任，更有家长的责任。作为班主任，要积极主动，以情动人，以诚感人，以理服人，与家长建立良好的关系，在沟通中互相提醒、互相包容、互相理解、互相学习，形成健康、积极、稳定的家校合作关系。家校合作，渠道多多，只要出发点和落脚点合情合理，符合学生终身发展，尊重、理解、包容家长，承认家长之间的差异，你就会有诸多开展工作的渠道。我主要依托班级微信群进行沟通，对家长中优秀、先进的做法进行肯定，对学生中创新、独特、有益的做法进行表扬，对有些家长存在的家教问题进行善意的提醒，对教师做得不当的事或出现的行为，进行自我批评和致歉。只要教师摆正位置，态度和气，理性对待家校合作，就一定会营造出力往一处使的良好氛围。

作为一名教师，不管在学校的哪个岗位上，我认为都应该为育人服务，都应该从学生的终身发展考量，尽其所能，将自己活成一束光的样子，以一束光的姿态做教育，给孩子们的成长以光亮和温暖，这样我们的价值就能得到体现，我们的人生因此也会变得更加充实而有意义。感谢各位的聆听，谢谢大家！

# 再谈教育中表扬与批评的应用

表扬与批评作为教师教育过程中一种重要的育人方式，从古至今，有无数教育者执着这个"利器"，行走于教育的"江湖"上。有人因恰当的应用成了学生心中的"圣贤"，影响和改变了孩子的未来，走出了一段非同寻常的人生之旅。有人却因"度"的把握不当，导致孩子自信心下降，厌学情绪加重，对生活没有热情，影响了孩子的成长。那么，如何把握表扬与批评的应用"度"呢？结合心理学与个人教育教学实践，我认为应从以下几个方面恰当运用表扬与批评。

## 一、表扬与批评应用次数比例遵循"八二开"

八分表扬，二分批评。做一个"闪光点"的捕捉者或发现者，主动寻找，积极发现，善于捕捉孩子在各个方面的正向表现、细微变化，然后有针对性地及时给予表扬。尽可能地少用批评，即使要用也要对事不对人，指出行为的问题所在，而非从人格、道德方面进行定性评判。

## 二、表扬的持续性与恒稳性

作为教师要以学生全面健康发展为出发点，以"立德树人"为根本任务，摆正心态，立足长远，辩证看待发展中的问题，以正面管教的方式，对孩子的行为举止、思想动态、习惯性格予以积极的表扬干预。要保证表扬的持续性、恒稳性，不能忽阴忽晴，飘忽不定，让表扬的力量逐渐削弱。同样，批评不能在一件事或一个方向上进行强化，正所谓：你希望孩子未来成为什么样的人，那就表扬孩子会成为什么样的人的"事件"。

## 三、表扬与批评要注意语言的准确性和具体性、建设性

语言是思维的外衣。表扬语言的准确性、具体性、建设性对学生会更有指

导和激励作用。例如，表扬一个孩子字写得好。根据版面布局或间架结构或笔画流畅或认真程度，可以有如下表扬方式：你的这篇作业，页面安排得多美观啊！字与字，行与行，距离把握得恰当，看上去让人觉得舒服、享受；你的字写得真流畅，撇捺舒展，点画之间透着你对中国汉字的敬重和喜爱；从你的一字一画中，老师读出了你的努力，似乎看到你端端正正坐于桌前，认认真真写字的专注。当然，批评也要点到为止，切不可掉一点，洇一片，夸大其词，故意将小问题放大，殊不知这只会让孩子降低自信和自尊，适得其反。

会表扬与批评者，此方法屡试不爽，可成就一个孩子的未来。相反，如果不会恰当地运用，就会扼杀一个孩子的未来。这是司空见惯的教育之法，可常用但需慎用。

# 在不断打破中做教育

时下，随着国家教育改革的不断深入，"双减"政策的落实，特别是高中招生比例的变化，国家培养人的导向变化，引发了诸多家长的焦虑和不安。是的，任何时代、任何时期的改革，都会有一部分人的利益受到影响，教育改革也不例外。在国家宏观政策的调节下，作为学校和教师，如何站在家长的角度看待我们的教育行为，我觉得值得研究和思考。

家长焦虑的根由是什么？这个问题显而易见。但是如何让家长减轻或消除焦虑，我认为可以通过以下几个方面的作用力给予家长帮助。

## 一、利用家长会或班级微信群，进行国家政策的分享与解读

例如，分享《深化新时代教育评价改革总体方案》《中共中央 国务院关于深化教育教学改革全面提高义务教育质量的意见》《中国教育现代化2035》《中共中央 国务院关于全面深化新时代教师队伍建设改革的意见》《关于减轻中小学教师负担进一步营造教育教学良好环境的若干意见》等文件，让家长了解国家对育人、用人的导向，树立正确的育人观。《中国教育现代化2035》中阐明了2035年的主要发展目标：建成服务全民终身学习的现代教育体系、普及有质量的学前教育、实现优质均衡的义务教育、全面普及高中阶段教育、职业教育服务能力显著提升、高等教育竞争力明显提升、残疾儿童少年享有适合的教育、形成全社会共同参与的教育治理新格局。

## 二、要理性、合理地布置作业

目前，"双减"政策在各级教育主管部门的监督下持续推进，的确极大地改变了作业多的现象，但仍不乏有随意布置作业的教师，还有个别教师时不时布置一些简单机械重复的抄写，占用了孩子在家自主支配的时间，孩子很难有时间自主阅读、自主参与小探究、做家务和室外活动的时间。当然，有些作

业，需要借助网络的力量来进行查询，有些需要与家长一道合作方可完成，但事实上，有些由爷爷奶奶看管孩子的家庭，由于爷爷奶奶文化程度低，导致孩子在完成作业时孤立无助。有些家庭没有网络设备和打印设备，让孩子无法完成资料搜集、查询、下载或打印，这些都会对孩子带来很大的影响。如果科任老师不理解或了解这一点，就会导致"一刀切"的现象，对孩子的学习兴趣和自信的影响会很大。我们如果能着眼学生核心素养发展，面向未来培养学生的关键能力和必备品格，建立正确的价值观，我想：对学生的作业设计，一定要更科学、更合理。

### 三、教师要改变自己是知识的传授者和能力的培养者的固有观念

不可否认，教师依然承担着授业解惑的责任和义务。但随着互联网进入千家万户，绝大多数的孩子已经能够借助网络获取更多的知识和技能了。所以，我们更要充分认识到教育的重要作用：激励、唤醒和鼓舞。我们作为教师，要不断寻找孩子们的生长点，多维度、多渠道、多时空地去发掘孩子们的优势、亮点和内心的需求，及时、有意、持续、不懈地给予他们肯定和引导，让他们获得良好的学习体验，建立起足够的生活自信，拥有美好的人生憧憬。这样，获取知识，就有了更多的自主方式和机会。记得前些天，有一位曾在我校就读过的学生，现为网络歌曲创作者。他来我校进行回馈母校的捐赠时，向现场参加活动的小学生问起他创作的歌曲《尿床歌》《穷叉叉》，孩子们不但知道，还跟着音乐唱了起来。这情景让在场的音乐教师和其他观众感到很震惊。原来，在孩子的世界里，不只是有教师的和家长所教的那些东西，他们还有无穷无尽的发现世界、了解世界、创造世界的属于自己的方式。

教育，从某种意义上讲，也可以说是一种打破，打破固有的运行方式、固有的思想观念、固有的行为习惯。

# 做幸福的语文教师

"悠悠岁月，欲说当年好困惑，亦真亦幻难取舍⋯⋯"电视剧《渴望》片尾曲中的这句歌词让我深有感触，它似乎从一个侧面再现了我作为一名教育工作者，特别是语文教育工作者对语文教学情有独钟却又亦真亦幻的追求与梦想。

在20世纪90年代刚进入师范学校求学时，我对语文的感觉就是"发奋识遍天下字，立志读尽人间书"。潜意识中，我觉得要学好语文，贵在不断地积累与吸收，贵在坚持与忍耐。但经过各位教师的教导与启发后，我渐渐对语文有了新的认识。语文不仅仅在于阅读，不仅仅在于饱览群书，更在于用自己的笔墨对形形色色充满挑战的人生、对丰富多彩古往今来生活的表达，在于书面语言和口头语言的表达，让"胸藏万江"通过伶俐的口齿"凭吞吐"，让"笔有千钧"通过优美的文字"任翕张"。生活在这个充满灵动与活力的社会中，沐浴着来自四面八方的信息之风，感受着科技日新月异蒸蒸日上的喜人气息，学语文，用语文，享受语文带来的无与伦比的美感，成了我对语文这门学科独到的信赖和追求。也因此，我爱上了写作，喜欢用文字表达平凡生活中细枝末节甚至边缘化的东西，表达普通人的喜怒哀乐，聆听自然界的天籁之声，认知属于我个人狭小范围内对人生的辩证法。

步入最平凡也自感最神圣的小学校园，雄赳赳气昂昂地迈上三尺讲台，当我行云流水般地向学生表达自己的所思所想的时候，我感觉到了语文带给我的语言美，丰富的语言让一个语文教师在讲台上不至于枯燥乏味、不至于上句不接下句。当年在简单的一面黑板、几根粉笔与一本教本再加一本不合时宜的教案的条件下，我竟能够让课外阅读经验几乎为零、语文基础甚差的学生瞪大明丽的双眸，聚精会神地时不时露出会意微笑地聆听我的神侃并很快懂得了很多的课外知识。现在，回想起来，我的语文课堂可以说不成体统，甚至有点儿"信口开河""离题万里"的感觉。由一个简单的词语解释引出一个故事或笑话，由课文的主题延伸到生活中的贴身事例，由写作的问题联系到电影电视剧的构思，真可谓信手拈来，率性而为。

基于山区孩子多用方言，很少使用书面语言，我记得自己幼稚的想法是通过教师课堂大量的语言示范影响孩子，潜移默化地使孩子改善方言对他们造成的负面影响，同时，苛求教师语言的美成为他们写作的典型范本。慢慢地，农村孩子的生活条件有了改善，有了能接收多个频道的电视节目。此刻，我觉得有计划、有目的地看电视是学语文的有效途径。我让孩子们在看《新闻30分》时练习普通话，订正字音；让孩子们在看电视剧时赏心悦目地识字；在看综合节目时培养孩子们动嘴动手动脑的意识、习惯和品质。那时，我就觉得语文教学就是要孩子在课堂上激发兴趣，在课外才是孩子发展语言的坚实和广阔的阵地。

时至今日，我还清晰地记得给学生讲"写人物外貌、神情、动作，特别是语言时，要符合人物的身份、性格、地位等"时，讲述了这么一个故事：古时候，在大雪纷飞的一天，有四个来自不同行业的人聚在一起，这四人依次是饱读诗书的秀才、地位显赫的知府、腰缠万贯的商人和靠天吃饭的农民。面对从天而降的茫茫白雪，秀才诗兴大发，竟脱口而出一句诗："大雪纷纷落地。"这位知府捋捋自己的胡须，趾高气扬地吟诵道："本是皇家瑞气。"商人听了不以为然，心想："你们卖弄腐臭的文采和钩心斗角得来的权力，我才不稀罕呢！我有的是钱！"于是应声信口道："下它三年何妨。"这时，在一旁的农民，听了他们乱吹乱侃、毫不顾忌别人感受的话，气得全身发抖，怒不可遏地骂了一句脏话。故事讲完后，学生哄堂大笑，在学生十分放松与愉悦的心境下，我给他们说明为什么写人物时要注意语言、动作、神情、外貌描写。正像一代伟人毛泽东所言："在阶级社会中，每一个人都在一定的阶段地位中生活，各种思想无不打上阶级的烙印。"学生情绪高涨、兴趣盎然。

近几年，语文教学随着新课改的车轮快速地前进，有过茫然、有过弯路，然而在不断的实践和众多教育工作者的反复论证后，语文教学又走到了明朗简约、声情并茂、重语言文字、以文化人的轨道上来。此时，面对"快乐教学""高效课堂"……诸多的新鲜词汇，我不想再去望文生义或牵强附会地吹毛求疵了，我只想：语文教学应该回归"简简单单教语文，真真实实练本领，真真切切渗情感，快快乐乐促成长"的道路上来。今天的语文教学，别只为了明天的考试，别只为了不可丢失的一分，要预想到社会十年后的发展，为孩子们若干年之后的发展着想。真的应该落实用教材教，而不是教教材。在语文教师心目中树立起"语文教材无非是个例子，凭这个例子要使学生能够举一反三，练成阅读和作文的熟练技能"这样的理念，尽可能多地创设教育情境，抓住教育情境，巧妙地运用教育智慧，让学生在读中领悟，在恰当的时机练笔，想说时尽可能地去海阔天空，想聆听时尽可能地别惊扰一帘幽梦，别让孩子"口欲言而嗫嚅，足欲行而趑趄"。

做快乐幸福的语文教师，教快乐幸福的学生学语文。对于语文，对于语文教学，我自感永远是其狂热忠实的粉丝！在语文这门学科的悠悠之梦中，我真的永远不想醒来。

# 回归教育的源头

## ——在全国班级联动讲坛上的演讲稿

生活在且行且珍惜中继续，教育在且行且思考中成长。自1995年进入教育行列以来，有一个问题一直萦绕于我的脑际，这个问题不是学生的成绩问题，而是学生的道德成长问题。今天我要与诸位探讨的题目是《回归教育的源头》。

## 一、困惑与思考

班主任工作的核心应该是学生的思想成长，可以说让一个学生的思想道德能够顺着健康、积极、乐观的方向发展，拥有健康的情感、意志与性格品质，就是在一定程度上成就了一个孩子未来的前途和命运。那么这个班主任的工作就是成功的，他就是一个优秀的班主任。在近二十年的班主任工作实践中，我一直在认真地做着孩子们的思想教育工作，从学校规章制度到社会伦理道德的讲解，从课堂文本到身边事例的说教，从典型示范的引领到自己身体力行的影响，不管是教育渠道还是教育方法，抑或教育契机，我都在不断地进行探索和更新。

因此，寻找到学生思想教育的源头，寻求到一种学生易于接受德育教育的渠道就显得尤为重要。

## 二、源头与渠道

### （一）让孝道教育成为学生德育成长的源头

古人说"百善孝为先"，一切善行都是从孝开始做起的。孝是人世间一种最高尚、最美好的情感，是人一生中最深刻的亲情的体现，它是人的根、人的本。孝道是一切道德的根本，是一切教育的源泉。教育孩子、教育学生首先从哪里教起？从孝道教起。

孟子曰："事孰为大？事亲为大。"意思是说，什么事最重大？侍奉父母最重大。为什么呢？古人云：水有源，木有本，父母者，人子之本源也。孝本于天性。一条河流为什么能够流得长远？因为它有不竭的源头；一棵树为什么能长得高大，能抵挡风雨？因为它有很深的根。我们的父母就是我们为人子女的源头和根本，是我们幸福的源泉，是我们成功的根基。

宁夏作协主席、银川市文联主席郭文斌老师也强调"让教育归位，维护本性"，传统教育维护人的本能，可是我们现在常常在损害孩子的本能，培养孩子的技能。教育一定要回到对人的本能的维护上，回到根本性的教育上，回到"连根""养根"上。而这一点给了我很大启示，为什么不从孝敬父母入手，进行孝道教育呢？我想：一个人，如果能真正孝敬父母，他就会听从父母的教诲，就会替父母着想，就会对父母诚实守信，就会理解父母，就会有一份对家的责任感。一个孝子，做学生应是一个好学生，做农民应是一个好农民，做官应是一个好官。为什么呢？因为任何人生的污点和道德上的缺失，都会使父母不开心，都是不孝。如果一个人能听从父母的教诲，还会有哪个父母教育自己的孩子去做恶事，不思进取呢？还会有哪个父母教育孩子不听教师的话呢？还会有哪个父母教育孩子不遵守社会公德呢？对于孩子，教师讲孝敬父母的故事，孩子更容易接受。

大家肯定会产生这么一个疑问，德育内容包含的内容那么多，而且好多都和孝道教育一样重要啊，是不是孝道教育的内容显得太狭隘了？的确，我们德育教育的内容何其宽泛，但这只是一个"源头"，有源头自然有活水。孝道教育是一个"纲"，纲举方可目张。只要孝道教育抓好了、抓实了，进入孩子的心了，其他的问题自然水到渠成。

那么，怎样进行"孝道教育"？

**1. 诵读经典，释读经典，让经典阅读为孝道教育插上腾飞的翅膀**

我利用午间快乐阅读、课前5分钟演讲、课外时间、亲子阅读等时间段有针对性地分步骤、系统地引导学生进行有关孝敬父母、感恩父母、感恩老师、感恩大自然的经典阅读，诸如《三字经》《弟子规》《颜氏家训》《幼学琼林》《二十四孝图》等，让学生在阅读中了解、理解和感悟孝敬父母的原因及意义，从而升华为一种高尚的自然情感。

譬如《弟子规》里"父母呼，应勿缓，父母命，行勿懒"的意思就是：父母叫我们的时候，及时答应，父母交代的事情，马上动身去做，不要拖拖拉拉。这些很简单，也很容易做到，但是要坚持做，就不容易，所以，我经常利用与家长和学生交流的机会，及时捕捉信息，进而进行循序渐进的引导和讲解，让"孝"先进入学生的大脑，再体现在平日里点点滴滴的生活小事上。当然，对有些经典篇目的解读和对重点句段的指导，更有助于点燃同学们心中渐渐燃起的"孝"之火焰。

**2. 借助传统、重大的节日氛围寻找孝敬父母的时机、形式、内容**

借助传统、重大的节日（春节、清明节、端午节、中秋节等），进行孝敬父母的实践与体验，从真切的氛围中寻找孝敬父母的时机、形式、内容。

比如春节，一个多么富有文化底蕴的节日，蕴含了多少中华传统文化的内涵：顺从天意的祭祀，对有功德福祉的祖先的顶礼膜拜，对长辈和父母的恭敬和孝行，对兄弟姐妹的团结和融合，对左邻右舍的感谢与沟通，对亲朋好友的问候和交流，对大自然的感恩与回馈，对美好生活的祈祷与憧憬，对幸福人生的诠释和领悟……

春节的意义，就是要让我们在大丰收之后，回到一餐一饮，回到一粒米，去发出我们内心的那一份感激，对阳光的，对大地的，对雨水的，对风的，包括对时间和岁月的感激。感恩是乡土中国永恒的话题。它渗透在中华民族的每一个节日中，渗透在中国人的每一项活动中。寻根问祖也好，祭天祭地也好，给老人拜大年、走亲串友也好，都是教人们不要忘本。连同一草一木、一餐一饮，半丝半缕，都在感念之列。中国人把孝作为德行和伦理的基础，正是因为它能够使人保持感恩之心。在故乡，大年初一，作为儿孙，都要很庄严地给祖父、祖母和父母磕上一头。那一刻，你会觉得不如此不足以表达对老人的祝福，只有当你的膝盖落在土地上的时候你才能体验到那种恭敬和崇敬，才能体会到一种站着或躺着时无法体会的感动和情义，因为那一刻你变成了一种接近于母体胎内的姿态。初二是一定要去岳丈家拜年的，娶了人家的女儿就意味着要承担一部分孝道。之后，是要给老师、亲戚拜大年的。

所以，一定要重视引导学生对这些节日的正确参与，对这些节日的深刻理解，对这些节日的虔诚过法。

**3. 利用班会课等让学生明白孝敬父母是责任和美德**

巧妙利用语文课、班会课和道德与法治课进行"百善孝为先"的正面引导，让学生明白孝敬父母是应尽的义务。

这种引导既要把握好动情点，又要有准备有步骤地讲述孝道内容。比如，在学习完美国作家马克·汉林的作品《地震中的父与子》、现代著名作家梁晓声的作品《慈母情深》、美国作家巴德·舒尔伯格的作品《"精彩极了"和

"糟糕透了"》后，我就在同学们很感激父母的那种动情点上，及时肯定应该感谢父母之恩，同时指导他们怎样去感恩父母。

讲述对父母尽孝道，就要求他们做到以下三点：一是养父母之身；二是养父母之心；三是养父母之志。

养父母之身，就是在物质方面，让父母衣食无忧，有经济保障，这是为人子女，对父母最起码、最基本的奉养。这是孝的基础。

光养父母之身是不够的，更重要的是养父母之心，就是在精神方面让父母开心、快乐，对父母发自内心的尊敬。

"孝"字总是和两个字连在一起，一个是"敬"字，孝敬孝敬，敬为孝，光在物质上给父母提供衣食住行，那是远远不够的，那跟养宠物没有什么区别，关键是我们对父母要有孝敬之心，要更多地从内心、从精神上给父母以尊敬、抚慰和关爱，让父母更多地享受亲情的温暖；另一个是"顺"字，孝顺孝顺，顺者为孝。真正爱自己的父母就意味着包容、尊重和理解父母，不伤父母的心，说话、办事都要顺着父母。父母做事并不是都正确，父母的要求不一定都合理。那么，当父母做得不对的时候，当儿女与父母产生冲突的时候，怎么办呢？《弟子规》给我们提出了这样的建议："亲有过，谏使更，怡吾色，柔吾声，谏不入，悦复谏。"作为儿女，在侍奉父母的时候，如果与父母有意见相左的地方，甚至你觉得父母有过错的时候，应委婉地对他们进行劝说，劝导时态度要诚恳，声音必须柔和，并且要和颜悦色，如果父母不听规劝，要耐心等待，一有适当时机，例如父母情绪好转或是高兴的时候，就继续进行劝导。这个建议，讲出了一个简单的道理，我们跟父母沟通，沟通的内容本身是什么样也许不重要，但是沟通的方式很重要。父母是我们最亲的人，最亲的人最伤不得，但往往又最容易受伤。我们跟他们意见相左的时候，为什么不能注意一下表达方式，好话做到好好说呢？

儿女跟父母之间产生的冲突，认真分析起来，真正属于大是大非，关乎原则，关乎道德的，毕竟很少，绝大多数都是鸡毛蒜皮的小事，或是看问题的方式不一样，或是生活习惯不一样。对父母孝顺，并不是说要儿女一味地放弃原则，但是，在没必要计较的时候，儿女对父母多一些包容和理解，多让他们按自己的方式开心地过日子，也许就是最好的孝敬了。

敬和顺两个字，之所以紧紧和孝字连在一起，就是告诉我们，儿女尽孝，贵在敬和顺，敬在心，顺在行。心存敬意，说话、做事，自然就会揣摩父母的所思所想，顺着父母的心意去说、去做了。

因此，养父母之心，要牢记一句话：常怀孝敬之心，常行孝顺之举。

养父母之志，就是要努力去实现父母的期望。望子成龙，是天下父母共同的愿望。子女有大出息、大作为，光耀门庭，让父母觉得自豪，给父母脸上添光彩。父母当然巴不得子女个个都这样。但是，父母真正在乎的，不是儿女做多高多高的官，挣多少多少的钱，出多响多响的名，成多大多大的事，父母最最愿意看到的是儿女身体健健康康、生活开开心心、工作顺顺利利、一生平平安安、一家团团圆圆。

养父母之志，说不简单，其实也很简单。首先，要爱惜自己的身体，尽量保持健康，让父母放心；其次，为人处世要注意品行端正，与人为善，不违法乱纪，不做让父母脸上无光的事，无论干什么，父母都不用担忧你会出什么事，闯什么祸，让父母安心；再次，努力工作，为社会、为家庭做出力所能及的贡献，让父母宽心；最后，用一种积极的态度生活，保持精神的愉快、情绪的稳定。儿女过得快乐，父母才会高兴，用自己的快乐让父母开心；努力使家庭和睦，营造一种和谐、温馨的家庭气氛，让父母过得舒心。有了这"五心"，就做到了"养父母之志"，实现了父母的期望。有了这"五心"，我们和父母，就都能享受人生的幸福美满了。

在这种自然的渗透中，同学们逐渐对孝道"知其然"，而且会"知其所以然"。

**4. 有计划地开展一系列关于孝敬父母的活动**

例如，举办关于感恩父母的手抄报、给父母写感谢信或倾诉信、做生日贺卡、承担一项家务、给父母洗一次头或脚等活动。形式多样的动手活动，除了有助于逐渐让学生形成孝敬父母的意识，养成孝敬父母的习惯，还有助于丰富学生的生活内容，调节生活的节奏。记得我班有一个叫陈典的同学，成绩不算班里最优秀的，可是她在我班开展的这些活动的影响下，在自己父母言传身教的影响下，已经成为了父母的"小棉袄"，特别会理解父母的心思，主动承担家务。因为父母开了一个个体打印店，她就主动帮父母端茶倒水，打扫家里卫生，还挤时间给父母洗脚。在班会课上，她还会津津乐道地讲述这些事呢，从没看到她有一丝抱怨，脸上始终挂着幸福的笑容。

像这样，一旦孝敬父母的意识植根于孩子的心灵，落实到日常的行为举止中，那么诚信、守时、和睦、谦让等一系列道德培养问题就迎刃而解了。

**（二）让叙事故事成为学生德育成长的渠道**

叙事故事的教育原理，是感触—感动—感悟，它不需要教师讲述多少大道理，就是让充满灵性的故事，走进心灵，感化心灵，引导心灵。因为有强烈的感受才有强烈的感动，有强烈的感动才有强烈的感悟。引趣、唤情、明理、启智、导行五大功能足以达到教化育人的目的。

我们可以利用课前5分钟或班会课、语文课，跟孩子们讲故事，配上轻柔舒缓的音乐，用上合适的基调，抑扬顿挫地、用心用情地讲故事。"人之初，性本善"，我们要激发每个孩子的善心，调动每个孩子的潜能，让每个孩子都能在集体中体现他自己本身的温柔和灵性，因为每个孩子都是善良的！

讲故事（叙事德育），是进行德育教育的有效形式，符合儿童接收新信息的特点，故事内容生动、形象，充满想象空间，儿童在听故事时会感触—感动—感悟，从而内省意识，进而内化为自己的行动，也避免了直白的陈述或讲述给孩子造成的厌倦和反感情绪。记得在一次班会课上，我为孩子们讲述了我自己写的一个真实的故事——《回家的礼物》，这个故事表达的是我对母亲的感激和愧疚之情，也有我尽我所能回馈母亲的具体做法，但同学们听了故事后的表情告诉我，他们是有所悟、有所获的。

好几周没有回家了，虽说隔三岔五地会给老家打个电话，嘘寒问暖一番，但是想家的念头越来越浓烈。

今天终于有空回家了，我很兴奋，就像小孩盼着过年时的感觉，心里有甜蜜，有幸福。

别人回老家看父母大概带得最多的是食品吧，可我每次回家带的却是一大包特殊的礼物——药品。母亲因以前生活的劳累，年龄虽然不足六十，但已是百病缠身：胃炎、高血压、关节疼痛等，众多的疾病缠绕着她。儿女大了，成家立业了，本该享享清福了，可一系列的疾病又落在她的身上，吃药似乎成了家常便饭。高兴时，妈妈半开玩笑地说："药吃惯了，一顿不吃，就像缺了点什么……"烦恼时，妈妈又会说："药，我吃怕了。"的确，每当我将一包包的药品送回家时，我的心里，都不由得沉甸甸的。

不容易啊！风风雨雨几十年，将五个儿女拉扯成人，受的苦难，遭的冷遇，只有自己知道。穷人家的孩子早当家，依稀记得，我从五六岁起，就比较懂事了。那时，我的家境还很困难，虽然衣食无忧，但经济还很紧张。农村的同龄人可能记得，当时大家都睡土炕。冬天，我睡的都是那种热烘烘的土炕（上面铺张席子），那种舒服的感觉我至今记忆犹新。可那时，烧炕用的不是煤炭，而是驴粪或牛粪。养的牲口少了，就不够。妈妈经常是四五点钟起床，和邻居家的几个阿姨去很远很远的树林去扫树叶。深秋的早晨，天气特别冷，有几次她扫树叶回来天还没亮。牲口的草不够吃，就爬这山上那坡，顶风冒雨，用手拔，用镰割，鞋子磨破了，手上布满了伤痕和老茧。

上学了，妈妈经常是六点多起床，为我做早餐，虽然不像现在的孩子有那么好的饮食，但即使是一个荷包蛋、一碗面汤、一块饼子，她都做得热气腾腾。每次都是妈妈做好饭后，才轻轻地催我起床，生怕打搅了我的瞌睡。我那时，没有太多的想法，只是觉得妈妈真好。

时间一晃而过，我进入了初中，妈妈的早餐没断过。日复一日，年复一年。大约我读书的认真程度叫妈妈很放心吧，不然我的记忆中怎么没有妈妈责骂我学习差或淘气的话呢？倒是经常听到妈妈劝我休息、劝我去玩玩的话。

三年的初中生活要画上句号了。当时的我简直可以说是雄心勃勃，想在高中发挥自己的聪明才智。进入更高的学府学习时，不幸却无情地降临到我们一家人的头上。爸爸被诊断为胃癌晚期。晴天霹雳，震晕了妈妈，也让我失魂落魄，像一只无助的小鸟。我是家中的老大，当时才十六岁。为了给父亲治病，我家是东挪西借、银行贷款。虽然父亲的病以我们的失望与他的遗憾告终，但这样的境况已使我家债台高筑。当时（1990年）虽然只是五六千元，但对我们家来说已经感觉数目太大太大了。我的大学梦就此破灭了。

在我上中等师范学校的日子里，母亲一个人支撑着这个家，还讨过饭。记得有一次放假回家，我看到妈妈的腿肿得很厉害，就问妈妈的腿怎么了？妈妈说是被邻居家的狗咬的。一直到后来我才知道，妈妈是在去各村各户乞讨时，被外村的狗咬的，妈妈怕我知道这件事心里难过，就绝口没提过她乞讨要饭的事。每当回忆起这些岁月，我的内心就有说不出的难过与愧疚。

正因为这样，我自从工作后，就义无反顾地遵从父亲的遗言，怀着感恩父母的信念担起了家里的重担。还款、修房、结婚，都是我一个人努力的结果。我知道，家里无能为力。几个弟弟上学，成了我最大的压力，也是我必须要做的事。从初中到高中到大学毕业，我这个当哥的，一路走来，一路支持，支持到底！大概是母亲的积修，还是我的福分，我的妻子也是一个让我感激不尽的、通情达理的人，是她无私的付出与坚强的支持，才使我有了今天这幸福美满甜蜜的生活。

不求回家带什么礼物，只求我对母亲的一片深情；不求母亲怎么享受天伦之乐，只求母亲健康平安开心。母亲，您是我一生的支柱，是我活着的尊严。

如果我能做到经常回家，就是我给母亲最好的礼物，也是母亲最想要的礼物，但我不得不为母亲带上我最不想带的礼物——药品。

当我讲完这个故事的时候，我看到有些同学眼里噙着泪花，有些同学止不住地点头，更多的同学报以热烈的掌声，这掌声里一定包含了对我母亲的感激和感动，还有对自己母亲的理解和感谢。

"教师不是雕塑家，却塑造着世界上最珍贵的艺术品。"有了孝道教育和叙事故事这两样法宝，相信我们班主任的育人策略会更加智慧，育人效应会更加长远。

# 寻求更滋润的教育生活

　　我很喜欢《幽窗小记》中的一副对联"宠辱不惊，看庭前花开花落；去留无意，望天上云卷云舒"，并常常以此对联自勉。然而，生活中还是常常有诸多的放不下，有不少的烦恼。很向往汪国真《热爱生命》中的诗句"我不去想是否能够成功，既然选择了远方，便只顾风雨兼程"，可事实上，我总会在行走的途中踟蹰、张望，甚至迷茫。

　　教育与文学之于我，犹如我喜爱喝酒与唱歌一般，不是什么任务、负担，而是一种自然而然的生命追求。今天看到一同行的几句话，正好借此表达我的想法。"我以为，每一个教育人都要有这样的坚守：你无力改变一个学生，那么你就努力改变一个家长；你无力改变一个班级，那么你就努力改变一个学生；你无力改变一所学校，那么你就努力改变一个班级；你无力改变一域教育，那么你就努力改变一所学校；你无力改变一国教育，那么你就努力改变一群教师。"基于这样的自我认同，我就很安心地在自己的岗位上心甘情愿地做着这份属于自己荣光的事业。教育生活之余，也读读写写，好像每天写点什么会让我的内心更安然、更温暖。也由此，在我的QQ空间内总会有一些信手涂鸦的心情文字出现，也因此有了一群与我有着相同的爱好的文友与网友。我们在这里交流互动，在这里侃生活说人生，好不快哉！然而，尽管如此，我的成长依然处在随遇而安的境遇中，教育虽然有思考、有行动，但缺少规划。文学写作虽然也有愣头青的热情，却缺少体验与积淀。我的青春其实就是这样迷迷瞪瞪一路走来的……唯独令我感觉充实的是我真诚地对待我的学生和同事，真诚地对待家长，让孩子们心存善念，诚信做人，同时与书为伴。尽管没读多少经典佳作，但我一直在读，不间歇地阅读一些书籍，其中对我影响比较大的有日本中岛孝志的《三十岁发达——三十岁的人应经历的五十件事》、美国戴尔·卡耐基的《卡耐基成功之道全书》、美国珍妮特·沃斯和新西兰戈登·德莱顿合著的《学习的革命》、印度诗人泰戈尔的《泰戈尔诗选》、林语堂的

《感悟人生》等，还有杂志《宁夏教育》。正是因为阅读，所以我对教育的理解在不断地深化，对教育的热情从不褪色。

　　网络世界不仅拉近了我们与天南海北的朋友的距离，让我们可以进行面对面的交流，还让我们有机会向他们请教、沟通。很荣幸，在我的网友姚老师的介绍下，我加入了"全国班级联动群"，这个群属于一个真实、纯粹，没有功利与浮夸的世界，这里聚集了全国各地的一线教师，他们扎根民族教育事业，默默奉献，不断开拓创新，用自己的脚步丈量着中国教育的长度与宽度。他们不迷信权威、不信仰模式，他们只注重土地，只注重规律。踏进这里之后，我也身不由己地爱上了这里。于是，我的教育人生在这里有了新的起点。在这里，我认识了贺华义、刘圣元、苏樵、白净、姚雪梅、傅蓉、侯苏丽、杨文军、陈江、王广燕等好多教师，从他们身上，我看到了教育的清净、纯洁和真诚。于是，我决定一心一意跟着这个民间团队出发，实现我的教育梦想。还是汪国真老师那句话："既然选择了远方，便只顾风雨兼程。"自2014年10月至今，已经快两个年头了，我撰写的教育随笔也快两百篇了。在这个过程中，我受团队的信任，委托我担任讲坛组组长，从讲坛组的计划制订、讲座安排、海报发布、群里引领到讲稿修改审定、讲座支持互动等一系列过程，讲坛组的顾问姚雪梅、讲坛组长王广燕、读书组长陈江和我一道付出了不少的努力，花费了不少的时间。但同时，我们也从各位老师的稿件中汲取了不少的营养。《回归教育的源头》在群里进行讲座交流后，引发了不小的震动。这种震动不是理论的高深，也不是文字的华丽，而是教育的真实脚印的再现。在群论坛里，我一共建了三个主题帖。对教育教学的投入多了，对这里的思考多了，相应的，我就没有更多的时间进行文学方面的创作了。有时想起来，也觉得自己太没有能量了，连这点事都处理不好。不过也好，乘着联动共读的东风，我读了不少的书，如《活着》《最伟大的教育家》《论语》《教学勇气》《罗恩老师的奇迹教育》等。

　　经过一段时间的适应，我觉得教育应该以广阔的生活背景为支撑，不能拘泥在四堵墙内、三尺讲台之上。只有将诗意的生活与美好的教育巧妙地融合起来，教育的天空才会更明朗、更高远。而文学，就是一种不错的选择。前几天，听了作家协会主席铁凝的"文学照亮生活"的公益讲堂，我对文学的理解越来越有兴致了。或许，从我的孩子们身上就能寻找到灵感，从我的亲人们身上就可以发掘出人性的光辉。每每看到文友们一篇又一篇的文字问世时，我不知为何都会产生情不自禁的羡慕和敬佩，羡慕他们对生活的热度和敏感，敬佩他们对文学的执着与热忱。这几次在西吉文学笔会，我有机会见到大家，真是我生活中的幸事，如铁凝、肖复兴、钟正平、彭学明、郭文斌、石舒清等好多知名作家，从他们身上，我获得了好多人生的力量，驱散了我内心时不时飘过的阴云，点亮了灵魂之灯。最近我在读郭文斌的《寻找安详》《吉祥如意》《农历》《守岁》和了一容的《沙沟行》。后续，我会继续拜读宁夏作家和西吉作家的作品，因为通过阅读我可以看到祖辈的信念，父老乡亲的耕耘和苦涩、艰辛，当然还有永不放弃的坚忍。

教育之于生活，如同种子之于土壤；教育之于文学，如同种子之于空气、水。此话不知是否正确，但我是这么理解的。

# 让孩子心里永远有盏明灯

在扮演教师与家长这两个角色时，我有一个相同的认识，那就是不管是学生也好、自己的孩子也罢，不管是在何种境遇中，他们或成绩不好或调皮捣蛋或品行不良或性格叛逆……但我们作为成年人，作为教师和家长，都应该理智对待，放眼长远，胸怀宽广，永远要给孩子心里点起一盏明灯。

生活犹如浩瀚的大海，一个个天真烂漫的小天使，恰如漂荡在大海上的小船。虽然生活不像大海时刻充满意外和艰险，但若让天使熄灭心中那盏如同海上航标的灯，那将是很危险和糟糕的。

当代社会呈现出多元化价值追求的倾向，出现了纷繁多样的就业岗位，社会对人才的需求差异很大，这决定着我们培养的人的发展方向和素质要求。因此，高考不是唯一的出路，考上大学不一定就会有好的前景和生活。决定生活质量和人生态度、幸福指数的不是分数，而是一个人的综合素养（"三观"、学养、性格、态度、身心健康等），特别是性格。美国著名的心理学家威廉·詹姆斯说过："种下一种行为，收获一种习惯；种下一种习惯，收获一种性格；种下一种性格，收获一种命运。"的确，对于我们来说，无论我们所面对的教育对象学科成绩如何差，他多调皮捣蛋……我们都要千方百计、煞费苦心地找出又多又好的理由，让他找到属于自己的学习方向，对未来的生活、对自己的能力、对个人的修为等充满希望和勇气，让他的内心世界永远充满阳光，这便是永不熄灭的生命之灯。

可惜，当我们面对鲜活的现实生活时，我们往往会被眼前利益、内心焦躁和短视目光所羁绊，只用一把尺子衡量孩子的优劣，殊不知这种观念和思想无情地抹杀了多少孩子的灵感和信心，让他们走上了一条自卑、怀疑、畏惧、颓废的道路。

教育家第斯多惠说：教育的艺术，不在于传授知识，而在于激励、唤醒和鼓舞。作为教师和家长，不管在何种时间何种地点，都要乐于敢于诚于精于为孩子点亮心灯。或许，这就是教育的真谛。

# 以植根之初心，执念花开

泰戈尔说过："花的事业是甜蜜的，果的事业是珍贵的，让我干叶的事业吧！因为叶总是谦逊地垂着它的绿荫。"而我想说：让我干根的事业吧！那才是花和果的因，是本——以植根之初心，执念花开！

## 一、初心

人生，总是在不断的选择中成全，在不懈的守望中成就。

生活总是充满变数，不可预料，唯有自己的心神和意志自己可以拿捏把握。

太阳，伴着雄鸡的啼鸣，从东方山巅冉冉升起。乡亲们带露的锄头上，寄托着一个新的丰收年；朝霞中的校园里，活跃着的是一个个家庭的希望。

面对渴求的目光，凌乱的心神瞬间安定了下来。既来之，则安之！我扎根在教室，每天倾所能、使解数，让一张张红红的脸庞绽放笑容，让翻山跨沟的小腿不再徒劳。

写好方块字，一笔一画，蕴含人生真谛；横平竖直，尽显礼仪风尚。

学好普通话，言语之间，撒播爱国之情；朗读演讲，展示表达魅力。

从激情早读到快乐午读，从活动班会到课前分享……时时处处，让快乐飞扬，让热情绽放。

心灵日记，开启心灵对话，释放内心压力，记录童年点滴，留住串串美好……

开心阅读，让课堂不再枯燥，让思维肆意飞扬，把过去的镜头拉回今天，把今天的故事延续到未来……

就这样，日复一日，年复一年，我坚持从植根的事儿做起，不急不躁。孝心、善心、爱心在一次次润物无声的教育中被激发；行为、习惯、性格在一次次活动中悄然形成。

心意定，就该在没路的地方找路。

心意定，就要有撸起袖子加油干的魄力。

无论是扎根在陡峭的悬崖还是崎岖的峻岭，抑或是闭塞的山谷，迎接你的不仅有阳光雨露，还有狂风暴雨和电闪雷鸣。

以植根之初心，勇敢面对！执念花开！

## 二、平常心

秦文君说："教育应是一扇门，推开它，满是阳光和鲜花，它能给小孩子带来自信、快乐。"推开教育这扇门，除了阳光和鲜花，还会有凄风和冷雨，它曾让我有些彷徨，有点郁闷。

拥有平常心，晴天丽日是风景，芭蕉夜雨亦诗意。拥有了平常心，心才能安静。唯有如此，才能静心施教，静心阅读，静心参与，静心思考，静心写作。

曾经，在毕业班考试的榜单上，最醒目的地方，不见我的名字。然而，在孩子们的成绩单中，却赫然印着综合优异的评价。

日记中的字字句句、圈圈点点，哪有人去与你的工作量挂钩，与你的绩效挂钩？可是，那里有我和每一个心灵的真诚对话。

我知道，十年树木，百年树人。育人该包含"水滴石穿，绳锯木断"的耐心和坚忍，包含"聚沙成塔，集腋成裘"的积累和内化，包含"随风入夜，润物无声"的影响和意义。

平常心，是一种无畏的追求，一种宽广的胸襟。

只要拥有平常心，就能以高瞻远瞩的眼光着眼学生的未来，以一种大道至简、大智若愚的思维方式处理班级事务，面对学生。当然，也会随性地产生一种无私的力量。

只有拥有平常心，才能用心去赢得心，才好用爱去唤醒爱。

平常心，先于教师，后于学生。大音希声，大象无形，教师的"平常心"，自然会无声无息地抚慰学生的心田。在孩子们成长的路上不只关注其成绩，还要关注其综合素养。

一直很喜欢教育家顾明远老师的这两句话："没有爱就没有教育，没有兴趣就没有学习。教师育人在细微处，学生成长在活动中。"

拥有平常心，你的耳朵才能闻听大地的召唤，你的眼睛才能穿透阴霾的阻挡！将全身心的力量和才思汇聚成一份赤诚的付出，在忙碌中、琐碎中、创新中寻找生命的真谛，聆听花开的声音。静心沉思，将学生、班级、课堂、校园，融进美丽的诗行。潜心阅读，用历史、地理、美学、人文……铺就迈向成熟的殿堂。掩卷沉思，笔耕不辍，谱写教育人生的华美乐章。

## 三、执念

成功的路上并不拥挤，因为坚持的人并不多。我几乎没想过自己的成功，因为我无法在教育的路上界定什么样的结果叫成功。但是，内心的执念告诉我，孩子们走过了快乐难忘的童年，掌握了一定的文化知识和生活技能，拥有了健康的性格和人格，找到了自己的生活方向。这也许就是作为一个小学教师的成功吧。

从洒脱无畏到沉稳豁达，从黑发油亮到两鬓霜花，岁月更替，春去秋来，一群群雏鹰飞向更高、更远的他方。唯有你，如一棵蓬勃的大树，将自己成长为一道风景，依然守望在这间教室，影响着这间教室。这就是永不放弃的执念。

安详，因为别无他求，只为静等花开。从容，因为一路走来，一路花开。幸福，因为回首抑或展望，无悔无憾——勿忘初心，执念花开！

第四辑

# 教育探析：
# 以文化人成就美好教育

◇ 教育不是想当然，也不是凭借一些在某些时段里、某些环境中、某些学生身上感觉到的"成功"的经验，而是要不断提高理论修养，特别是以心理学和社会学的知识做支撑，才能贴近学生的心灵，与他们共情同成长。

◇ 灵感来自哪儿？来自对事物特有的、敏锐的洞察力和好奇心，对事物内在常保有的一种思考力。否则，灵感就会悄悄潜伏在你的大脑中，永远不会出来。

◇ 缓一缓，等一等，不仅仅适用于教育学生，课堂上，知识的传授、能力的培养、思维的训练、素养的渐成……都需要这样的节奏。

# 班主任寄语怎么写

每学期末，班主任都要经历在《素质报告册》或《通知书》上写班主任寄语的环节。这项工作既是家长了解孩子的重要纽带之一，又是班主任点燃学生的重要机会。

好的寄语如一点星火，可以燃起孩子们对生活的热情和希望。

好的寄语如一盏航灯，可以为孩子们指明航行的方向。

好的寄语如一缕清风，可以拂去笼罩在孩子们心灵上的微尘。

好的寄语如一片花海，可以让孩子们在冬天就嗅到春的味道。

那么怎么才能写好班主任寄语呢？以下是我在广泛学习了大家的做法，结合了我的思考之后的想法。

## 一、明确对象，斟酌评语

班主任寄语，虽然最终可以让家长看到，但称呼的对象应该是学生，而非家长。所以班主任在构思要写的话语时，要琢磨孩子的年龄、年级、性格及学习水平，以第二人称的写法，肯定进步，指出不足，以表扬为主，以描述为主，尽量避免出现评判性语言，引导学生的发展方向。语言要符合学生的认知水平和个人喜好，如致董文华同学：你每天早早来到教室早读的情景，给老师留下了深刻的印象，那种投入的表情，那种专注的态度，揭开了一个又一个新日子的开始。通过本学期期末考试的成绩，证明了你平日时时早、事事早的神奇效果。为你加油！老师希望你能积极参与体育锻炼，让自己的身体更加健壮哟！

## 二、描写表现，聚焦亮点

短短一二百字，想要全面梳理学生的表现，并非易事。因此，作为班主任，我们在选取学生的学习、行为、习惯等表现时，要善于抓取他在生活中能点燃自信、自律、自觉的做法，进行充分的肯定。以此为契机，引导他向更高、更宽的层面发展，如致王萍同学：一学期不知不觉马上要画上句号了，回顾我们一起生活的日子，你上课专心听讲，积极抢答老师问题的情景历历在目。还有你那作业本上娟秀的钢笔字，不但让老师很欣赏，而且为班里其他同学树立了榜样。相信，像你这么善于发现、善于总结的同学，一定会越来越优秀的！

## 三、重在引导，表达简美

作为寄语性质的文字，力求语言简练、优美，或引用名人名言，或引用古诗名句，或风趣幽默，或自编诗句……总之，要尽可能地做到要言不烦、四两拨千斤，如致邓玉峰同学：虽然你看上去个头不太高，但你的聪慧、勇敢、乖巧，让老师打心眼里欣赏你。每次遇见老师，你总能大方礼貌地向老师问好。如果你能改掉上课和同桌说悄悄话的习惯，相信你的学习成绩会比现在更好，老师希望能看到你改变的那一刻！

班主任寄语作为《素质报告册》中每学期必填的内容，用心的班主任总会抓住这重要的教育时机，用心去实施教育行为举措，让一份百余字的寄语，点燃学生向上、向远的热情，让他们树立生活学习的信心，点拨他们改变的内容和方向。

# 帮孩子建立好学科架构

在复习开始之初（以语文学科为例），同年级组的教师总会问一问、议一议。有人主张多做题，拓展训练量，强化记忆与理解；有人主张抓重点题型，重点讲解，重点训练；有人主张抓基础，从字词抓起，重点抓背诵和积累。如此种种，我认为虽各有所长，但是最关键的是教师用一条什么样的线索建立起学生心中对知识的架构。

就三年级语文而言，我觉得应以课本为依据，对编者所安排的八个单元的阅读训练点、写作训练点、语言交际训练点进行一波梳理。在这个过程中，我们要以朗读和提问回顾的方式进行，同时进行简要的板书总结。第二波梳理，我们要在读记与书写的基础上，对重点易错字（多音字、同音字）、易错词、古诗词进行识记。为了减少复习时单纯训练的枯燥，我们可以通过分组"攻城拔寨"的形式进行，并评比出"识字达人""识记达人"。第三波梳理，以测试题型为方向，重点对各种句子变化、关联词使用、句子排序、阅读理解进行系统的训练。第四波梳理，重点指导本学期练习过的几种作文内容，包括应用文。这样下来，即使有些同学对复习的内容还没有完全掌握，但在他的大脑里已经建立起一个基本的语文知识和能力的架构，他就不再是眉毛胡子一把抓，心里乱糟糟的了。

对于三年级学生，我们不要太苛求考试成绩的优劣，而是要保护好他们的求知欲和兴趣，教会他们学习各学科知识的基本方法和途径，让他们在教师的引导下逐渐建立起系统的知识结构，让他们形成"关键能力"，具备"必备品格"，如写字习惯的形成、课外阅读兴趣的形成、写日记习惯的养成、晨诵习惯的形成，这些要比死记硬背，以牺牲孩子的创造力和泯灭孩子的兴趣而换来的高分数要有用得多。

教育，从横向上说，它不仅仅是教师的行为和责任，更重要的是家庭教育的影响，当然还有不可逃离的社会影响。从纵向上来看，它应该是火炬的传递，赛场上的接力棒，需要每一个阶段做好有效的衔接，而非眼前的功利。譬如：尊重学生的个性爱好……

# 从"同课异构"说开去

时下，新课标的实施已席卷全国，各省各校都在如火如荼地认真落实新课标的教育教学内容。为了将新课标实施好、挖掘好，各校相继开展了形式多样的教研活动，如"集体备课""送教下乡""校际交流""同课异构""专题讲座""网络培训"等。现笔者就"同课异构"这种教研形式谈谈自己对校本教研有效性的看法。

首先，我们一起来看两个教学案例。

**案例一**

刘老师执教作文教学"编写童话故事"。第一课时，刘老师开课设计了三个小环节，情境导入新课：①出示学生熟悉的动物的彩色图片，请学生说说这些图片给他们的印象（其目的是让学生说说该动物的外形和习性特点）。②根据课文内容自由讲童话故事，并说说该故事告诉我们的道理（体会童话故事的特点）。③与学生一道集体总结童话故事的共同特点：A.告诉道理；B.拟人化；C.想象；D.故事情节完整。有了这些铺垫，刘老师顺势导入新课（今天，老师带大家一同来编写童话故事）（标题：编写童话故事）。在具体学练环节，刘老师首先在大屏幕上出示了童话故事的写作要求，然后出示了教师事先准备好的童话故事《苍蝇与蜜蜂》，请一位同学朗读，让学生体会童话故事情节完整、曲折、生动、吸引人的特点。接下来，请学生说说童话中的主人公苍蝇和蜜蜂的神情、动作、语言描写，从而让学生明白，写童话是假托动物之身，写人与人之事，靠的是小作者丰富的想象力。此刻，教师给了学生几分钟的自我构思后，让学生说说自己选什么动物、写什么故事、说明什么道理。紧接着，刘老师进行了简单的点评后，就进入了最后的重头戏，练习写童话故事，题目自拟。在练习时，教师提醒学生注意命题的新颖性，帮助学生拓宽写作思路。作业布置：把你编的童话故事讲给别人听（包括爸爸妈妈），也可以画成一幅画。第二课时，是分享优秀习作。

**案例二**

焦老师执教的"编写童话故事"。第一课时，开课首先谈话导入。请几位同学讲童话故事（要求先讲故事大概情节及懂得的道理或受到的教育，让其他同学体会，在感受的基础上总结童话故事的特点：①把动物当作人来写；②故事情节虚构，大胆地利用想象、夸张手法；③故事一定还会告诉我们一个道理）。接着焦老师这样说：看到大家对童话这么喜欢，自己想不想创作一篇童话故事呢？老师今天给大家一个机会，让大家用自己的智慧编一篇属于自己的童话故事（同学们兴趣盎然，跃跃欲试）。具体学练环节，教师先出示习作要求，讨论如何选材、构想故事情节（在小组内讨论），再请每组代表说说自己组最好的童话构思，然后教师点评（写童话故事要抓住动物的特点，通过写动物来写人与人之间发生的一些事）。接下来展示动物的图片，以激发学生的写作欲望，拓宽写作视野。最后练习写作。作业布置：把自己写的童话故事讲给家人听，还可以推荐优秀作品上台展示。第二课时，优秀习作展示。

上述两个案例中，两位教师准备了同一节课的内容，但在课堂上展现出来的目标侧重、内容主次、操作顺序及达到的教学效果却不尽相同。在这儿我们暂且不论哪位教师的教学效果好，我们就谈通过他们备课的目标、文本内容的挖掘、导入过渡、问题设计、练习设置体现出的两位教师不同的教学风格、不同的语言特色、不同的文本解读、不同的学力水平等。正因为如此，作为学校教研活动的领导者和组织者，应将"同课异构"活动的形式、策略，定位得更丰富、更实用。

第一，要高度重视"同课异构"活动的课型、课题选择，尽可能地选择课型实践性强、开放程度大、课题文本内容丰富、具有可挖掘价值和探讨意义的内容作为"同课异构"的核心选择，这样有助于学校教研活动走进课堂、走近学生、走近教师，切实解决学校课堂教学的"瓶颈问题"。例如，我校二年级语文"同课异构"选择的内容是"口语交际"，三年级语文的"习作教学"就是很不错的选择，通过"同课异构"活动，达到相互借鉴、抛砖引玉、引发自我反省的目的，从而解决教师教学中困惑、矛盾的教学难题。

第二，要使教师真正能达到提高自己的目的，应该让教师在听课前对该课有一个属于自己的了解、思考、预备的过程。这样听课者带着问题、带着比较、带着反思去听课，效果会更佳。

第三，认真做好记录，特别是一节课中的某些细节。做详细记录，课后马上进行比较，发现"异构"存在的地方，从而反思"为什么会这样""究竟哪种方法更科学""哪种适合我"等。乌申斯基说：比较是一切理解与思维的基础，我们正是通过比较来了解世界上的一切的。"同课异构"需要比较，不同的解读需要比较来论长短，不同的理念需要比较来明是非，不同的思路需要比较来论高下，不同的方法需要比较来评优劣。只有这样，我们才能在比较中增强创新意识，展现多元的引导，拓展研究的深度，提升教师的素养和优化课堂教学的品质。

第四，分年级段做好"同课异构"的研讨交流与总结推广。萧伯纳说过：你有一个苹果，我有一个苹果，我们彼此交换，每个人还是一个苹果。你有一种思想，我有一种思想，我们彼此交换，每个人可拥有两种思想。不错，当这种教研活动在学校切实地开展了，阶段性、分年级段的交流研讨与总结就显得至关重要。譬如：在开展完一二年级（低年级段）的语文"同课异构"活动后，全体参与者（授课者与听课者）由教研组组织开展一次教研交流活动，让大家谈感受、说看法，总结成果，指出问题，从而达到推广运用的目的。

"同课异构"的多维视野，其本质是一种开放的精神，一种研究的思绪，一种学习的姿态，一种创新的探索，一种期盼精益求精的追求。这正是不断推进课堂教学实践研究的原动力。

"同课异构"教学研究为教师提供了每个人面对面交流互动的平台。在这个平台上，教师们共同探讨教学中的热点、难点问题，探讨教学的艺术，交流彼此的经验，共享成功的喜悦。所以，我认为应重视和提高"同课异构"的有效性，让它真正成为教师练兵学武的有效课堂。

# 话说磨课

应学校几位参与"空中课堂"（"空中课堂"是在线上教学而录制的线上优课）录制的教师相约，我今天腾出一些时间，来参与他们的磨课活动。

磨课，其实就是面对一节课，让不同的听课教师从教学理念、教学设计、课堂结构、知识含量、板书设计、教学语言、教师仪表、师生关系等诸方面进行细节性的矫正和提升。

昨天所听的三位教师的课，他们的授课内容有《大禹治水》《朱德的扁担》《难忘的泼水节》，从三位教师的授课情况而言，我觉得他们对教材的理解、对教学重难点的把握及教学方法的使用还是专业的，有一定的高度。但是，相对于"空中课堂"对教师的综合素养的要求而言，还是存在一定的欠缺，主要表现在以下几个方面。

## 一、粉笔字的书写有待加强

随着信息技术的不断推广运用，多媒体课件与打印纸条等方式，在很大程度上取代了以前教师用粉笔呈现课堂关键内容的习惯，好多教师要么懒得动笔写，要么不敢写（粉笔字写得够呛）。这样，久而久之，不但让教师自身的写字示范水平得不到有效的提高，还大大影响了学生对祖国汉字书写能力的提升，影响了学生对汉字形体美的审美意识的形成。就昨天几节课，他们都很努力地提前做了练习和强化，但仍有教师对某些汉字笔画的行笔、间架结构把握得不到位。

## 二、肢体语言的规范性有待加强

平时，我们可能都存在"我的地盘我做主"的意识，缺乏对课堂的敬畏感或虔诚度，或许认为：不就是一拨小毛孩嘛，只要我操心传道解惑就行了，哪里需要什么中规中矩的课堂肢体语言。可是，当我们录制一节课，把自己的课堂行为用视频的方式记录下来进行回看时，我们不难发现，有好多动作，不仅太随意，缺乏意义，还影响了教学效果。譬如：手势中手掌动作的应用，身体站姿与学生的视角，教师的眼神等。

## 三、普通话发音的准确性有待加强

普通话作为教师的专业语言，每一个教师都要不断地在纠错中进步，在练习中得到提高。作为西海固人，特别是西吉人，存在前后鼻音不分、鼻音n与边音l发音不准的现象。这就需要我们教师进行刻意练习。记得在《刻意练习》这本书中谈到，某一项技能或技术，只要进行一万次的刻意练习，他一定会成为这个领域的专家。我觉得这话不无道理。尽管我们在普通话方面存在一些受当地方言影响的因素，但只要我们平日里留心在意，进行归类，系统地刻意练习，我们这些发音的小问题一定会得到解决。

## 四、教师课堂教学语言的表达有待加强

语言表达体现着一个教师思维逻辑的条理性，也体现着一个教师大脑词汇的储存量乃至综合的知识储量和文化修养。所以，加强修炼自己的课堂语言，特别重要。其中最关键的是表述的简洁性、准确性，而后才是形象性、生动性、幽默性。

有时候，课堂语言太啰唆，教师自己也会偷着笑：我刚才究竟在说什么呢？譬如：对一个词语的解释，如果没有一定的综合积累，我们最好提前认真查资料学习。否则，上课信口开河地解释，非但不能解释清楚词语的意思，还会让学生更加云里雾里。当然，生动性、形象性、幽默性对提高学生学习兴趣，提高课堂有效性，树立教师的威信有着不可估量的作用。

这些功夫不在一朝一夕，而在于我们一线教师怀着对教育的一种高度责任感，一种教育情怀，一种敬畏感。自我约束、自我修炼、自我成长，这样，在经过一天又一天，一月又一月，数年后蓦然回首，我们会发现一个崭新的自己出现了。出现不是目的，我们的教育对象受益、进步和成长，会让我们有一种说不清道不明的喜悦，才是我们双赢的目的。

# 话说作业检查

按照学校例行安排，在上周六下午，我们学校成立了作业、教案检查组，对所有教师的作业、教案进行了检查。

要评选优秀教案、优秀作业，肯定少不了检查书写、寻找亮点、了解是否认真、查找一下作业中的常见问题等，但我似乎对这些缺少过多的兴趣，我更喜欢寻找教师创新的工作方法。

不管是教学设计的情况，还是作业书写的情况，不管是学科中立德树人任务的落实，还是学科思维的训练，都能通过作业、教案得到一定程度的体现。

## 一、看教师的示范作用

榜样的力量是无穷的。教师的威信在学生心目中具有举足轻重的地位。因而教师的每一个举动、每一句话，甚至每一个眼神都会对学生产生深远的影响。在作业检查中，我们发现有不少教师对作业，特别是作文、周记中的评语书写潦草、不规范，连基本的写评语开头空两格都没在意，将评语写在横线上或方格内都没注意，标点使用不恰当也大有人在。这样的示范，对学生的影响会是如何？如果为师者还没有站在这个高度认识到自己示范的重要性，那么已经说明该教师缺乏对自己职业特点的正确认知和高度理解。

## 二、看评语的导向、激发和鼓励

第斯多惠曾说过：教育的艺术不在于传授本领，而在善于激励唤醒和鼓舞。是的，评语不是定性的评价，而是灯塔，纠正偏航的路线，指明努力的方向；评语不是衡量学生学业水平的天平，而是激发兴趣、鼓舞士气的助燃剂和加油站。从这个意义上讲，我们教师写评语的感觉，就应该是如履薄冰、战战兢兢，而不是信马由缰、随心所欲。评语的语言应该是柔软的，如春风拂面，如母亲的手摸着孩子的脸，对孩子认知的获得、信任的建立、兴趣的培养、意志的激发、精神的鼓舞和信念的形成有重复作用。

## 三、看作业的质量

作业在于精，不在于多、难、偏、杂。"精"体现在作业量的适当，综合考虑孩子的各学科作业和身心健康，考虑作业对学生思维能力和思维品质形成的作用和意义，还要考虑书面作业与实践作业的融合。

## 四、看作业的整洁与书写

教师的作用主要是通过学生的变化来体现的。因此，教师的方法得当不得当、效果好不好，从孩子们的作业整洁程度和书写状况就可以看出，同时还可以了解到孩子作业书写与卫生习惯的养成情况。

## 五、看作业设计的创新

创新并不代表标新立异，也不代表抛弃之前的传统做法，独创自己的新做法，而是要想方设法从学生的终身发展着想。在作业的设计上紧扣学科标准和学科素养，以培养学生的必备品格和关键能力为用力点，不断适时地改变形式、变换内容，让学生的兴趣始终保持在合理的区间内。

作业、教案检查已经结束，但我一直在想，是不是我们的所有工作都该从求真务实的角度出发，以解决实际问题为工作的出发点，以寻求更优化的路径为落脚点，与时俱进、守正创新，不断书写教育事业的新篇章。

# 家校沟通有学问

实事求是地讲，教育就是一种沟通。它包含师生之间、学生之间、家校之间、教师之间等方面的沟通。沟通的效率决定着教育教学的效率。下面我就班级联动中各位教师的做法，结合自己的实践，谈谈自己的体会和思考。

**思考一：找准沟通的介质**

在物理学中，光波、声波的传播，就需要借助介质。介质的成分、形状、密度、运动状态决定了波动能量的传递方向和速度。同样，我们所依靠或借助的沟通介质，也决定着家校沟通的质量。时下，我们使用的方法除了传统的家访、面谈、家长会、打电话等，还引进了信息时代比较便捷、实用的微信、QQ、企业微信的功能，通过建立微信群、QQ群来实现班主任、任课教师与家长的有效沟通。这既是一种信息的发布、资源的共享，又是一种问题的答疑、心灵的沟通。

**思考二：选好沟通的策略**

世界是物质的，物质是运动的，运动是有规律的。这是当初我们学辩证唯物主义理论时就接触到的关于世界的最基本认识。对于沟通，我们也应该用客观、灵活、辩证的思想去理解。对于不同的家长，我们要采取不同的方式去沟通。对于班级微信群，我认为首先要给班级微信群明确的价值定位或功能定位，发布明确的群规。其次，班主任要做一个主动者、服务者、倾听者、调节者、裁判者。在群里发言，语言要文明、温和、简练，宁缺毋滥。最后，对典型的现象或问题，要有针对性地进行提示、征询、反馈。群内发言要考虑不同层次、不同文化、不同性情，甚至不同情绪状态的家长，以免造成班级群功能的丧失或失控。一般别在群内做硬性规定的要求，可以用委婉或征询的语气做出要求，充分发挥群的快捷功能，不断进行及时、适当、渐进式的引导和暗示，让班级班风、学风及教师的教育理念为家长所认可。

**思考三：注意沟通的梯度**

对于班级群中与家长的沟通，我们要遵循深入浅出、循序渐进的原则。开始，要从小切口进行合作交流，随着班级文化的形成、教育理念的渗透、教育合力的聚拢等，班主任和任课教师要逐步拓宽与家长沟通的深度和广度，否则，欲速则不达，适得其反。

其实，教无定法，贵在沟通，教育无极限，沟通无极限。班级群交流，大有可为！使用恰当，事半功倍！

# 教育重在以文化人

立德树人是新时代中国特色社会主义教育的根本任务。如何让此根本任务落地生根，除了制度的规范与约束、活动与课程的推动、教师综合素养的提升等因素，从学生自身成长方面来说，文化育人或将成为最有效的方式。一粒种子的发育，固然少不了阳光雨露，少不了外在的"修枝剪叶"，但更关键的是种子由内而外的内生力，是其遇到石块时曲折求生、奋力向上、冲破障碍的韧劲和甘守寂寞、探求光亮的信念。人何尝不是如此？成长，仅靠说教、惩戒的方式"修枝剪叶"，缺乏主观力量的生成，是难以达到美好目标的。

那如何有效解决这个问题呢？我认为自省、自育应该是最好的方式。怎么才能让一个人自省、自育呢？

首先，作为教育工作者，我个人认为：遵循自然规律，因材施教，是教育的前提和基础。松柏苗与柳树苗，对外界的需求不一样，生长的快慢也不尽相同，呈现出的生长形态也不会相同。其次，需深谙外因通过内因起作用之道。心动才能行动，而心动的发生，必须要从孩子的内在需要去入手。通常，我们因为需要产生动机，其中社会性动机中的兴趣爱好就是我们要发现和尊重的。最后，身教重于言传。不管是父母还是教师，都要做出样儿。在生活中，孩子会悄然模仿继而效仿。而呵斥、强迫、打压、无休止的粗暴干涉、无底线的语言暴力，只会让孩子逐渐远离本真的内心，以戒备、虚假、撒谎对待父母、教师与他人。将自己活成一缕阳光，洒下和煦温暖的光亮，自然会影响到孩子。一个整天絮絮叨叨、怨天尤人的家长，如何引导孩子成为一个乐观、干练、率真的人？一个不思进取、安逸享乐的教师，怎样引导孩子追求上进，不断求知？

让一个人能达到自省、自育，还要求教育者在以上教育原则与方式的基础上，引导孩子进行阅读，特别是经典阅读，进而达到以文化人的目的。教育者通过语言系统与思维系统的嫁接，从思维到意识形态，从行为习惯到思想道德，循序渐进地将正确的价值观、人生观、世界观浸润进孩子的内心世界，然后让孩子由内而外地将自己融化、重组、提炼、创造的东西呈现出来，这必将引领孩子走向属于自己的人生之路。

总之，教育重在以文化人，这需要日积月累的浸润，也需要静等花开的坚守。

# 令人忧虑的小学生汉字书写

身在一线，又处在有五千余名学生、八十八个班级的大学校里，我感到很荣幸。原因有三：一是本学校二百六十多名教师中，很多都是教育行业中的佼佼者，他们个人品德好、综合素质高，让我有机会去向他们学习、看齐；二是这五千余名学生，基本覆盖了我们这个农业大县的各个区域、各个民族、各个家庭、各个阶层，代表性强，人员范围广，对深入开展教育研究有得天独厚的优势；三是本校开展的活动多，教研相对务实，工作氛围上进，对我促进自己奋发进取、实现自己的教育理想有重要的作用。

我一边默默无闻、任劳任怨地耕耘于三尺讲台，守望着一间教室，一边在不断地反思众多问题：我们活着的意义究竟是什么？我们的教育植根于什么样的土壤？我们要培养什么样的人，以及怎么培养？面对时下种种让家长和教师都普遍焦虑的问题，如对中华优秀传统文化的重视度不够、德育教育中缺乏理想信念的教育和吃苦耐劳的劳动体验、对汉字书写的示范和要求不够、学生自主阅读的习惯没有形成、阅读的时间没有保障……我们应该怎么办？就拿写字习惯的培养来说，作为一名语文教师，作为语文教研组组长，我几乎翻阅了所有班级的语文作业（作文、周记、生字、拼音等），也去过不少班级。我留心观察过很多学生写字时的坐姿、握笔姿势、作业本的放置，也细细琢磨过好多字体。其中的发现让我为孩子们捏了一把冷汗。一个班级中按60人计算，写字姿势（特别是握笔姿势）正确的孩子不足20个，他们的书写效果就可想而知了。即使有少数同学书写整齐，但他们的姿势也不一定正确。这也是导致学生书写潦草、错误率高，以及近视人数剧增的原因之一。

虽然计算机技术的普及，让我们书写汉字需求大幅度降低，但这不代表可以忽视写字习惯的养成。歌曲《中国娃》里有这么几句歌词："最爱说的话呀永远是中国话，字正腔圆落地有声说话最算话。最爱写的字是先生教的方块字，横平竖直堂堂正正做人也像它。"每当唱到这几句歌词时，我总有一种自豪感在内心激荡。是啊，中国话、方块字是中华民族的符号和印记，正如当父母年老时，我们不能因为父母不能再为我们付出，就不赡养和孝敬他们。书写汉字，写好汉字，是一种对祖先的敬仰，是一种对文化的传承。如何让青少年和儿童从小就养成正确的写字习惯，形成一定的汉字审美能力和兴趣呢？我认为可以从以下几个方面入手。

## 一、示范、指导、矫正写字的坐姿

要写好字，正确的坐姿很重要。上身平正，两肩齐平；头正，稍向前倾；背直，胸挺起，胸口离桌沿一拳左右；两脚平放在地上与肩同宽；左右两臂平放在桌面上，一手按纸，一手执笔；眼睛与纸面的距离应保持30厘米左右。

## 二、示范、指导、矫正写字的握笔姿势

多观察书写速度慢、字体难看、坐姿不正确的学生，则可知他们存在问题的主要原因可归结为握笔姿势的错误。有调查发现，近视眼的最大成因并不是传统所认为的眼睛离书本太近，而是错误的握笔姿势。青少年近视眼中有95%是由于错误的握笔姿势。正确的握笔姿势会让孩子终身受益，不正确的握笔姿势会造成眼睛近视，还会出现两个肩膀不一般高的后果。正确的握笔姿势，应为三指执笔法。具体要求是：一手执笔，大拇指、食指、中指分别从三个方向捏住离笔尖3厘米左右的笔杆下端；食指稍前，大拇指稍后，中指在内侧抵住笔杆，无名指和小指依次自然地放在中指的下方并向手心弯曲；笔杆上端斜靠在虎口，笔杆和纸面呈50~60度左右；执笔要做到"指实掌虚"，就是手指握笔要实，掌心要空，手掌与手臂成一条直线。然而，这一姿势却在有些同学的实际运用中变得奇形怪状、别扭难看。究其原因，我觉得是教师与家长没有在孩子开始学习写字时严格要求、细抠动作、及时矫正，使之形成了随意性的不规范握笔姿势，养成了不良习惯。

## 三、不能缺乏专业的指导

因为现在学校开设的课程种类多，包括语文、数学、英语、科学、道德与法治、音乐、体育、美术、信息技术等课程，所以写字课就没有单独开设，也没有专业的教师，写字课只留在语文课的写字教学中。大家试想：如果这个教师对语文素养的理解定位准确且不急功近利，他或许就会将写字教学进行得比较扎实，还会在不同学段一如既往地进行教学。但如果这个教师自己的字都书

写不佳，那么再让他指导学生就力不从心了。即使指导，也是纸上谈兵。

## 四、有意的引导、及时的评价也很重要

要使学生有写好字的愿望与兴趣，形成对汉字的审美意识和审美观，就必须经常性地利用课堂评价、评比活动、参观书画展、书法作品交流等形式，对学生进行激发和影响。比如：课堂上表扬某某同学字体美观、流畅、结构均匀或布局合理；通过举办书法评比，进行榜样示范引领；通过参观书画展，让学生开阔眼界、提高审美能力；通过书法作品交流，让学生互相取长补短……

## 五、倡导学生临帖

虽不硬性要求学生人人去做，但对学有余力或兴趣浓厚的学生，可以让他们临摹大家的字帖或作品，把汉字的形态美与神韵美植入学生的内心深处。只有这样，才能真正让学生实现汉字书写的规范和美观，将中华民族的方块字写出骨气，写出神韵，往小处讲，也有助于学生养成良好学习习惯，预防近视，提高学习效率。

# 让"寒（暑）假作业"变成
# "寒（暑）假生活"

　　每年寒（暑）假，区教育厅发放的作业名都叫《寒（暑）假生活》。我认为这个名字起得很好，具有很强的导向性，特别是里面的内容设计更体现了生活化、实践性的特点。例如，第一页的提示语或问候语就很温暖，一般会有关于假期如何安排的内容，这很符合假期生活的特点。当然，还有巩固书本知识的练习题，还有能够丰富生活的趣味题、笑话、幽默段子，还有对经典书籍的推荐、对名篇名段的欣赏、对课外小知识的积累……这很符合儿童的年龄特点和假期生活的节奏，也有助于儿童的全面发展。当然，一般教师不会单纯地只布置这本作业，还会附加其他作业。以前，我总会在学生的假期生活中安排几本推荐读物，让学生坚持写日记并注重积累，但是缺少参与什么活动、观看什么节目、在家如何做等方面的具体指导。后来，我开始尝试将实践性生活作业与书面性学习作业相结合，让学生在学中做、做中学，巧妙地将二者融为一体，让学生认识到成长的过程不仅仅有学习，还有更丰富、更动人的内容，如耐挫能力的锻炼、吃苦能力的训练、信息处理能力的提升、孝敬老人意识的形成、向往并热爱美好事物的性格的形成、与人为善品性的形成……因此，我觉得寒（暑）假作业的布置应该体现生活性、实践性、广泛性、人文性。我们可以从以下几个方面入手。

　　第一，与课堂内容紧密相关的部分，我认为有学校统一发放的《寒（暑）假生活》足矣。

　　第二，开阔视野，丰富思想的课外阅读。教师最好根据学生的年级、年龄及学生区域特点，多推荐一些有益身心的书籍，让他们徜徉在书海中。这可以有效地防止学生迷恋网络游戏，更重要的是，在书籍中学生能大量获得关于生活的间接经验，拓宽眼界，提高认知能力，夯实语言基础，净化心灵世界。

第三，体验生活，做好点滴记录。说日记是你的朋友也可，是你的生活记录也罢，总之，记日记是一种释放情绪、调理心情、增强认知、提高写作水平、锻炼思维的有效途径。班主任要安排学生坚持写日记，不求文体、不求长短、不求优美，只求真实、只求认真、只求整洁。

第四，依据节日、节令、生活内容安排实践活动，如春节帮助家人收拾房间、设计过年的装饰、与父母一道给爷爷奶奶拜年、为老师同学发短信送祝福、一起看春晚、收集优美对联……

第五，重视积累。不求多少，只求树立积累的意识，形成积累的习惯，有分门别类进行积累的思维模式。

总之，要让寒（暑）假作业更趋向生活化，让寒（暑）假作业更好地向着培养全面发展的人的方向靠拢。

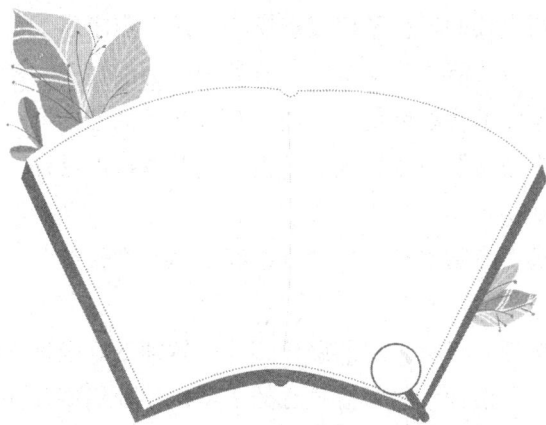

# 让学校为我们撑起遮风挡雨的伞

没有一个人可以独自走远，也没有一个班级可以不借助学校而独立发展。这是我二十多年班主任工作的真切体验。再优秀的班主任，再良好的管理经验，都离不开学校为你铺路搭桥，离不开学校在关键时刻给你撑起遮风挡雨的大伞。

## 一、遵循学校办学理念，创造班级文化

学校的办学理念，代表着管理者和教学团队对教育的理解和追求。班级文化，是基于学校总体理念和指导思想的创新性认知和追求，不能背离学校的办学理念和指导思想而存在。譬如：重庆市九龙坡区谢家湾小学近十年来，在刘希娅校长提出的"六年影响一生"办学理念的引领下，创新地提出了"红梅花儿开，朵朵放光彩"主题学校文化。他们学校的办学理念就决定了班级活动的设计与班级文化的建设，以各种具体生动、真实有效的班级文化活动，循序渐进地引导学生向着真善美的目标出发。

## 二、主动进行事务沟通，消除家校矛盾

班主任的工作，少不了与家长有交集，其中一定有一些失误或误会，甚至会有一些事故。借助学校力量，我们才能妥善处理家校之间的这些问题，千万别有事一个人扛。刚调进西吉一小那年，我就遇到了一件事：有个学生在学校要求的到校时间之前就到了学校，与几个同伴在双杠上玩时，从双杠上摔下来，胳膊骨折了。当我到达学校时，有学生反映说，他已经被其他同学送回家了。当时，我有点紧张，就及时报告了学校。学校让我及时联系家长，询问情况，并做好安抚。下午，学校领导和我一道去医院看望了这个孩子。当然这个家长很明理，只说他们自己疏于管教，给学校添了麻烦，没有找学校任何麻烦。但是这个事情，如果没有学校和家长的沟通，而是我自己处理的话，或

许，要么处理不当，要么问题严重了学校不知情，问题会更难处理。

## 三、借力学校主体活动，主动成就自己

没有一个个体可以独立于集体而获得长足发展。班主任作为学校这个集体的一分子，如果与学校的活动设计相悖，就无法实现自己班级的又快又好发展和自己专业的快速成长。就拿我自己的专业成长而言，我仔细琢磨了学校的办学理念（花开有声，成长无限）、校训（明德向善，躬耕笃行）、办学宗旨（质量立校、管理强校、科研兴校、信息活校）、办学目标（植诚信担当之根，塑家国情怀之人）、校风（团结、勤奋、明理、创新）、教风（严谨、求实、敬业、奉献）、学风（文明、守纪、勤学、进取）。有几个关键词成为我建设班级、立德树人的重要参考：成长、诚信、担当、家国、情怀等。这些词映入我的脑海，时时提醒我如何看待教育、如何去做教育。我还在班里开展了"书香班级""文明班级"等活动。就拿"书香班级"举例，我发动学生建立了流动图书角，这个"流动"不是图书角的移动，而是图书的传递阅读和图书的不断更新。同时，我班的班级格言中明确写着："让书香溢满校园，让心灵徜徉书海。"这句话既是对学生坚持读好书的勉励，也有一种责任感包含其中，用我班的行动，影响周围的人乃至全校学生爱上阅读。在班级活动的设计中，我常态化地设计了每天语文课上的"美文诵读"活动，以及班会课上的读书分享、日记分享、好书推荐和读书达人评比等活动。这些班级文化的建设和班级活动的开展逐渐让书香在班级中浸润开来。"文明班级"的创建，基于学校"文明校园"的创建，我班以制定班级公约的方式，形成了共同的班级发展愿景：讲文明话，干文明事，做文明人，从日常的点滴小事做起，从最简单、最直接的尊敬师长、团结同学做起，将自己的言行举止在不断的规范中变得更加文明、高尚。

当自己一步一个脚印走过来的时候，蓦然回首，就会发现，一路荆棘，一路花开。

# 日常同伴评课之我见

从乡村班主任、少先大队辅导员、校长到县城小学的班主任、年级组组长、教研组组长、团支部书记、少先大队辅导员、办公室主任，一路走来，大大小小的评课我参与了数百次，也主持了不少评课议课活动。回想起评课时的情景，真正留在我记忆深处的还是少了点，究其原因，大致有以下几种。

## 一、评课存在的问题

**1. 有理论引导高度的评课，少之又少**

评课者，大多站在经验和常识的角度上，结合自己的教学行为、习惯与思考，对做课者进行优缺点的评价。很少有人能明确地说"根据教育学、心理学、教法、课标、教参等某一条""我觉得他的教学行为正好体现了……""根据……他的教学设计违背了……"虽然大家这种评课方式的立足点还是可以的，但是如果长期站在这个位置上，恐怕对教师的专业成长效果不大。

**2. 对亮点的概括缺乏精准性**

评课者语言的呈现缺乏感染力，往往泛泛而谈，笼而统之。做课者听了心里不痛不痒，而且亮点不亮，很快就会消失在做课者的遗忘篮子里。

**3. 对不足和缺点的评价，大多尽可能地大事化小、小事化了**

评课者生怕口中的语言伤着做课者，表述句通常为："要说不足，我认为某老师的一点微不足道的问题是……""要让我说一点缺点，我觉得他的……还需要……"谨小慎微处事，不失为一种人格修养，但做学问、做科研还是要实事求是，尽可能针对性强，问题准确。

**4. 对做课者的努力方向等缺乏具体指导**

评课者对做课者的努力方向、提升空间，需加强的训练点等，如何落实，如何操作，缺乏具体的指导。我们探究问题，不仅要"知其然"，还要"知其所以然"。指导做课者如何提升，不仅要指出其存在的问题，还要指导其解决问题的策略、途径和方法，如现身说法、推荐名师课堂、推荐经典教育教学著作阅读等，都是一些很好的办法。

## 二、评课存在问题的原因

仔细思量这种状态存在的原因，有以下几点。

**1. 评课者自身的理论素养还不够**

如果要"引经据典"，那么自己的功夫就必须到火候，否则，只能是心有余而力不足。

**2. 评课前缺少必要的梳理、总结**

语言组织草率、随意、平淡，要么缺乏准确性，要么缺乏感染力，要么缺乏简洁性。大多数的教师（当然也与时间紧迫有关）没有梳理评课稿的习惯，看到哪儿说到哪儿，主次不分，先后不分。

**3. 评课者的心态、顾虑影响评课的效果**

有些教师认为，每位做课者都有优点和缺点，说起缺点往往会打击做课者，甚至引起做课者内心的反感或不满，所以"老好人式"地说几句不关痛痒的话，完成所谓的评课任务。

这样的状态，持续进行下去，只能导致评课的形式主义现象产生。

## 三、理想评课须满足的条件

针对这样的现状，结合自己的一线教学经验和对教研的认知，我个人认为，理想的评课至少应该满足以下条件。

**1. 靶向施策，梯度明晰**

评课者应该是一个有责任感、专业性强的教师。评课前，依据学校教研组的评课要求，明确目标，认真对待评课这件事，因人而异（如做课教师的教学水平、性格特点、求进精神等）进行有目的的评课，做到每评一次课都的确能促进一次做课者专业水平的提升。

**2. 增强自信，扬长避短**

每个人的性格不同、兴趣不同、对人生的价值追求不同，这些都影响着教育者的教育行为、表现与风格。作为评课者，我们可以将他最得心应手、最有发展潜力和优势的能力点、素养点和闪光点作为重点点评内容。当然，其他优势也要尽可能多说，但要符合实际。

### 3. 问题点化，一针见血

不对就是不对，不好就是不好。摆事实，讲道理，有理有据，让听者心服口服。同时，注意言语的表达，做到"义正词婉""理直气和"。

评无定法，但评课者的能力、态度与策略，对于推动评课效果，促进做课者的能力提升有着重要的影响和意义。对此，学校层面，特别是教研组不应忽视。

# 阅读教学之"五步读"

阅读教学的目的就是根据语文学科的人文性与工具性统一的特点，增强对学生人文精神和思想品德的浸润影响，让学生掌握祖国语言文字的正确应用（听说读写）。其中读这一项就存在多种形式，是阅读教学中最重要的部分，需要我们语文教师准确理解其意义，提高对相关训练的重视程度，拓宽训练的形式和方法。

纵观优质语文课堂案例，可以理出一条关于阅读教学中读的训练方法。

## 一、大略知意初次读

初读，对于高年级学生而言，最好是默读，省时高效。高年级学生识字量大，注意力、控制能力相对较强，对文章内容的理解能力和概括能力也已经达到一定的水平。低年级学生，最好是朗读。低年级学生的注意力、控制能力、理解能力较差，通过对声音的感知，形象化理解课文内容的效果较好。因此，我们在语文教学中，一定要养成让学生整体初读课文，初步把握文章内容的习惯。读的次数，根据学生的阅读速度和能力，可以自由决定，一般在课前预习中完成。初读，讲究对文意的整体印象，至于速度，需根据年级有梯度地进行训练。对于班级学生的个体差异，我们要因材施教、尊重差异、扬长避短、顺势而为。所以，必要的训练不可或缺。

## 二、识别找词无声读

找重点字词句是我们抓住文章重点、理解课文的关键所在，正所谓"牵牛要牵牛鼻子"。重点字词句，既可能是本节课的难点，又可能是本节课课文学习的重要内容和理解把握文章内容、思想、写作特点的突破口。在语文教学中，指导学生养成在默读中找重点字词句的意识，学会找重点字词的方法，尤为重要。学生要边默读，边思考，找出文中在理解上有困难的字词句，找到帮助理解课文的关键句，如中心句、过渡句、总结句等。

## 三、重点句段汇报读

这时的读，体现的是学生对文本的理解，主要针对教师或同学提出的问题，学生找到相应的词句后，进行分享汇报读，读的是重点句段。通过听学生读重点句段，可以了解他们对文本的理解是否准确与程度深浅，同时，也是进行有感情朗读的突破口。把重点句子理解了、读好了，整篇课文的有感情朗读也就基本实现了。

## 四、更新理解反刍读

在经过与同学的交流，教师的点拨讲解后，学生带着更新后的理解，再次对重点句段进行有个人新理解的读，这里我们提倡自由读和指名读相结合，以及与分角色读相结合。学生读的感情，反映的是他们对文本的理解与把握，包括对思想感情的把握程度。

## 五、思想升华表达读

这一步读，是对文本思想高度和思想情感的深层次体会和表达。这样的读，往往可以将课堂气氛和学生的情绪推向高潮。要么选朗读能力和理解能力都较强的学生进行，要么是集体朗读，根据具体文段，灵活处理。当然，对于学生个体而言，这种朗读训练也能帮助学生达到对一个句段理解的最高境界。

经过这五轮不同阶段、不同形式、不同层次的读的训练，学生对文本的理解和对思想情感的把握就应该达到预期的目标了。作为语文教师，如果将这样的读书层次性训练常态化，对学生形成良好的阅读习惯也大有裨益。但是，事实上，我们无法针对所有学生完成这些递进式读书训练，但只要在语文课堂中灵活地让全体与少数、多数与个别都融合进这种训练模式，相信我们的语文课堂不但会读得多，而且会读得好。

# 谈个别帮扶与整体激励对班级学生的意义

人性中，渴望被关注，愿意被帮助，喜欢被激励，这是不可或缺的心理需求。

根据学校的安排，作为中层干部的一员，我帮扶了六年级赵老师的班，同时，也"一对一"帮扶了马同学。

某天，利用早自习的时间，我和赵老师联系，去他们班进行了一次"复习动员演讲"。我围绕"榜样""学习""勤奋"三个词语，为本班的孩子们，进行了通俗易懂的引导和梳理。下面是我交流的内容。

## 一、榜样

我们在座的各位同学，已经经历了六年的风风雨雨、六年的辛勤奋斗，一路进取，一路花开。大家已经收获了知识，收获了思想。这里，老师重点谈谈我们六年级同学与低年级同学的差别：六年级的学生更会思考生活与人生。比如：什么是对的？什么是美的？什么是大家认可的？所以，大家不管在自己的言行举止上，还是在纪律、卫生、安全等方面的表现上，都应该成为学弟学妹们的榜样，成为他们的示范。让他们看到，你们的表现和行为就是他们未来的样子，而不是让他们看到他们现在就比你们做得好。

大家要严格要求自己，做好自我管理，展现出毕业班学生良好的精神风貌，给学弟学妹们树立榜样。

## 二、学习

这里我不谈具体的学习方法，我宏观地说说学习态度的自我调整与学习方法的自我寻求。自发的才是有力的，才是有用的。作为六年级的学生，我们要明白现在的复习是对小学六年学习生活的一个总结，如何为自己、为老师和家长提交一份比较满意的答卷，是我们时下最要紧的事情。

充分利用好自己的边角料时间，是提高学习效率的时间保证；找到符合自己记忆和理解的方法，是提高学习效果的方法保证；每天晚上过电影式地回忆当天学习的内容，是提高学习效率的重要习惯保证。

## 三、勤奋

勤奋，就是一种行动，也是一种习惯，还是一种性格。不要给自己设置不合实际的目标，而要通过自己的勤奋努力，证明自己能行。

决定未来生活是否幸福的，不是学习成绩的优劣，最重要的是"三观"的建立。我们要形成健全的性格和人格，懂得幸福是靠劳动得来的，流汗水才有可能抵达目标。人生不是因为有钱才幸福，而是因为奋斗和奉献才幸福，是因为自己从事的工作的意义才获得社会尊重和实现人生价值的。

最后，我希望在今后的两个月内，看到同学们言行举止的表现更文明，良好行为习惯的养成更自觉，学习的劲头更有力。祝福同学们！

通过上述简单的交流演讲，我想，至少能给他们在言谈举止、学习生活和人格形成等方面提供一定的思考和方向。

帮扶，除了普通意义上对学业的适当指导，更重要的是给他们鼓劲加油，帮他们点燃希望、树立自信，让他们不言弃、不放弃。

# 为孩子写日记把把脉

　　家庭是孩子们温馨的小窝，更是他们心灵栖息的避风港湾。同样，校园是孩子们的第二个家，更是他们茁壮成长、放飞梦想的乐园。作为班主任特别是语文教师，我们应有意识地积极引导孩子们体会家的温馨，感受生活的幸福，然后将身边发生的故事，以日记的形式表现出来。所以让学生学习写日记、坚持记日记，应该说是每一位善教乐教的教师都想去做的一件事情。

## 一、写日记存在的问题和困惑

　　据我调查，其现状是：①学生无话可写、无事可写，写日记成了孩子们每天学习生活的压力；②有些学生的日记基本上千篇一律，写的内容单调，缺少儿童气息和生活气息；③部分学生将日记写成了典型的流水账，事无巨细，全盘罗列；④方言土语过多，难以将口语，特别是方言土语与书面语有机整合起来或者说协调起来，造成一些词不达意或艰涩难懂或庸俗低级的现象。

　　面对这些问题，只要教师用心反思自身的引导和孩子们生活的现状，你会发现，存在这些问题是必然的，是可以理解的。那么，为什么会存在写日记的"瓶颈"问题呢？其原因不外乎这么几种。①学生的生活范围和经历比较单一，基本上循着"家庭—上学路上—学校—放学路上—家庭"这么一个运动轨迹运转。在家里除了做作业、吃饭、上厕所，基本没有其他更有意义的生活内容。路上由家长陪伴，优秀的家长可能会和孩子进行轻松和谐的交流，多数家长可能是追问、施压、责备或一言不发。学校里，从学生进校门的那刻起，各科教师就轮番上阵，使尽浑身解数检查、讲解、指导、练习，学生像一台满负荷的机器在高速运转。再加上学生多，活动场地小，活动器材少，所以学生课间、课外活动的活动范围和内容形式都显得有限，与丰富多彩相去甚远。②学生对日记内容的理解比较狭隘，他们认为：日记就该记述当天发生的真人真事。其他的比如书上读到的、电视上看到的、报纸杂志上看到的、网上浏览到的、突发奇想到的、触景生情联想到的……似乎这些不能成为日记的内容。③缺少恒心，三分钟的热血澎湃之后，就是漫长的老牛拉车，没有写日记的热情。

## 二、对症下药，突破困境

针对上述真真切切存在的问题和困境，我们不妨采用以下方法破解。

**1. 课内打基础，课外求发展**

作为一名语文教师，要想真正提高学生的写作水平，一定要重视引导和鼓励学生加强课外阅读，通过课外阅读来拓宽视野、点燃内心的烈火、激发灵感、积累语言、引领生活。这样，学生有了一定量的课外阅读支撑，他们写日记就有了"语言"和"视野"的源头活水。

**2. 形式多样的展示，让学生日记的点滴进步人人皆知，从而让学生有成就感**

教师可以利用每天的早读或语文课前五分钟，让两位学生朗读自认为写得好的日记，然后任选几位同学对其进行评价，让学生在评价中感受进步，在评价中发现不足。教师也可以将优秀日记结成集子或贴在板报上，供大家欣赏。

**3. 及时引导，将课堂文本与日记结合起来**

教师要引导学生将活动、节日、天气、季节、学校变化等与日记结合起来，将每天的新闻报道、社区生活、逸闻趣事等与日记结合起来，将最爱看的电视节目、每天玩的游戏等与日记结合起来，及时恰当地对学生进行提醒、引导、鼓励，真正达到日记内容无奇不有、异彩纷呈、不拘一格。现实与想象、生活与梦想、课内与课外、认真与贪玩等，都可以成为学生的写作素材。

**4. 灵活巧妙地抽查，形式多样地评价和鼓励**

学生不是圣贤，孰能没有懒惰？作为教师，要坚持不懈地去提醒和鼓励。在适当的抽查中，让他们慢慢养成写日记的习惯，感受到日记是自己形影不离的朋友，更是无话不说的知己。教师评价日记要多元化，既要有口头上的正面引导和肯定，让正能量充满每一个稚嫩的头脑，又要让符号语言呈现在一片片纯洁的日记纸片上，如鼓励性语言、笑脸、五角星、小红旗，还可以弄一些鼓励性的贴画。同时，教师要定期进行阶段性的总结回顾，让一个个"小作家"脱颖而出，成为榜样。

当然，想让学生写好日记不仅需要做到这些，还有更多的问题需要解决，更多的途径需要探索。作为班主任，作为语文教师，我们要设身处地地为学生的学习生活着想，创设情境，提供体验的机会，寻求写作的突破口，让学生真正实现在生活中练笔、在练笔中生活，让日记成为学生生活中必不可少的知心朋友。

# 我说教师学习的最佳路径

网络信息技术高速发展，其作用日显重要。作为教师，也已经与网络信息建立了密切的关系，如电子备课、网络培训、一体机上课、云会议、微课制作、教学资源下载、直播课堂……可以这么说，教师已经离不开网络对教育教学的支持了。因此，教师的专业化成长学习至关重要。

当代社会，知识迭代更替、日新月异，不管哪个行业、哪个部门、哪个年龄段的个体，都要有自主学习的意识，同时具备自主学习的能力。时下，我们的学习普遍是被动的学习，是为了完成上级部门安排的继续教育学习任务，也有一部分是因利益驱动而学习的。进行主动、自主、有规划学习的人少之又少，碎片化浏览和阅读占用了一个人大量的独立支配时间，而这种浅浏览和阅读对一个人精神的成长是快餐式的影响，快入但短效，还容易接触负面的信息。教师作为一个与知识长期打交道，而且担负"为党育人、为国育才"重任的群体，更需进行持续、深入的学习。

## 一、教师最常见的学习途径

### 1. 校本教研

学校以教研组为组织单位，紧密结合校本教研安排（譬如我校目前运用的以主题教研为主要形式，以课例呈现为载体，以小专题讲座为支撑，以研讨交流为主要碰撞形式，以小课题研究为保障，以各种教学赛事为练兵场的校本教研运行模式），有计划、有步骤、稳扎稳打地设计教师专业化发展路线，让教师在活动中学习方法，在聆听中获取新理念、新信息，在交流碰撞中激发新思路，在课题研究中实践探索，在比赛中检视自己。这种方式是目前教师学习最直接、最有效的方式之一。

### 2. 网络培训

近几年，国家高度重视教师培训，如学科培训、班主任培训、校长培训、专业技能公需培训、法治培训、安全培训，可以说门类繁多，视野开阔，准备也充分，但效果不十分理想。究其原因：①教师学习时间没保障，大家忙于学校的各种事务工作和教学任务，独立的时间比较少；②部分教师主动学习意识不强，缺乏对自己专业发展的规划，自我成长力欠佳；③教师网络培训缺乏激励机制，教师学习的内驱力不足，所以建议网络培训少而精。

### 3. 外出培训

随着国家对教育投入的不断增加，学校教师外出培训的名额和机会也相继增多。但是，这些培训往往集中在校长、副校长、中层、教研组长、年级组长和名师、学科带头人、骨干教师身上，普通的教师很难有机会外出。

### 4. 个人阅读

目前，不少教师的个人阅读停留在随意阅读的层面，对学校统一发放的专业书籍阅读不够。教师更多的是利用网络媒介进行碎片化浅阅读，阅读量少，有些内容甚至存在错误、低级、庸俗的问题，导致教师课堂语言的洒脱性、趣味性、科学性与艺术性干瘪。

## 二、教师最便捷的学习途径

那么，一个教师要获得主动发展，最便捷的学习途径有哪些？我觉得以下几条足矣！

### 1. 浏览名家教育公众号

时下，盛行公众号推送，我们只要搜出一些教育大家和名家的公众号，如我关注的"中国教育三十人论坛""中小学校长论坛""校长派""课改行""新网师""宁夏教育厅""教育新视界""教育信息化100人""镇西茶馆""晴读者""教研报""追寻数学本质""追梦教师袁建国""杰哥的精致语文""王开东""新父母学堂"等，每天有选择地进行浏览与阅读，我觉得就可以高效快捷地掌握教育改革动态，跟随名家名师的高端引领，紧把时代教育脉搏，进行个人教育创新。虽然公众号的内容不一定全部准确或高端，但是一定朴实、富有情怀和激情。

### 2. 阅读国内外教育经典

作为一个教师，应该主动借阅教育书籍，当然我的大多书籍是自己掏腰包购买的，每年购买书籍的花销达几百元甚至上千元。在边角料的时间段挤时间阅读，在可以支配的时间内主动阅读，在心情好精力尚许的时间里倾情阅读，让经典浸润心灵，让教育大家为我前行的道路指点迷津。例如，苏霍姆林斯基的《给教师的建议》、陶行知的《陶行知文集（上下册）》、叶圣陶的《叶圣陶教育文集（五卷）》、陈鹤琴的《陈鹤琴全集》、（奥）阿尔弗雷德·阿德勒的《自卑与超越》和《儿童的人格教育》、朱永新的《致教师》和《我的教育理想》及《未来学校》、李镇西的《爱心与教育》、李跃儿的《谁拿走了孩子的幸福》、（美）罗恩·克拉克的《罗恩老师的奇迹教育》、（美）安奈特·L.布鲁肖的《给教师的101条建议》、（美）雷夫·艾斯奎斯的《第56号教室的奇迹》等就很有代表性和可读性。

**3. 寻一个尺度相似的名师引路**

每个人的性格不一样，对教育的追求与理解不一样，所秉持的教育理念与教育方式也不一样，所以，最好找一个和自己的性格、禀赋、理想相近的名师，拜师学习。这样，不但会知"名师然"，还会知"名师所以然"。于永正老师润物无声的教育理念和"五重"的语文教学风格、李镇西老师的爱心与民主、贺华义老师的精练与创新、郝晓东老师的啃读实践、周春梅老师的浪漫与情趣、尹建莉老师的潜心育儿智慧等都给了我极大的启发与有效的指导。

**4. 加入高质量学习共同体**

在网络信息技术如此高效、方便、快捷的时代，优质、高效、先进的学习共同体如"全国班级联动""新网师""爱心与教育研究会"等都对教师的学习大有裨益。在群体中进行交流互动，可以了解全国教育现状，也可以学习教育管理的策略方法与教学的经验启示。"一个人可以走得快，一群人可以走得远。"这不是空话套话，而是真真切切的大实话。

**5. 坚持有意识的教育写作**

写作的目的要定位在生活记录、教育总结、人生留痕的思路上。稍纵即逝的教育生活里，充满着酸甜苦辣，也充满着教育故事与智慧，还有太多的感动、欢乐与趣味……作为一名长期在教育战线上摸爬滚打的教师，要具备记录的习惯、总结的意识、开创的能力，不断为自己的教育工作赋能，为自己的教育人生添彩。写作，便是其中一种富有成效的方式，也是一种有力、有据、有形的途径。

教育需要我们不断探索新的、更好的路径，学习也有诸多适合不同教师的、个性化的最佳路径。但这几条，我个人认为是时下最有效、最快捷也是最有意义的学习路径。

# 小议小学三年级作文指导

对于大多数语文教师而言，提高学生的作文水平是一件令人头疼的事，下面简要谈谈我的观察和体会。

## 一、教师如何引导低段小学生写作文

### 1. 对课标缺少研读，对作文要求把握不准

有不少教师没有很好地研读课标对三年级阶段学生的作文要求，常常以高年级学生甚至成人的视角去看待三年级学生的作文，所以盲目或随意拔高对孩子们的要求是导致教师产生畏难、焦虑情绪的主要原因，也给三年级学生埋下了恐惧、厌恶写作文的种子。

### 2. 为了写作文而要求学生写作文

作文和文学作品一样，它也是孩子们对"微观"世界的反映。如果没有丰富、生动的现实生活和情感体验，就很难做到有事可写、有话可说。作为教师，要积极引导学生参与各种有意义的校内外活动，创设各种有价值的班级活动、参观访问活动、劳动或游览活动等，丰富他们的生活体验。另外，孩子们获得间接生活经验有一条重要的途径，就是课外阅读。所以指导孩子们主动、大量进行有益的课外阅读，可以帮助孩子们获得有趣、有意义的生活经验和文化知识储备、作文素材累积。

### 3. 缺少及时的鼓励和引导

或许因为忙于教授知识和完成教学任务，有些教师没能经常对学生富有个性特点和生活体验的优秀作文进行范读、点评和激励。其实，对于初学写作文的学生来说，我们教师的任务不是让其写好，而是让其产生想写、敢写的冲动和表达欲望，培养其写作兴趣，消除畏难情绪。

### 4. 缺少及时的引导和提示

三年级学生，9岁的年纪，视野相对狭小，思想单纯，生活范围不太广阔，

所以在他们的认知世界里，写什么甚至比怎么写更有难度。因此作为教师，要注重经常性地对学生进行写作指导，时刻将学生的生活、故事、体验、情绪、情感进行罗列、梳理、提示，也要抓好时令、节气、天气、节日等元素为学生的写作提供素材，抓好课文与练笔的结合点，引导阅读，提示写作。当然，教师还要抓好课外阅读与作文题材的结合，如可以鼓励孩子们写童话，特别是写连续性童话。我儿子一年级的时候，就已经根据自己的喜好，结合自己读过的童话书、看过的有关恐龙的动画片，将自己命名为《大灰狼和小绵羊》的童话写到第82篇了，他说，他一定要写到100篇。虽然一年级学生的词汇量还很小，认知有限，写出来的童话不会有曲折的情节、丰富的情境、深奥的寓意，但他的童趣、他的恒心和毅力，足以让我感动和欣慰。读他的文字，你能体验到一个六七岁孩子的心理世界和美好憧憬。我相信，只要不断点燃他写作的兴趣，他一定会持续写下去的。

## 二、《义务教育语文课程标准（2022年版）》对三四年级的习作要求

### 1. 注重观察和积累

观察周围世界，能不拘形式地写下自己的见闻、感受和想象，注意把自己觉得新奇有趣或印象最深、最受感动的内容写清楚。能用便条、简短的书信等进行交流。尝试在习作中运用自己平时积累的语言材料，特别是有新鲜感的词句。

### 2. 尝试修改明显错误语句

学习修改习作中有明显错误的词句。根据表达的需要，正确使用冒号、引号等标点符号。课内习作每学年16次左右。

根据上述要求，我们不难发现，对三四年级学生，要求的重点就在于观察周围世界，能自由、随意地表达自己的见闻、感受和想象，尝试在习作中运用语言材料，特别是有新鲜感的词句。概括起来，我认为主要是培养兴趣，养成善于观察、留心生活的习惯，想写敢写。同时，练习把话说明白、说通顺，锻炼把口头语言转化成书面语言，特别是把方言土语转化成普通话语言的能力，培养运用有新鲜感的词语和句子的意识。

作文辅导，重在坚持，成在细微，难在内容，巧在激励。身为语文教师的我们，低起点，小步子，节节渗透，点点指导，引导写作话题，不断变换形式进行激励，点燃孩子心中表达的欲望之火，远比让孩子绞尽脑汁写出一篇作文更有意义！

# 也说教师的情绪管理

情绪管理是一个教师自身修养的重要体现，也是教师进行教育教学工作的重要素养。教师的情绪管理水平决定着教师的生活幸福指数，也影响着教育教学的质量、班级管理的成败。

在日常教育教学工作中，我时常提醒自己要管理好自己的情绪，但还是会时不时地出现情绪控制不好，导致事情处理不妥当的情形。比如有一天，本来按照自己的设计，早自习指导同学进行课文诵读、古诗识记和积累。第二节课，简单地和孩子们一起回顾一个单元的重难点知识，并进一步熟悉课文。第三节课，课前利用宝贵的5分钟时间，借助新闻中播放的6月21日重庆市潼南区米心镇发生的小学生周末玩水导致的溺水事故，告诫孩子们远离危险。然后，以《学习之友》为材料，进行系统的知识回顾和梳理。早上一切都进行得还算不错，虽然有个别学生注意力不集中，但这都没有影响我的情绪。

课间操时间，和煦的阳光洒满校园。这是我"困"了三节课之后，最惬意的放松、调节时间，可是在多数同学认真地做眼保健操时，几个调皮捣蛋的同学在队伍的后面叽里咕噜说个不停，没有把做眼保健操当一回事。当时，我正面向前方，和同学们坐的方向一致，正跟着同学们做眼保健操，后面的声音让我很是恼火。眼保健操结束了，我快步来到后边，脚不听使唤地踢了出去，直达几个调皮的学生的腿部。当时，做操的同学多，我想踢疼他们或许不是主要问题，伤了孩子的自尊才是大事，毕竟他们才9岁。

事后，我很后悔自己一时的冲动，没有很好地控制个人情绪。不就是没认真做操吗？为什么不换一个场所，换一种方式处理呢？

首先，今天做眼保健操时发生的事不是什么值得大惊小怪的事，没有造成什么不良后果和影响。从事情的发生、发展和结果进行分析，就知道应该有一种平常心态，正确处理即可。例如，应该先用目光示意他们停下正在发生的行为，等做完操，再单独和他们谈话。从锻炼身体重要性的角度、从班级集体荣誉感的角度或自我管理的角度都可以与其进行谈心或批评教育，但唯独不应该用脚踢，更何况是在大庭广众之下。

其次，多从自身管理找问题。该事情的发生，是不是我平时对班级的管理不够严格造成的。或许，在孩子们的心目中，做操的时间就是说说笑笑、放松自己的时间呢？是的，经过仔细分析和回忆，在我的班级管理理念中，我会尽可能让孩子们在一个宽松、包容和自由的环境中成长，这里包括学生在教师面前可以不拘一格地谈论自己的见闻感受、对某件事或某个人的看法，教师要将课间10分钟和课外活动时间交给孩子们，反对拖堂、挤课，并反对像管理军人一样管理班级。这样的治班理念，使得孩子们本身就"自由"了一点、"大胆"了一点、"随意"了一点。他们今天的表现，可能只是稍有"放纵"。

再次，以发展的眼光看待孩子成长的问题，以儿童的视角看待孩子的行为。作为教师，我们经历了从幼年到童年到少年到青年再到中年的历程，经历了人生的诸多喜悦与挫折，接受了专门的心理学和教育学培训。诸多的人生阅历、专业理论和个体发展规律都告诉我们，应该怎样看待每一个独立个体的成长，切忌一厢情愿、追求一刀切或者理想化自己心中的教育追求。教育是一种守望，守望生命的醒悟；教育是一种等待，相信不同花期的花总会绽放。

最后，正确认识教育的力量。教育只是一个生命成长中的一份力量，而非全部。只有认清了教育的力量，才能正确把握教育的度，才能准确管理自己的情绪，精准施策，为每一个孩子、每一个教学行为把好脉、开好药方。

管理好自己的情绪，不论是对于提高自己的生活质量，还是对于提高教育教学和班级管理的质量，都有不可轻视的作用。作为一名教育工作者，要有意地进行情绪管理训练，让自己心胸宽广、目光高远、理性思辨、善行相随。从大处着眼、小处着手，以赤诚之心贯穿自己的教育人生。

# 线上教学，教师应该怎么做

随着全球信息化的普及，AI智能时代的到来，教育作为与信息技术息息相关的领域，就不可避免地要与新技术、新科技融合。

作为承担祖国未来人才培养重任的教育者，教师有着沉甸甸的责任和义务。教师面对自己的教学任务和教书育人的工作，也不可避免地会面临诸多问题与挑战：如何维持家庭生活的运行、如何配合和陪伴自己的孩子、如何完成自己的教育教学任务、如何做好家校沟通、如何保证教育教学的质量……这些问题的处理，需要教师拥有比较强大的内心承受力、自我治愈力、宏观调控力，还要具备和家长及学生进行真诚沟通的能力、心理辅导能力、信息技术应用能力。

我认为教师具体要从以下几个方面去做，才不至于让上述问题影响工作和生活。

## 一、解决好认知关，管理好个人情绪

冷静思考，纵向比较，横向比较，理性反思，消除一些不该有的消极情绪，如抱怨、指责、埋怨、颓废等。站在不同的角度、不同的位置看待生活和工作，承认差异，发现光亮和幸福，珍惜当下、专注当下，群策群力、共渡难关。

## 二、解决好主动学习关，提高个人综合素养

新时代，科技高速发展，对各行各业的要求都在不断提高。学习力已经成为一个人立足当代社会的关键战斗力。教师作为一个为学生点灯，用人格力量影响和激励孩子寻找真理、探索未知、走向未来的引路人，拥有广而深的知识体系和综合素养是必不可少的。一个不会学习、不爱学习、知识消化能力低

191

的人，已经很难适应快速发展的社会环境，特别是信息技术的应用和知识门类的不断更迭。挤时间学习，主动拓宽阅读视野，大胆探索学习，已经成为当代人生活的常态。所以，有不少社会学家、心理学家、哲学家都呼吁，社会发展能不能慢一点，让人的灵魂跟上时代的脚步。这话也反映了时代发展的速度之快。

## 三、解决好统筹协调关，处理好工作与生活

教师非圣贤，也是普普通通的劳动者。要协调好纷繁的工作杂事与家里的日常生活（照顾老人、陪伴孩子、料理家务等），就需要教师拥有一定的生活技能和统筹协调能力。按照"四象限工作法"，做好安排，方可从容面对当下。

## 四、解决好教育价值关，让教育更有人情味

教育从来不是万能的，但没有教育的确也是万万不能的。作为教师，应该有这样的理念：尊重差异，尊重规律，尊重个体的独立性；因材施教，扬长避短，着眼学生的未来；培养学生适应社会所必备的品格和关键的能力，使学生形成健康的人生观、世界观和价值观。正像中国实操型家庭系统教育专家王纪琼老师的教育理念，如果我们无法将孩子培养成国家的栋梁，那么我们就把孩子培养成未来的门框、窗户、桌子、筷子，甚至是牙签，只要牙签有尊严、有价值、有意义地活着就行。我觉得这话很有道理，也道出了幸福人生的意义和源泉，最关键的是培养孩子的健康人格和对幸福的认知。站在这样的立场看待教育，对教师而言，就少了些焦虑、浮躁、不安；对学生和家庭而言，就多了些宁静、祥和和舒畅。

## 五、解决好心理辅导关，让学生拥有阳光乐观的内心世界

从古到今，大多数教师在教授知识技能的同时更懂得育心。当代教师更应如此，努力做到不跟风，不以"分数""成绩"论英雄，所以，教师不但要授业、解惑，更要传道。这个"道"里，就有很多为人处理、待人接物、诚信担当、家国情怀的道理。

## 六、解决好应用现代信息技术关，做好"互联网+教育"的融合

不管是平日正常的线下教学，还是线上教学，都已经无法将先进的信息技

术与教育教学分割开了。只有巧妙、恰当、有效地应用信息技术，才能发挥互联网时代学习的广泛性、多元性、即时性、便捷性、科学性，减轻教师和学生的负担，提高学习效率，拓宽学习渠道，实现学习效益的最优化。而这些，就需要教师不断通过集中学习、网络学习、出外研修等多种方式对先进的信息技术进行及时的学习、应用。

我们作为教师，其实更多了一份责任、多了诸多任务，但我们只有挺身而出、勇于担责，才能不负时代重托，实现做教育的初心使命。

# 我眼中的"有效教学"

时至今日，在学校教研活动中被喊得最响、提得最多的话题就是"有效教学"和"和谐课堂"。为了达到这两个不可忽视的教学大目标，我们集思广益、共同交流、共同提高。通过集体备课、示范引领、骨干带头的"同课异构"，专家指导、互动探讨的"网络研修"理论，引领智慧支撑的"专题讲座"等一系列切实可行的具体措施和灵活多样的形式来推进和提高这一新课改中的关键性教学措施。在我看来，有效教学一定孕育着和谐课堂，而和谐课堂一定彰显着有效教学，这二者相辅相成、协调统一。

最近，我参与了西吉县语文"有效性课堂"研讨会，聆听了某小学教师张老师进行的义务教育实验教材二年级语文上册中的《假如》第二课时的授课。在张老师游刃有余的教学操作中，这节课不知不觉地接近了尾声，可我依然沉浸在孩子们入情入境的朗读声中，依然回味着孩子们发自内心的自由表达和童真的爱心。课后，我的心情久久难以平静。我想，这不就是一节有效的诗歌阅读教学吗？这不就是一节低年级有效的语文教学吗？感慨之余，我谈一下自己对本节课的理解和看法。

## 一、留得青山在，不怕没柴烧

张老师的这节课从复习字词入手，注重方法指导，引领学生由字及词、由词及句，遵循循序渐进的原则，由浅入深、环环紧扣地让学生练习组词和用词说话，显得十分轻松愉快。学生在愉悦的情绪状态下回顾了上节课的字词，从而完成了由识字到字词实践运用的过程。这种方法有效地培养了学生积累字词并运用的良好习惯与能力。再如对朗读的指导，教师通过学生自由读、教师示范读、齐读、个别自愿读、指名读、分组读、男女分组读等多样化的训练形式和主体性的参与过程，既促成了学生有效地训练读功，又避免了单调的教学形式给学生带来的枯燥与乏味。只要学生掌握了一系列的学习方法，就不怕学生无法获得更多的语文知识与技能。所以，我想，要使语文课堂教学有效，教师一定要有"教是为了不教"的思想，要真正落实"授人以鱼不如授人以渔"的指导原则，教给孩子"点金术"。学生养成了自学的习惯，拥有了自学的基本意识和技能，就会自发自主地不断学习和提高自己。正所谓：只要有"青山"，何愁"没柴烧"。

## 二、问渠那得清如许？为有源头活水来

张老师这节课的第二个特点是：激情飞扬，节奏明快，简约清晰。为什么呢？我认为原因有二。其一是张老师设计了明确的三维教学目标，教学内容衔接连贯，抓住了主要环节：精彩自然的导入语、过渡语和小结语。例如，张老师的导入语是：如果我有一支神笔，我会画很多的东西给需要帮助的人。只要人人献出一点爱，世界就会变得更美好。这段导入语引起了学生的注意，激发了学生的兴趣，让学生产生了学习的动力。过渡语如一条林间小道，引领学生在不知不觉和情不自禁的状态中在课堂里寻幽探胜。她设计的小结语简洁有力，起到了画龙点睛的作用，如出示一个红红的心形图案，上面写着：人人献出一点爱，人间永远是春天。让学生对本节课的训练内容及新授知识了然于胸。其二是教师自身具有良好的教学基本功，如她日积月累练就的教学形象、适合儿童特性的简练阳光的语言、激励学生评价学生的动作神态、简明扼要的板书设计。至此，我真正感受到了教师教学基本功与吃透教材备课和做好教学前设计是本节课的"源头活水"。

## 三、旧时茅店社林边，路转溪桥忽见

对于语文这门综合性强、涉及面广的学科，张老师注重阅读与写作的联系，在读中练，在练中读；注重课内与课外的结合与延伸；注重说话与听话的结合；注重习惯养成与技能提升；注重学以致用。例如，让学生体会"画一个红红的太阳"中"红红的"一词加上与去掉的对比，明白如何让句子更为具体，更能为表达的需要服务。在诗的第四小节让学生对省略部分进行思维拓展，走进文本中去，再从文本中走出来。走进去是个例子，走出来才是目的。让课程与生活、人生浑然一体，自然天成。这可能是所有学科的追求，也是我对语文教学梦寐以求的目标。当听到学生说出一句句让在场听课教师始料未及的精彩话语时，我们似乎看到了语文教育的人文性闪耀着熠熠光辉，似乎听到了语文教学对学生大胆想象、大胆拓展、大胆超越的呼唤。本节课没有过多的

花里胡哨的多媒体课件，没有矫揉造作的自主探究与形同虚设的合作学习，有的只是朴实扎实的训练。寻寻觅觅，蓦然转弯，豁然开朗，"茅店"忽见。

有效教学，和谐课堂，需要每个教师扎扎实实练好基本功，只有以人为本，高瞻远瞩，才能让人性的光辉和理性的智慧在每一节课上绽放光芒！

（发表于《宁夏教育》2013年7、8期暑假合刊）

# "同课异构"绽光彩

## ——记西吉一小与隆德一小的两节"同课异构"课

和煦的阳光，温润的暖风，在这样美好的日子里，我校又一次迎来了和兄弟学校交流的时刻。2012年5月12日，我们一行四五十名教师和校领导，驱车来到了教育文化先进县——隆德县，相聚隆德一小，深入开展"同课异构"活动，意在共同研讨小学语文课堂教学中的难点与困惑。作为学校中的一名普通教育工作者，我有幸聆听了我校和隆德一小两位优秀教师执教的阅读课——《女娲补天》，心潮澎湃。课堂中的曼妙声音依然回荡在我的耳畔，教师在课堂上游刃有余的引导设计，简洁明了的板书设计，以及环环相扣、梯度合理、有的放矢的问题设计都给我留下了深刻的印象。

《女娲补天》是一个流传千古、家喻户晓的神话故事，故事中的女娲善良勇敢、不怕牺牲、无私奉献，她的这种精神值得我们肯定、赞扬、学习。下面我就两位教师在课堂中的优秀设计、精彩表现和我的真实收获谈谈个人的看法。

## 一、激趣导入，水到渠成

孙老师在课前与学生进行了轻松愉快的谈话，从介绍自己的姓氏"孙"字入手很自然地引导学生说出了"孙悟空"，并让学生说出了自己熟悉的《西游记》中故事的特点，从而使学生初步体会到神话故事的神奇：想象丰富大胆、充满神秘色彩。这样就水到渠成地引出了另一个神话故事——《女娲补天》。

宋老师在课前利用幻灯片展示了栩栩如生的神话故事的图片，请学生根据图片猜故事名字，有《夸父追日》《精卫填海》《嫦娥奔月》《后羿射日》等，当看到女娲补天的图片时，学生就自然而然地猜到了《女娲补天》。

同样是《女娲补天》，同样是激趣导入，方式方法和过程各有千秋。前者重视生活，重视阅读体验，喜欢从身边的事情导入；后者重视看图想文，图文结合，从孩子的视觉享受和想象美感导入课文，异曲同工，让我们看到了"一千个读者就有一千个哈姆雷特"。

## 二、学法指导，简约分明

在课堂上两位教师抓住了学段特点，进行了有效的学法和语言训练的指导。

孙老师在概括课文主要内容时，引导学生用"先……接着……最后……"这样的句式概括故事情节，然后又引导学生用这样的句式说话，达到学以致用、消化吸收的目的。这样学生既了解了课文内容，又获得了句式练习的机会和途径，有效地掌握了概括主要内容的方法，训练了学生的语言逻辑和思维能力。在学习"找石""炼石""补天"的精彩片段时，学生能够边默读课文边按照孙老师的要求和提示标出感悟性语句，写上批注，圈出所疑，提出问题。读书不再喧闹与浮躁，取而代之的是扎扎实实的语言实践与内化，学生读书的同时做记录的良好习惯也得到了有效的培养。

宋老师在概括课文主要内容时，依然引导学生先说。当学生说的顺序有点混乱时，教师相机引导学生用"首先……接着……最后……"这样的句式概括故事情节。在学习"找石""炼石""补天"的精彩片段时，宋老师采用"找一找""圈一圈""试一试""做一做"等方法，充分调动学生的多种感官参与到课堂学习之中，同时，在练习中自然地训练和强化了学生自学的能力，达到了培养学生自觉阅读习惯的目的。

## 三、朗读引路，入情入境

孙老师对学生读课文的方式有不同要求，主要包括集体读、个别读、教师读、学生读、大声读、默读等。她特别注重指名读、自由读和示范读。指名读可以给对文本有不同感悟的学生施展个性的空间；自由读可以让学生很好地感受文本，品味语言；示范读对学生不仅有示范作用，还有激励作用。

宋老师对学生读课文的方式也有不同要求，在集体读、个别读、教师读、学生读、大声读、默读等方式中，他特别注重集体读、分组读、默读和大声读。集体读有增强气势、激发共鸣的作用；分组读有助于提高学生的注意力；默读有利于学生对文字进行揣摩；大声读能加强感受、增强记忆。不同形式的读起到了不同的作用。

两位教师对每种读法的作用掌握得很清楚，对什么时候该用什么形式朗读掌握得非常准确。比如，体会女娲补天真辛苦、真伟大时，让学生在默读中找出具体的词句，学生通过细心揣摩都能找到有关句子，产生体验；再比如，"女娲决定冒着生命危险，把天补上"这句，教师采用了集体读的方式，在这样的学习氛围中学生再一次体会了女娲当时补天的勇敢和坚定。

纵观整节课，学生读的机会多、形式多，读出了语文的情趣，读出了语文的神韵，自然地达到了"一个文本多种声音"的个性化朗读境界。两位教师很好地运用了"读"的艺术，无论是读的形式还是读的次数、该什么时候读该怎样读都把握得很得当，行云流水，有效地调动了学生的思维、渗透了学生的情感，让多种感官参与到读中，实现读和思的有机结合，入情入境，真正使学生亲近了文本、走入了文本。

## 四、拓展延伸，激发想象

孙老师在挖掘教材资源上，设计了一系列和现实生活紧密相连的问题，从课内走向课外，从意识走向行动，让学生联想在具体的生活环境中如何分析问题、解决问题，真正落实了德育教育的实践性。

宋老师在教学时，设置了很多开放性的问题，如讲到女娲寻找五彩石时提问了这么一个问题：在这五天五夜里，女娲在找五彩石时会遇到些什么困难呢？这是个富有弹性的、没有标准答案的问题，学生根据自身的经验和独特思维，从不同层次、不同角度做出回答。巧妙地提问，问到学生的兴趣点、情感的共鸣点、思维的兴奋点上，有助于培养学生多方面的素养。这些能促进学生多向思维、个性思考的开放性问题，为学生驰骋思维、放飞思想、张扬个性提供了广阔的空间。让学生丰富的想象力像天上的小鸟无拘无束，也落实了情感、态度、价值观教育，挖掘了教材中潜在的资源，训练了学生的想象力。

总之，两位教师的课给我们带来了视觉上的享受、听觉上的震撼、情感上的共鸣。"于细节处见功底，于细微处见精神"，是的，两位教师在课堂上的出色表现与驾驭课堂的能力和平日的反思及探究是密不可分的。作为一线教育者的我们，不得不像这两位教师一样静下心来认真反思，努力探究。

（发表于《宁夏教育》2014年第12期，本人为第一作者）

# 作文教学要植根于肥沃的生活土壤

本篇里跟大家交流一下语文教学中的作文教学。我估计大家所掌握的理论知识和目睹的课堂实录或案例要比我多，我就粗浅地谈一些做法吧！

要上好作文课，从广义上讲，我们必须让我们的学生投入我们觉得健康有益的各种活动中去，如充满爱心又辐射周边的公益活动、充满活力与动感的体育活动、激发大脑活力又培养创新意识的兴趣小组、充满人文关怀的社团活动、琐碎又充满爱意与温馨的家务劳动、丰富多彩又导向明确的班级活动、惬意自由又能让灵魂不断得到净化升华的课外阅读、富有关键意义又规模宏大的学校组织的集会活动等，让他们在活动中自觉自发地体验、感悟、反思、沉淀。这样，他们的生活就会变得丰富而充实、生动而鲜活，何愁他们无话可说、无情可抒、无事可述。从狭义上讲，每一次的作文课，我们都必须要有课前的活动准备。就拿我上六年级语文上册第五单元的《我印象深刻的一个人》来说，我事先让学生在自己的生活中寻找一两位给自己留下深刻印象的人，并想想他们为什么给自己留下了深刻印象。同时，我也在课前做了大量的工作，首先是在孩子们平时能接触到的群体中寻找他们可能印象深刻的人，我想，一定会有他们的同学（这个，大家可能有同感，现在的孩子，和同学之间的故事可能比和父母之间的故事多）。于是，我就在曾精心收藏的本班学生参与各种学校、家庭及校外活动的照片与视频中，仔细找出那些最能触动学生回忆的瞬间或片段。之后，我学着使用视频制作软件，将孩子们的学习生活制作成了一段段配着音乐的视频资料。这样，上课时，既有孩子们的酝酿，又有教师的激发，大家自然就不会陷入无话可说、无事可写的尴尬局面中了。当然，还有课前的教学设计，这里我不再赘述。

对于课堂，我先来说说曾经我们在吴忠市利通一小聆听的参加全区小学语文教学观摩交流的十一位来自各市县区的教师的课，其中包括三节习作课、七节口语交际课、一节综合性实践课，教材版本包括人教版、苏教版和S版。

教师的个人素质个个都是顶呱呱的，姿态自然大方，普通话标准，善于组织和引导，驾驭课堂的能力强，富有激情。这本应该是一次高规格、高质量的交流展示会，然而这些课堂并不像我们想象的那么丰富、自然、真实，相反，我们从中看到了好多学生思维的狭隘、生活圈子的狭小和阅历的单调，想让学生伶牙俐齿却无事可说，想让教师善引乐导却无计可施。究其原因，是学生缺少原始的生活积累，缺少对活动的参与，缺少对点点滴滴素材的收集和整理。因此，我想说："课上四十分，课前数天功。"只有有备而来，才能演绎精彩！现在我有几点观课收获与大家分享，个人认为作文课的课堂操控要注意以下几个要点：①创设宽松自由接近生活常态的学习环境，因为作文课往往与口语交际课相继进行，相辅相成（如布置教室、改变课桌、教师回到学生中间、课前预热游戏等）；②教师的语言尽量富有文学性，给学生一定的示范与潜意识的影响；③多表扬不批评，但评价语尽量就事不就人（如对于学生的作文中的文字，选材不管是不着边际还是索然无味，语言不管是无力还是苍白，主旨不管是偏离还是无序，我们教师都要智慧评价，切忌带有贬低、厌恶、失望等情绪）。

那么，一节作文课主要有哪些环节呢？我认为主要有以下几个环节。

## 一、习作备课策略

### 1. 备课标

比如，对各学段的目标要求可以概括为：低年级，喜欢写，对写有兴趣，乐于把自己想说的话写出来；中年级，主动写，能不拘形式，自由地把自己想说的话写出来；高年级，能够写简单的纪实作文和想象作文。

### 2. 备单元

相关内容不再赘述。

## 二、课堂指导策略

概括起来，课堂教学的内容主要包括以下几个方面：①情境创设；②指导审题；③指导取材；④放手写作；⑤修改环节（自改—教师改—生生互改）。

### 1. 讲评课的主要环节

讲评课的环节大致如下。

第一，大面积欣赏学生习作的佳句、片段。把佳句抄在黑板上让大家一起读，教师和学生一起评析；没有抄的精彩片段让作者到台前展示朗读，让学生听后点评好在哪里。对后进生，要重点进行展示点评。

第二，指出本次习作的不足。教师利用小黑板出示例句，带领学生进行评议修改。每次讲评课训练一两个点即可，不要面面俱到。

第三，美文欣赏。让习作通篇都较好的同学到台前展示朗读，大家集体欣赏。

第四，反思修改。让学生听完别人的精彩表达，看看自己的作文在哪些地方还能修改得更精彩，针对教师指出的问题，反思自己的习作是否也存在同样的问题，用铅笔在作文本外边框内进行修改、增删，力争改出更多的精彩来。要告诉学生：好作文是改出来的，改得越多，说明你思考得越多，进步也会越大，最好能将二次修改的作文重新誊写，作为自己的得意作品进行保留。

**2. 课外观察体验、练笔修改环节**

课上指导虽然至关重要，但课后经常性的观察体验、练笔修改、阅读实践更为重要。作为语文教师，对作文评语的书写就显得特别重要。我的观点是：作文评语应该是一把火，能点燃学生对作文的浓烈兴趣；作文评语应该是一把伞，能保护学生容易受伤的心灵；作文评语应该是一盏海上的灯塔，能在学生迷失方向时指点航向；作文评语应该是一滴露珠，能灌溉出学生内心中最柔软、最动人、最华丽的篇章。

第一，以宽容的心态对待孩子的习作。以《义务教育语文课程标准》为依据评价学生的作文，不要随意提高要求。习作评价的重点应放在培养学生的作文兴趣和自信上。"人类本质中最殷切的需要是渴望被肯定。"赏识、赞扬、鼓励是对人的肯定的表现，是帮助孩子树立自信心所必需的方式。提倡习作个性评价，聚集学生习作的闪光点。"高明的教师是在学生最差的作文中找到闪光点，而笨拙的教师是在学生已经写得很好的作文中找出很多毛病。"习作评价可以实行"高分政策"。小学生受其认知水平的制约，能不能在一定的情境中写出好文章，并不十分重要，重要的是他们对习作的情感和态度。讲评重在正面激励，要激发出儿童练笔的热情。用儿童的眼光赏识儿童作文，用儿童的思想宽容儿童的作品。

第二，加强自改和同学间互评互改。"改的优先权应该属于作文的本人……作文教学要着重培养学生自己改的能力。"（叶圣陶）

第三，评价要关注每位学生的发展。教师对学生每一次习作的评价要有一定的标准，但同时又要淡化标准，做到因人而异。在评价标准上，要强化个体的纵向比较。

第四，有效发挥评语的指导作用。习作评语除了要符合《义务教育语文课程标准》要求及学生的实际，更重要的一点是教师要站在理解、尊重学生的角度，与学生进行平等的、耐心的心灵交流，使学生能够体验到习作的快乐，从而增强写作热情。

因此，我觉得作文的评语应该具有激励性、抚慰性、点拨性、启发性。我们切忌评语的大话、空话和套话，而是要让作文批阅升格为师生进行心灵交流与沟通的一种绿色渠道。

## 三、上好作文课需注意的四点

当然，要上好作文课，更重要的功夫在日常学习生活和课外生活中，具体来说主要有以下4点。

### 1. 重视课外阅读

孩子们唯有读书，才可以让心灵栖息在真善美的家园。只有心灵宁静了，才会有真实的回忆、探寻、思考。只有读书，才会让被栉比鳞次的高楼包围、钢筋水泥围猎的心灵和眼睛开启观察生活的第二扇窗户。只有在浩如烟海的书籍中，孩子们才可以找寻、体验到他们无法亲身体验、理解和感受的经验和真实生活。聚水成河、集腋成裘的积累，会为孩子们的作文注入无穷的力量。

### 2. 重视平时小练笔

平时小练笔，最好的方式莫过于周记和日记了。《义务教育语文课程标准》对九年义务教育阶段学生写作总的目标要求是："能具体明确、文从字顺地表述自己的意思。能根据日常生活需要，运用常见的表达方式写作。""写作是运用语言文字进行表达和交流的重要方式，是认识世界、认识自我、进行创造性表述的过程。写作教学应贴近学生实际，让学生易于动笔，乐于表达，应引导学生关注现实，热爱生活，表达真情实感。在写作教学中，应注重培养学生观察、思考、表现、评价的能力，要求学生说真话、实话、心里话，不说假话、空话、套话，激发学生展开想象和幻想，鼓励写想象中的事物。""为学生的自主写作提供有利条件和广阔空间，减少对学生写作的束缚，鼓励自由表达和有创意的表达。提倡学生自主拟题，少写命题作文。"

因此，对于周记，我们一定要让孩子自拟题目去写，一定不能限制字数，一定不能规范体裁，也一定不能有水平方面的苛刻要求，一定要给他们一方说真话、抒真情、记真事的空间。对于写日记，我觉得它的意义远远超越了日记本身。魏书生老师把写日记称为"道德长跑"。我特别认同他的观点。写日记不仅是孩子们学以致用的试验田、记录生活火花的照相机、提升写作水平的助力器，更是孩子们心理健康的咨询师、亲同手足的朋友，也是孩子们成长路上的心灵伴侣。那么，如何才能让孩子们爱上写日记呢？对此我有以下几点建议供大家参考。

（1）引导方向，拓宽渠道。

对于刚写日记的学生，我们要积极地引导，拓宽他们写作的园地。通过课前让学生讲述自己一天中发生的事，来提醒他们学习选择写作素材。例如，写见到的天气，风云雨点、雾雪霞光等；写身边的人物，朋友、父母、爷爷、奶奶、老师等；写传统节日和有意义的其他节日，植树节、端午节、父亲节、母亲节、六一儿童节等；写自己的心情，委屈、讨厌、急躁、想念、担心、恐惧等；写学校开展的各种活动，征文比赛、演讲比赛、田径运动会、清明节扫墓、爱心捐助、拾金不昧电子屏表扬等；写班级活动，辩论会、讲故事会、才艺展示、森林音乐会等。

（2）创设活动，丰富生活。

我觉得教师积极主动地引导孩子们参与一些社会活动、家务活动、课间活动很重要。只有真参与，才有真感受。而且，我们要有计划地、民主地开展一些班级活动，如手工制作评比、相声小品赛、课本剧情景剧展演、辩论会、汉字听写大赛、成语听写大赛、才艺大比拼……对于孩子们来说，活动也是一种生活、一种体验、一种学习，有了内心的愉悦和心灵的解放，才会有喷涌的激情、真切的感受和自然的表达。

（3）体验成功，分享快乐。

我认为每一个人都有一种被认可的强烈愿望，孩子们也不例外。如何让孩子们写日记的兴趣逐渐变浓，继而能自觉写日记？我们可以这么做：课前3分钟日记分享。让每一个孩子都有机会上台读日记，让每一个孩子都有机会评价日记，让每一个孩子都有机会得到教师最关键、最中肯的肯定与点拨。同时，我们还可以通过学习园地对日记进行张贴以供欣赏，将优秀习作推荐发表、结集成册。

（4）读写结合，有感而发。

孩子们完全可以利用中午的时间静心阅读，在阅读中一定会有某个人物、某段故事、某段文字打动他们，让他们及时把这种稍纵即逝的灵感捕捉下来，我认为是自然而然，水到渠成的。

（5）宽严相济，理性监督。

对于写得优秀的、自觉的、认真的学生，要及时发现，隆重表扬。对于拖拉的、不进入状态的、写得粗糙的，要明确态度，适当辅导，降低要求，包括写作篇数。

**3. 抓住课内练笔的机会，创设练笔情境**

抓住课内练笔的机会，创设练笔情境主要包括以下几点：①拓宽课文情景练笔；②用词写话练笔；③挖掘词句内涵练笔；④模仿课文写法练笔；⑤通过角色替代练笔；⑥借助课文插图练笔；⑦经典处仿写练笔；⑧空白处补写练笔；⑨结尾处续写练笔；⑩古诗词改写练笔；⑪书信练笔；⑫活动练笔等。

**4. 要指导学生掌握修改习作的方法，养成修改习作的习惯**

虽然有"妙手偶得"之佳作，但更多是"好文章是改出来的"，这个观点毋庸置疑。

当然，要想深入研究作文教学，就需要大家多研究作文教学案例，多一份用心，多一份思考，更要多一份行动！

**参考文献：**

宁夏教育厅教学研究室. 义务教育学科教学指导·小学语文［M］. 银川：宁夏人民教育出版社，2013.

# 借力网络资源优势，成就美好教育

## ——与江西南昌市棉花市小学五（2）班的小蝴蝶 "手拉手"活动

  源于义务教育课程五年级上册语文第一单元的一篇口语交际习作，我想起了之前所带的一届孩子们因为这几节课所留下的遗憾。对于2009级这届学生，我的确是动了脑筋来经营的。当时有这样一次作文训练：以书信的形式，给远方的朋友写封信或与远方的同学开展"手拉手"活动，记得当时我立即行动，联系了上海的一个同行，她很积极地回应了我，并把孩子们的名单、学校、班级和联系地址发给了我。可是因为当时他们班只有三十多个学生，而我们班有七十多个学生，再加之当时学校的杂事太多，就将此事搁置了下来，没能让孩子们真正体会到写信、寄信、收信、写回信的感觉。记得书上介绍美国华盛顿儿童博物馆的格言是："我听见了就忘记了，我看见了就记住了，我做了就理解了。"（I hear and I forget，I see and I remember，I do and I understand.）其实荀子的《儒效篇》里早就有"不闻不若闻之，闻之不若见之，见之不若知之，知之不若行之；学至于行之而止矣"之言。现在想起来也对不起那位上海的教师朋友。后来有一次遇到相似的机会，我打算一定不能再留下遗憾，于是，我就借助联动群的优势，联系了江西南昌市的傅蓉老师，她所带的小蝴蝶班正好也是五年级，与我们的班级相吻合，孩子们在学习上、生活上能交流的话题也许会更多一点。做出这样的决定后，我就主动联系了傅蓉老师，她也积极回应并及时给我提供了相应的信息。

  出于对教育的郑重抑或虔诚，傅老师对此事高度重视。所以，我就更有了做好这次"手拉手"活动的信心。我想让我班的小天使们真切体验一下给朋友写信的感觉，同时，通过文字交流，结交一个或两个远在南方的朋友，互通有无，为拓宽视野、开阔眼界做一些助力。当然，我的设想不仅仅是针对这次活动，我也想以此为契机，建立和傅老师的长期合作关系，拟定一些持续性的合作交流活动，如学习方法交流信、手抄报比赛、读书交流、日记交流、地方名胜古迹介绍、小吃介绍、班级活动介绍、心理交流等。当然，交流形式可以是书信，可以是微信或QQ，也可以通过图片、视频等形式直接在我们教师之间进行互动，然后分享给同学们。

就这样，我们两个省、两个学校、两个班的学生以此为契机，通过书信的形式建立了联系，加了微信和QQ好友，并且他们各自找到了自己对应的异地朋友。在信中，他们互相聊自己的校园、学校活动、学习状况，聊本地的风景名胜、美食小吃，聊家庭情况、与父母的关系，聊自己的理想……萧伯纳说过，你有一个苹果，我有一个苹果，我们彼此交换，每个人还是一个苹果；你有一种思想，我有一种思想，我们彼此交换，每个人可拥有两种思想。朴素的话语，却蕴含着深刻的道理，足见交流合作的重要性。

也许，一次教师主动的设计、主动的沟通，就会成就学生童年生活中一次不同凡响的经历，得到一种非同一般的体验和收获。

今后，我还会结交更多的班级，丰富我们班级的文化生活，在活动中成长，在细节中教育。

# 网络共同体：乡村班主任成长的乐土

　　班主任的专业素养能否及时跟进并符合新时代教育对班主任的新要求，是我们所有教育人都应该审视和思考的问题。对于偏远山区的乡村教师而言，班主任在专业成长方面所面临的挑战更加严峻。例如，西部山区一些乡村小学中，学生有三四十人，有的甚至只有十来个人，教师仅有三四人，在这些学校工作的班主任受时空限制（信息闭塞、交通不便等）的影响较大，难以进行有效的区域内研修，这就需要有一种能够打破时空界限，适合不同地域、不同学校、不同层次、不同教育理念的班主任进行工作交流和研修的平台。时下逐渐兴起的班主任网络共同体不失为一种便捷、高效的研修平台。比如，南京师范大学附属中学树人学校贺华义老师组织的民间团队"全国班级联动"，就是一种大胆的尝试。"全国班级联动"从建立到现在，历时6年，开展"联动讲坛"（专题讲座）93期、"联动话题"91期，联动共同体内班主任达600余人，多数为乡村班主任。

　　班主任网络共同体，是指基于班主任自身成长需求和优秀班集体建设需要，以网络共享空间为平台组成的研修"群落"。它可以促进班主任在网络空间的多维交往中实现自我展示，促进共同体成员的联动、互助成长，促进相关教育的创新。班主任网络共享空间研修在偏远山区乡村班主任专业成长方面发挥着重要作用。

## 一、班主任网络共同体为乡村班主任建立了一个心灵家园

　　乡村教师多工作于偏远地区，所面临的不仅仅是物质层面的匮乏，更多的是精神上的孤独。由于学校教师人数偏少，学校和学校之间空间距离相隔较远，相互协作机会较少，往往使人有"孤立无援"之感，严重限制了班主任专业素养的提升。而网络研修共同体无疑打破了时空限制，为广大乡村班主任建立了一个心灵港湾。

从某种意义而言，每一个人都是孤独的。但人生的意义就在于人可以超越自身的自然属性，超越孤独，通过创设平台相互激励，共同构建生命共同体，从而构建独特的生命意义。网络便可以将一个个孤独的乡村教师进行精神联结，使其在更加广阔的世界里重新设定自身的社会坐标，进而追寻到新的人生价值，乡村班主任的专业素养便也能水到渠成地在网络中繁荣生长。

比如在"全国班级联动"这个网络研修共同体内，大家畅所欲言，对班主任工作的"酸甜苦辣"进行全方位、分层次、多角度的描述、讨论、分析。在这里，班主任可以找到慰藉自己的心灵寄托，可以寻觅到养育灵魂的精神食粮，可以最大限度地舒缓疲惫的身心。

## 二、班主任网络共同体为乡村班主任提供了成长的资源

乡村学校办学经费有限，无论是在硬件投入上还是在教师培训上，都难以与城镇学校相比，这导致乡村班主任在专业发展上所获得的资源少之又少。

帕克·帕尔默在《教学勇气——漫步教师心灵》一书中表示，任何行业的成长都依赖于它的参与者分享经验和进行诚实的对话……网络共同体有效地消除了乡村学校班主任研修资源短缺的困扰，广大乡村教师在网络研修平台上，不仅能联结其他乡村教师，还可以跨越地域限制，实现和城镇教师之间的文本对话。在有计划的对话交流中，教师通过专业思考、深入研究，创造出新的资源，即教师共同体重新建立各自原有的知识结构、工作经验和文化积累。而这些资源是知识的再加工和再提炼，是单靠投入经费无法直接产出的宝贵财富，对乡村班主任的专业素养提升有着重要的促进作用。

## 三、班主任网络共同体为乡村班主任创设了广阔的展示平台

在传统的研修方式中，乡村班主任不仅在获取教研资源方面处于劣势，往往还缺少展示自身个性的平台，长期扮演着"观众"的角色。而实际上，乡村班主任完全可以利用工作的独特性一展才华，在被欣赏、被激励中不断前行。网络研修共同体为乡村班主任从"观众"转向"演员"提供了广阔的展示平台。

网络共同体一般利用QQ、微信等载体作为研修平台，会聚全国各地有共同愿景、共同教育情怀的有志之士。他们在有组织的研究中碰撞智慧，并展示自我。乡村班主任可以利用网络平台以"班会直播"形式进行全国范围内的在线视频研修，也可以将日常的工作经历作为经验分享在平台中进行展示。乡村班主任在研修平台中汲取营养、分享智慧、展示才华，这是一种完整的网络研修

方式，这种方式对于乡村班主任打破地域限制、摆脱"孤芳自赏"、获得专业提升和精神慰藉有着极其重要的意义。

依托网络平台组建的班主任共同体，让人能够"抱团取暖"、借力发力，有力地促进了乡村班主任的专业发展。总的来说，网络研修平台为乡村班主任打开了"另一扇窗"，透过这扇窗，乡村班主任看到了外面的世界，获取了丰富的资源和广阔的展示平台。网络共同体成为乡村班主任专业成长的一片乐土。

（发表于《江苏教育》2019年第11期）

# 家校共育：
# 打造孩子成长的基石

◇ 不管是家庭教育还是学校教育，父母若不懂得育人规律和自然法则，越是干涉孩子太多，越是认真执着，对孩子的伤害就越大。

◇ 对于家长与教师之间的关系问题，我认为教师不必高高在上，一副教育者的姿态，而是应该互相尊重，在平等相待的基础上，教师合理地提出一些养成教育和学习方法等方面的温馨提示，并广泛征集家长先进、独特、适宜的教育方法和建议。

◇ 教师与家长的合作应建立在沟通的基础之上，但前提条件应是有共同的理想、共同的信念。而沟通，一定要注意方式，如区分群体与个体；考虑沟通的内容，包括育人理念、文化层次、性格特点、工作性质、性别甚至兴趣爱好等；确定沟通的方向，包括学习、习惯、品行、性格、运动等；恰当把握沟通的时机，早上与中午一般不适宜沟通，而晚上则较为适宜，通常方便且效果较好。

# 独立，孩子成长的重要一课

2017年，对于我儿子来说是特别关键的一年，因为高考将会从某种意义上改变他的人生高度和宽度。所以，妻子执意要在学校附近为孩子租房，提供便利，为儿子赢得学习和休息时间。平日里，我们精心准备饭菜，生怕孩子吃不好。嘘寒问暖，生怕他冻着或热着。然而，做父母的越是过问、提醒，孩子越显得无所谓。同时，他也不愿意和大人有过多的交流，不愿意和家人一道外出走亲访友、旅游。他最愿意做的就是和同学一块交流、活动，譬如打篮球、散步，也喜欢在家看电视，而且往往沉浸在娱乐节目中笑得前俯后仰。其实从临近高三第一次模拟考试开始，我就用了心思的。我打电话与班主任及英语老师沟通，积极配合各科老师，让他们对孩子做个别谈话，进行思想教育。因为他的英语最差，所以我们想让他找出自己的弱点，正视弱点，然而这些做法收效甚微。因为他太任性，从来不相信以自己目前的水平考不上大学。于是，我们一次次与他进行交流甚至对他进行激烈的训斥，都无法让他从内心深处引起重视。

6月份，接到贺老师的工作室及联动团队在南京组织活动的邀请函，我的内心是很矛盾的。一则是我所教的六年级学生马上要进行小升初的考试了，我怕我的离开多少会对孩子们的复习产生一些影响；二则是怕影响儿子高考志愿的填写。然而，现实情况却让我始料不及。我19日急匆匆离开，21日就回到了家。当时高考分数还没出来，我满怀希望地等待着分数的公布。23日凌晨，当得知儿子的分数时，我不知说什么好，因为儿子尽管没努力学习，但面对摆在眼前的成绩时，他还是难以接受，心理失衡。我也很受打击，不断地反思哪儿出了问题。但回想自己和几个弟弟的上学历程，感觉这对儿子来说或许是件好事，因为他始终觉得凭自己的小聪明就可以考上大学。他任性，也不善于聆听大人的教诲，只有亲身体验了，他才能明白什么是竞争的残酷，什么是事实胜于雄辩。

这几天里，最难受的是妻子。因为她为儿子的生活起居费心最多，而儿子的成绩给她的心理落差最大。希望越大，失望越大。不过，我也看到儿子那种不善罢甘休的神情，他可能也意识到了什么，心灵的确受打击了。人生路上，一帆风顺是人人所盼，但不一定是好事。奥斯特洛夫斯基曾说过，人的生命似洪水在奔流，不遇着岛屿和暗礁，难以激起美丽的浪花。或许，经历一些连自己都不曾想、不愿想的挫折和磨难，对一个人的一生是有益的，至少我是这么认为的。

尊重儿子的选择，让他复读吧！不管结果如何，他无怨无悔！

# 孩子的家庭教育

　　关于孩子的家庭教育，我的确是一无所知，虽然我翻阅过好几本关于家教的书，如西方儿童家教方案、卢勤的家教经验介绍、曾国藩的家教介绍等，但具体落实到自己孩子身上，我还是手足无措、诚惶诚恐。

　　尽管如此，在这几年的家教生活中，我还是有一些收获和成功的做法，下面分享一下我在这方面的心得体会。

## 一、好孩子是夸出来的

　　在学校里，教师夸奖自己的学生，似乎还是比较常见的做法，因为他依据教育规律办事，知道这样做的好处。但作为家长，教育的对象是自己的孩子，夸奖的次数就相对稀少了。他们往往不会站在客观的角度去看待和衡量自己孩子的智商与情商，不会冷静地去分析孩子出现问题的原因，却总想让自己的孩子最厉害、出类拔萃，他想揠苗助长。因为这种思想在作祟，所以经常出现的情形是不允许孩子犯错，甚至不允许孩子有些许的失误，他们总是精益求精。孩子考试得了99分，家长一般不会很满意地说："孩子，你真行，差点考满分了，出乎我的意料。"而是这样说："孩子，你能考99分，怎么不细心一下考100分呢？"表情中带着几分惋惜，显露出内心真正的不舒服。其实，孩子考99分与100分有何区别？我的孩子在这方面就不存在这些压力。

## 二、用自己的行为潜移默化地影响孩子

　　我虽然有时读书不求甚解，但毕竟喜欢收集和阅读五花八门的书籍，所以我的实际行动多少对孩子的课外阅读有点影响。孩子每天晚上临睡前总要看一会儿课外书才能入睡。

### 三、让孩子有一颗善良的富有同情的心

在孩子的成长过程中，需培养诸多品质：诚信、孝道、无私、自律等等，而有一颗善良的心是前提和基础。如果孩子从小性格乖戾、吝啬自私甚至凶残暴躁，那么他的其他品质的培养将成为一句空话。我平时在和兄弟姐妹、同事、邻居的相处中，总是能做到认为自己吃点亏没关系的程度，妻子更是一个热心肠的人，所以我的孩子在生活中没有那种以自我为中心的自私自利的表现。

能否培养孩子的主动探求意识和自觉完成学习任务的习惯，是我对孩子小学阶段教育是否成功的主要评判标准。所以从孩子上四年级后，我慢慢地减少了对孩子作业的跟进，却加强了对孩子学习方法的引导。比如，帮助他制订学习计划，教会他遇到问题如何查阅资料、如何才能取得最大的进步和发展……

家教之路，我觉得自己做得还特别不到位，如缺少耐心，缺少严格的要求，缺少细致的指导和策划等。但我相信，只要让孩子在和谐的家庭环境中成长，在欢乐的学校环境中成长，只要有各位辛勤园丁的合情合理的教育，有我们做父母的全力配合，未来应该会是美好的！

# 家庭教育是孩子成长的基石

## ——拜读《好妈妈胜过好老师》有感

生活在继续，我们的孩子在成长。但同时我也发现孩子身上的一些不良习惯映射了家庭教育和学校教育的一些问题。为了及时补救对孩子的家庭教育和学校教育的失误和遗憾，我开始翻阅《玩的教育在美国》等书本，无意间在某人的博客里，看到了一本介绍家庭教育的好书——《好妈妈胜过好老师》，作者尹建莉，教育硕士，教育专家。对于这本书的喜欢和欣赏，源于它对我的诸多启示及让我由此产生的诸多共鸣。

本书共分七章，分别是第一章《如何提高爱的质量》、第二章《把学习做成轻松的事》、第三章《一生受用的品格教育》、第四章《培养良好的学习习惯》、第五章《做家长应有的智慧》、第六章《小事儿就是大事情》、第七章《走出坑人的教育误区》。

读这本书的前言时，我看到了尹建莉老师讲的一则寓言。一位农夫得到一块玉，想把它雕成一件精美的作品，可他手中的工具是锄头。很快，这块玉变成了更小的玉，而它的形状始终像石头，并且逐渐失去价值。她通过这个故事告诉年轻的父母，为什么当初每个父母都拥有相同的玉——可爱的孩子，可多年以后，一些人得到了令人满意的作品，一些人却眼睁睁着玉石的变化越来越令人失望。仔细对比就会发现，后者使用的常常是锄头。因此，尹建莉老师认为：正确的教育方法是一把精美的刻刀；错误的教育就是一柄锄头——当我们手上有一块玉石时，我们必须要拥有一把正确的雕刻工具。

西方有句谚语："地狱之路有时是好的意图铺起来的。"是的，父母之爱都深如大海，但是有质量差别。有的父母之爱是霸权主义的爱，是如枷锁般的爱，它会将孩子导向很糟糕的境地。父母还振振有词："我是那样爱他，比我的生命都重要。"后半句话没错，可前半句话，就得打个问号了。你会爱吗？

你怎么爱的？下面我就书中给我印象最深的几个观点，结合自己理解，分享给大家，希望能抛砖引玉，给各位以启示。

## 一、提高爱的质量

决定爱的质量的因素，不是父母的学历、收入、地位等，而是对孩子的理解程度和对细节的处理水平。

这里略举几例，在《像牛顿一样》这篇文章里，尹建莉老师谈道，欣赏孩子不是只赞美他的优点，更是正确看待他的缺点，你看他总是用"像牛顿一样"的眼光，他就会真的越来越像牛顿。对待犯错误，她认为，如果生怕孩子有什么地方考虑不周，大人就全部替他考虑了，一点儿不落地盯着他做，从长远的角度来看，是在帮孩子的倒忙。凡事应该让他自己去考虑、去做，多犯一些错误，他才能慢慢学会并且做得不错。就像割伤了自然会感到痛一样，孩子犯了一些小错或闯了祸，不用你说，他就会感到不好意思，感到内疚和痛苦。大人这时如果不顾及孩子的心理感受，再板起面孔说一些教训的话，说一些早已说过的提醒的话，只会让他觉得丢面子，觉得烦。他为了保护自己的面子，为了表达对你的不满，可能就会故意顶嘴或做出满不在乎的样子。"犯错误"是孩子成长过程中的必修课，只有修够一定的"课时"，他才能真正获得举一反三、自我反思、自我完善的能力。家长要理解"过失"的价值，明白在孩子的成长过程中，他的"过失"与"成就"具有同样的正面教育功能。"像牛顿一样"的批评方式，把一件不好的事、本该生气的事化解为一句玩笑，既让孩子知道哪里错了，又不损害他的自尊心，还暗含了对他的理解，甚至隐藏着对他某种才能的褒奖。这样的批评话，孩子比较爱听。凡出乎经验的或心不在焉的过错，只要不涉及道德问题，都不必指责或发火，甚至不需要提出来，孩子自己就会在这种过程中感受到不便和损失，知道以后该如何做。

通过这本书我们不难发现，对待孩子犯错这一现象，作者的认识与理解，作者的对待方式与批评艺术，作者的拿捏把握与长远思虑都显示了一位懂"爱"的妈妈和会"爱"的老师的智慧和情怀。

我们还发现，作者特别重视古诗词对孩子成长的影响。她说，被古诗词滋养的孩子，不仅仅是得到了诗情和才能，实际上也成为了获得生活和命运多一份垂青的人。她认为应该珍惜童年时代的背诵，不要让孩子把时间浪费在一些平庸之作上。时下，就有相当多的父母，在孩子很小时，就强行让孩子识字、算数、记英语单词……那些学习古诗词的，往往是强迫孩子去背诵，这样就扼杀了孩子对古诗词的兴趣，错失了用古诗词对孩子的成长进行熏陶机会。她还认为学习古诗词要防止"过度解释"。大量的朗读和背诵仍然是学习古诗词最经典的方法。而且她还提到与孩子一起去读去背古诗词的重要性。家长和孩子一起去学习，是件非常奇妙的事情，更容易激起孩子的兴趣，也会让双方都有很强的成就感。

爱不是一个宽泛的概念，它是体现在孩子成长的每一个角落、每一次机会中的悉心呵护、智慧引导和耐心陪伴。

## 二、让孩子的学习变得轻松愉快

孩子原本不需要为学习而苦恼，凡是因为学习感到痛苦的孩子，都是因为他遇到了不正确的引导。只要将引导的观念和方法改一改，孩子的学习就可以变得轻松愉快。

在本书的《"好阅读"与"坏阅读"》《阅读需要诱惑》《不看"有用"的书》《学"语文"不是学"语文课本"》《写作文的最大技巧》几篇文章中，我似乎看到了诸多教师的影子，也看到了诸多家长的影子。就拿阅读习惯的培养来说，尹建莉老师认为，"好阅读"与"坏阅读"的区别在于以下几点。

好阅读尽量用书面语，坏阅读抛开书面文字大量使用口语。这一点是针对孩子还不识字，由大人给孩子讲故事阶段的阅读而言。家长在给孩子讲故事时，担心孩子听不懂，会尽量用通俗的口语来讲。这样做不太好。正确的方法是，从一开始，就应该尽量使用标准的、词汇丰富的语言给孩子讲故事。

好阅读要求快快读，坏阅读要求慢慢读。在课外阅读上，一些家长和教师常犯的一个错误就是要求孩子慢慢读，一字一句地读，这是不对的。衡量一个人阅读能力的高低有三个方面：理解、记忆、速度。这三个方面是相辅相成、互相促进的。

好阅读在乎读了多少，坏阅读计较记住了多少。计较孩子记住了多少，这种做法会破坏兴趣，扼杀阅读。阅读的功能在于"熏陶"而不是"搬运"。眼前可能看不出什么，但只要他读得足够多，丰厚的底蕴迟早会在孩子身上显现出来。苏霍姆林斯基发现，人所掌握的知识的数量也取决于脑力劳动的感情色彩：如果跟书籍的精神交往对人来说是一种乐趣，并不以识记为目的，那么大量事物、真理和规律就很容易进入他的意识。

好阅读读字，坏阅读读图。习惯"读图"的孩子，已习惯被动接受，不习惯主动吸收，这样的孩子在学习上也往往会表现出意志力缺乏的状态。中国台湾著名文化学者李敖用他一贯激烈的口气说过，电视是批量生产傻瓜的机器。

如果你想让孩子喜欢课外阅读，就千万不要直接要求他"读书"去，也不要总拿他爱不爱读书这事当话题来聊，更不要用阅读的事来教训他。家长绝不可以采用强行关掉电视的方法来逼迫孩子读书。

从这些观点中我们可以发现，孩子能否爱上阅读，与家长、教师对阅读的要求、指导有重要的关系。

## 三、家长掌握着孩子的命运

家长有任何改变孩子的打算，都必须从改变自己做起。家长教育理念上的"一念之差"，可以让孩子的命运有"千差万别"的不同。

在本书的《只设"记功簿"，不设"记过簿"》《"不管"是最好的"管"》《做"听话"的父母》《学会开"家长会"》等文章中，我看到作为家长，其观念的及时转变、角色的重新定位、文化修养的综合提升、情商的不断修炼，是多么的必要。

尹建莉老师在《只设"记功簿"，不设"记过簿"》一文中提道，一些家长之所以经常批评孩子，就是因为有一个根深蒂固的错误假设，即如果自己不说、不经常提醒，孩子就不会改正缺点，就会越来越堕落。事实是，每个孩子都是有自尊心的，上进是他的天性，只要不被扭曲，他就一定会正常生长。反复的批评就如贴到墙上的"记过簿"，会把孩子的缺点固化下来，使孩子难以和那个缺点剥离开来。

在《"不管"是最好的"管"》一文中，尹建莉老师谈道，对孩子管得特别细、特别严的家长，大都是在工作、生活等方面很用心的人，成功的动机在他们的意识中始终比较强，他们的自我管理往往做得很好，在工作和事业上属于那种放哪儿都会干好、都会取得一定成就的人。在孩子的教育上，他们同样成功心更切，也很自信，把对自己的管理都拿来套用在孩子身上，可是他们基本上都失望了。看到这段文字，不由得让我想起了李跃儿在《谁拿走了孩子的幸福》这本书中对中国家长的划分。中国家长一般分为三类：第一类既懂教育又有责任心，他们的孩子最容易成为人才；第三类家长既不懂教育又没有责任心，他们的孩子也比较容易成为人才；最可悲的是第二类家长，不懂教育但有责任心，他们占据绝大多数，失败的孩子大都是由这类家长制造出来的。

"不说"是件比"说"更难的事，孩子的行为每天都在对你的心理进行挑战，这实在需要家长用足够的理智和耐心去消解。

儿童是一个完整的、独立存在的世界，他幼小的身体里深藏着无限蓬勃的活力，他生命的成长中有一种自我塑造、自我成形的表达潜力，就如同一颗种子里藏着根茎、叶片、花朵，在合适的条件下自然会越长越好。

做有智慧的家长，不是一厢情愿，不是一腔热血，不是单打独斗，不是三拳两下，而是需要家长不断学习、不断总结、理智对待、宽以待人。不但要爱，还要有耐心、恒心、自信心。

虽然尹建莉老师的这本书算不上字字珠玑，但她的每一篇文章都可谓"货真价实，值得玩味"。让我们再次审视家庭教育，深刻认识家庭教育在孩子成长中的关键作用——基石。我这里所说的只是冰山一角。但我想如果就此能引起大家对学校教育、家庭教育、家长教育的新思考，那么就足矣！

（在全国班级联动的联动讲坛讲座上的读书分享）

# 坚信陪伴的力量（一）

月亮的出现

是对星星的陪伴

闪耀的启明星

是对黎明的陪伴

春去秋来

是对岁月的陪伴

花开花落

是对生命的陪伴

那么

什么才是对孩子最好的陪伴呢

辗转反侧

蓦然间

我似乎明白了

对孩子最好的陪伴

莫过于在一个不近不远的地方

静静地

看着他以自己的速度

以符合生命规律的进程

以遵循自然之道的方式

慢慢地

生长

是的，每个生命降落在人世间的时候，都是以他独一无二的特点而存在的。而小心翼翼地呵护他、培植他、塑造他，不是所有父母都能完成的事。爱孩子是连母鸡都会做的事，但爱不等于教育。

在家庭教育中，有几个句子和词语不得不被提及。

你希望孩子怎么做，你首先就得怎么做。这不是矫揉造作、装腔作势，更不是惺惺作态，而是身体力行、修身养性。因为，榜样的力量，放在那儿就是一道风景、一面镜子、一堂人生大课。

不管是个人修为还是学业提升，不管是孝敬老人还是礼遇朋友，不管是奉献爱心还是待人接物……我都尽我所能，做到无愧我心、符合道德伦理。

## 一、陪伴

说起陪伴，大概很多人会脱口而出：不就是看着孩子吗？不就是和他一道说话做事吗？的确不错。没有和孩子共处的时光，就谈不上陪伴。然而，只是简单地相处在一起，是否就达到陪伴的效果了呢？我想，不尽然。在我看来，陪伴的最好状态是走进孩子的童心世界，想孩子之所想，急孩子之所急，俯下身子，倾听真实的他。同时，要做好引导和纠错。孩子的成长，就像一棵小树的生长，需要为其不断浇水、施肥，还需要修枝剪叶，不断矫正其生长的状态与方向。

## 二、真诚

小小的年纪，却有一颗敏感的心灵。作为父母，我们要像对待同龄的朋友一般，用真诚的心对待他。尊重他，信任他，给他锻炼的机会，允许他犯错误，允许他挑战不可能。

在和爱子一同成长的日子里，我和他一起听儿童故事，一起阅读《三毛流浪记》《老人与海》……一起画画做绘本，一起写童话故事，一起去踢球……在与他朝夕相处中，我们建立了彼此信任的关系，这样一来我们在沟通交流方面就会畅通无阻，这是因为孩子对你的信任度决定了你说话的分量和力度。

## 三、等待

说到陪伴，不得不提及一个词语，那便是等待——静等花开。好多时候，我们就是因为急于求成抑或高估了或低估了孩子的潜力，才导致揠苗助长或自打退堂鼓。

等待，不是放任自流，也不是坐享其成，而是对生命的尊重、对能力的考验。

等待，需要保持平常心。

等待，还需要做两手准备，准备好迎接成功的喜悦，也准备好承受失败的痛苦。

## 四、学习

没有人会随随便便成功，也没有人会随随便便长大。学习，不仅是孩子们的发展必需，还是家长陪伴孩子的智慧支撑和思想依据。一个不受道德伦理约束、不对先贤圣哲之书作拜读的人，就缺乏引领孩子抵达彼岸的航标。

学习，不仅让家长提高自己，也让家长身体力行地向孩子传递出一种信号，一股力量。

学习，有助于实现在不变中求万变、在万变中求不变，这个天平的平衡如何把握，我们做父母的都需要思量。

## 五、劳动

劳动创造了世界、改变了世界。因为劳动，人类摆脱了贫困，实现了美好的新生活。

劳动，应该成为孩子成长的必修课。劳动，可以开启智慧，可以强身健体，可以修炼心性，也可以培养责任感和使命担当。一个连劳动习惯都没养成的孩子，怎么指望他承担起家的责任，担负起建设国家的重任？一个连劳动者都不尊重的人，怎么指望他创造价值、奉献社会？

劳动，要从小开始培养，其中要有技能的培养，更要有责任感的建立。

# 坚信陪伴的力量（二）

## 一、改变认识

生活中，我们做家长的经常会因缺少陪伴与监督，而导致孩子的家庭教育难以落实。究其原因，要么是家长为生计而忙碌奔波，实难抽时间陪孩子；要么是家长缺乏责任感，为了自己享受自由的生活或消遣，没有花时间去悉心陪伴孩了；要么是家长自己也不知道怎么陪伴孩子，只能操心好孩子的饮食起居。我们经常可以看到有些家长宁愿花时间搞快手直播、玩抖音、刷朋友圈，或跳舞、微信聊天，也不愿在孩子身上花点时间、动点脑筋，或为了孩子读点书籍。这样的家庭，想象一下，生活在其中的孩子生活该多么无聊、多么无助。

**（一）家庭情景再现**

**场景一：**

孩子（做完了作业后，感觉无聊）：妈妈，陪我下一会儿跳棋好吗？

妈妈（正在看直播）：自己玩去，妈妈在忙呢！

孩子（央求）：陪我玩一会儿吧？

妈妈（生气了）：滚一边去，没看我在忙着呢！

孩子（灵机一动）：妈妈，那我看一会儿电视好吗？

妈妈：看去，看一会儿早点睡觉。

**场景二：**

孩子：爸爸，给我讲个故事好吗？

爸爸：自己看去，我哪有什么故事？

孩子：爸爸，你帮我读一下故事好吗？

爸爸：自己读去，没看爸爸在忙吗？

孩子（看到爸爸玩手机玩得很开心，其实，他多么渴望爸爸和他一块儿读故事呀！）：唉……（无精打采，兴趣全无）

通过这两个场景，大家可以体会到孩子对父母陪伴的心理需求，陪伴也是建立良好亲子关系的重要节点，但往往我们做家长的没站在孩子的角度替孩子想想，而逐渐导致孩子心里空虚、效能感低、缺乏生活的意义感，要么迷恋上看电视、玩游戏，要么出现对家长的逆反心理，要么对生活缺乏热情和信心。

### （二）耐心陪伴

**1. 正确看待前途、事业、金钱与名利**

有的家长家产数百万，经营店面数家，但孩子的学习情况却不容乐观。究其原因，主要是家长忙于经营，无暇陪伴孩子，给孩子提供最多的就是钱，孩子吃得好、穿得好，该旅游就旅游，该享受就享受。在这种家庭环境中成长起来的孩子因家长疏于陪伴与督促，常常会出现各种各样的问题，如作业常常完不成、迷恋玩游戏、精神状态不佳、注意力不集中、对学习缺乏主动性。

**2. 家长要视陪伴孩子为一种生命相扶、相携成长的美好体验**

家长要视陪伴孩子为一种生命相扶、相携成长的美好体验，不能将其看成一种任务、一种负担。每一次陪他做游戏，都要观察他的表情与动作，深入交流感受与体验。每一次进行行为习惯与道德观念的引导，都要感受他改变的过程，观察他循序渐进的美好，就如欣赏一件珍贵无比的宝贝。仔细地、轻轻地、适度地……这样，心才能坦然安静下来，以幸福的体验享受每一个午后与黄昏。走心的陪伴与监工式的陪伴，孩子得到的感受是不一样的。走心的陪伴，孩子无论是学习、运动还是玩耍，他的心门都是打开的，对你总有说不完的话、问不完的问题、讲不完的事。相反，监工式的陪伴，孩子往往会觉得郁闷，脸色难看、心情压抑，跟你很少有话说。

**3. 看点书很重要**

生命的绽放绝非一厢情愿，它拥有一种规律。而对这种规律的寻找，不是靠一成不变的经验或陈规陋俗。作为父母，要善于学习、善于反思，要向高人学习、向圣贤经典学习、向孩子学习、向天体自然学习。保持一颗平常心，珍惜每一寸光阴，让孩子过好当下，体验到生命的尊严与伟大，享受亲情的滋润。

不学习，想当然，很多时候会成为孩子成长路上的绊脚石，甚至会造成孩子一生的痛。

为什么会忽然提起此事？某天，周末时光，早上陪孩子玩了"潜水艇"，让他观察物体沉下去、浮上来，他观察得很仔细，也很开心。下午，他又让我陪他玩五子棋。他的玩法不是一般的玩法，而是自己想的玩法，自己定的规则。晚上洗漱时，我赶紧洗了一下泡在水中的小被单，他边刷牙边说着什么，我胡乱地支吾了两句……

他睡着了，想想他今天写了三篇小童话，做了两页数学题，翻看了几本书（当然只看了十多页），又兴致勃勃地开展了几次亲子游戏，对他而言，该是很充实的一天，相信他晚上的梦一定很甜蜜。然而，我这一天下来，感觉自己被"限制"了，而这种感觉，正涉及我想给很多不愿为孩子付出时间的父母说的：观念要改变，陪伴才能实现。

陪伴，需要耐心。耐心，源于浓浓的爱！

## 二、倾听

倾听作为一种重要的沟通交流的方式，体现了一个人的涵养和品质。作为一个成年人，一个善于倾听的人，一般而言是一个理性的人、一个善于反思的人，也是一个广纳善言、有主见的人。无论是在家庭教育中还是在学校教育中，作为家长和教师，都需要具备倾听的意识、倾听的技术、倾听的品质。

我们经常可以看到这样的幸福场景：公园里，或者广场上，或者林荫小道上，一对父子或一对母女，他们边走边聊，孩子说得眉飞色舞，父母不住地进行积极的回应，或摇摇头，或点点头，或挥挥拳……气氛轻松愉悦，即使是旁观者也能感受到亲子关系的和谐自然，让人顿生幸福之感和羡慕之情。但也能看到，有些父母在大庭广众之下，因为孩子犯了一点小错误，对孩子大打出手或厉声呵斥，孩子吓得瑟瑟发抖，让人看了感觉特别担心甚至气愤。这就是不和谐、不合理的亲子关系的表现。要实现对孩子的正确引导，因素很多，如父母威信的建立和对孩子的观察、聆听、引导、宽容、信任、无条件的爱……

倾听，不仅是捕捉和获取孩子生活信息的主要渠道，还是了解孩子心理、思想、道德、学习等诸方面成长动态的重要渠道。

倾听的姿态，可以让孩子获得被重视和被尊重的感觉；

倾听的内容，可以让家长获得和孩子交流的话题；

倾听的反馈，可以决定孩子对你的信任和依恋；

倾听的方式，可以决定倾听的效果；

倾听的程度，可以反映出家长的智慧程度与专注程度；

倾听的耐心，可以反映出家长是否具有无条件的爱。

在陪伴孩子的过程中，我也时不时出现不耐烦或者走神不在意的状态，这时候，我本以为他不知晓，谁知他会很敏锐地直接告诉我："爸爸，你在听吗？你说说，我刚才说了什么？"我让他再说一遍，有时他会再说，有时他会生气地转过脸去，不想说了。这种种表现都充分说明：孩子多么渴望父母对他的重视、对他所说的话的积极回应。

其实，对于孩子的表达，我们所要做的不是说教、判断或者是一连串的引申和道理，相反，我们更该做的是表达与孩子相似的感受，表达理解，回应他的关切、期望和诉求。当然，适时适当的指点很重要，但要精简而非繁杂。只有当孩子提出诉求，请你讲述时，你才能积极、热情地给予反馈。

儿童的世界远比成人的世界更充满好奇：盲肠指什么？狗喝了咖啡会中毒吗？为什么女人不长胡子？我是男人吗？蚊子是害虫吗？爸爸，你为什么那么忙？爸爸，你晚上怎么还在工作？你现在看书是学校安排的吗？同桌的同桌的同桌是谁？如此问题，几乎每天都有，有些我们能马上解答的就要给予及时的回答，这样有助于他们快速记下。有些需要我们帮助他查阅资料（主要是借助互联网）；有些需要知道他们获取信息和答案的渠道；有些需要我们做父母的进行延伸，进一步激发他对未来和未知的探索兴趣和欲望……

但无论如何，走近孩子，和孩子建立良好（信任、依恋和安全感）的亲子关系的基础，首先就是倾听。

作为父母，我们一定要有正确的认识，认识倾听对于建立良好亲子关系、助力孩子思维发展、习惯养成、品德形成的重要意义。从训练倾听的能力和耐心做起，做一个有倾听习惯、会听孩子表达的父母。

# 陪伴孩子，可以这么做

当父母之前，你做好准备了吗？我估计多数父母的答案是否定的。当生活的节奏和过程多少给你点教训的时候，你才总黯然回想起，自己可能的确做错过什么或者没做到什么。《你是孩子最好的玩具》一书中揭示了一种现象，我们在开始教孩子认识字词时，会教孩子名词，如爸爸、妈妈、爷爷、奶奶、星星、月亮……而很少教他们关于感受的词，如伤心、开心、耐心、坚持……所以孩子在需要表达情绪时，因为不会表达就有了躺在地上打滚的办法。该书提出了一个"感受引导"的教育方法，就是要求家长允许孩子表达感受，并通过生活、动画片、书籍引导孩子辨别感受，如光头强被熊大欺负了，他心里是什么感觉？（难受、伤心）

这里我要说的是我和儿子的生活中我的做法。

**做法一：留心观察，发现他的兴趣爱好。**

要积极地暗示他、表扬他、提醒他，让他将兴趣持续下来。我儿子喜欢画画，但不追求画得具象。我希望他能用画笔表达出他心中美好的东西，如互帮互助的动物世界、色彩斑斓的植物天地、丰富有趣的心理世界……于是，当他看上去没事可干的时候，我会提示他是不是想画什么呢？当然，不强求，也不做任何要求，但我会悄悄观察他的表达，积极支持和帮助他，削铅笔、递彩笔，帮他涂色，帮他写字等。

**做法二：做一个聆听者。**

孩子都喜欢表达，特别是对他自己所做的东西，如画的图、写的文字、粘贴的贴画等都喜欢讲给别人听，所以我会不厌其烦地做出认真聆听的样子，而且会追问、质疑，找到亮点并进行夸张的赞美。

**做法三：建立孩子正确的观念。**

在他做对事的时候，是进行教育的好时间。他的大脑兴奋、心情愉悦，所以要求他做的事，他会欣然答应。比如：他经常会把书、彩笔、纸片随意放置，今天他的"作品"得到我的称赞后，他可高兴了。我就紧接着说："你的画，画得越来越好了！现在该休息一下了，你要是把你的摊场收拾整齐，你今天就太棒了！因为你又养成一种好习惯了。"他就开心地一件一件整理好了。

　　陪伴孩子，就得以和孩子交流为乐，真正走进他的心灵。

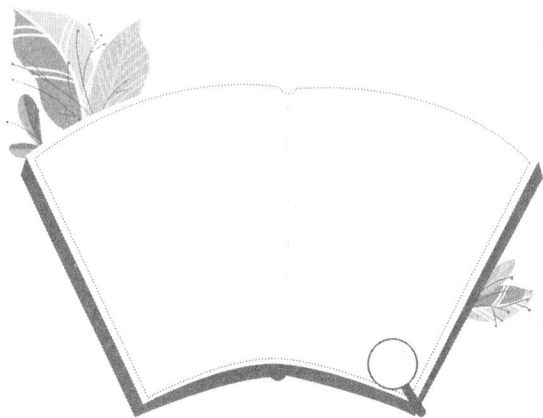

# 陪你慢慢长大（一）

什么是生活？细想之，生活无非是给心灵寻找一个安放之地。因为每个人对活着的意义的认知不同，于是就产生了不同的"三观"，这至关重要的"三观"决定了一个人在这个世界中的幸福指数。

——题记

在我看来，生活的意义不仅在于马斯洛需要层次理论底层的基本生活保障和第二层的安全感，还在于建立、完善自己的人格体系，包括独立人格、社会责任感和担当。

今天的话题，就从陪伴孩子开始……

## 一、建立计划意识

孩子（七岁之前）的生活，如同意识流小说一般，是随着他对所处时空感知与认识而进行的，往往带有随意性和重复性。作为家长，我们要正确引导他将自己的时间进行分块，譬如：吃早餐、诵读、锻炼。虽然不需要具体到几点几分干什么，但至少要有一个框架式的板块。

## 二、陪着孩子玩

适合小孩玩的游戏有很多。作为父母，我们要善于将自己刷朋友圈、看抖音、看快手的时间抽出来，和孩子一起玩。通过各种适合自己孩子的游戏，引导孩子从小养成自信、乐观、责任、耐心、坚持等品质，在游戏中引导孩子体验情感，建立正确的社会认知。

## 三、呵护想象力

想象力是推动人类前进的强大动力。爱因斯坦说，想象力比知识更重要，因为知识是有限的，而想象力概括着世界上的一切，推动着进步，并且是知识进化的源泉。亚里士多德曾表示，想象力是发明、发现及其他创造活动的源泉。孩子开始上幼儿园时，几乎每个家长都觉得自己的孩子是很棒的，活泼好动、机灵、想象力丰富，可是等孩子到了小学以后家长就会慢慢觉得自己的孩子变得不像以前了。什么原因？这是因为我们的标准化思维限制了孩子的想象力甚至扼杀了孩子的想象力。

保护想象力，最重要的方法就是敢于让孩子有不同的声音，能从孩子终身成长的角度去看待孩子在学习、生活中的失误、错误。

## 四、发现兴趣点

杨振宁院士说，成功的秘诀在于兴趣。其实，每个孩子的兴趣点是不一样的，这也与孩子的智能发展有关。家长如果能在与孩子的玩耍、在生活中，发现孩子乐于探知的方向，如是艺术还是体育？是文科还是理科？是动手还是动脑？然后给予他侧重于某方面的支持与关注，孩子的学习和成长就会达到人尽其才的效果。

# 陪你慢慢长大（二）

我心里一直有个愿望：给宝贝的假期生活做一个记录，但总是在忙的托词中搁置此事。在2020年的寒假时，我决定完成这个小愿望。

## 一、从简单的事中成长

他，一个看似有点羞涩的男孩，其实有着蓬勃的活力与丰富细腻的内心世界。

镜头一：爸爸午休。在旁边看电视的他，看到沉睡的爸爸，就悄悄从卧室取出小被子盖在爸爸身上。

镜头二：爸爸在书房忙活，他会关心地问爸爸："喝水吗，爸爸？"

镜头三：妈妈从超市买来豆腐干、薯条、鹌鹑蛋、柿饼……他吃时，总会给在另一个房间的哥哥、爸爸送去一些。

镜头四：妈妈在厨房包饺子，他会主动去厨房和妈妈一块儿包饺子。为了学到更多的美食做法，和妈妈一道通过快手学做菜、做面食……

## 二、用画笔表达自己的内心

对于一年级的他而言，写日记的确很难。词汇量小，好多字不会写，基本句式掌握得少，所以要让他爱上写日记，我觉得从做绘本故事开始比较好。他喜欢画画，很自由的那种，不追求"形似"，只要"意到"就行。

我给他准备了自制的本子，怎么画，怎么布局，有什么故事，这些都是他自己的事了。画完以后，我帮助他，依据他的"指导"涂色，然后，他就依次开始讲述所画的内容，我一边听一边写，成了书记员。当然，他的表达不一定准确或明白，我会提醒他：是不是这个意思？是不是可以这样说？征得他的肯定答复后，我会修改一些太口语化或词不达意的地方。

### 三、属于他的自由时间

一个假期里，他也看了不少电视剧，如《西游记》，当然还有动画片《螺丝钉》《爆笑虫子》等。

他还会和妈妈一块做他喜欢的"美食"。有时，还会先用笔画下制作步骤呢！

突发奇想的时候，他还会自己用平板电脑或手机搞"创作"呢！

### 四、建立他的自信心

我经常运用"二级反馈"法，捕捉他的闪光点，并通过肯定、呈现、积累来增强他的自信心。

他的画册装订了有二十多本，绘本十几册，手工作品三十多件，我都拍照做了记录，并保存了纸质实体。

自媒体时代，在朋友圈、公众平台，只要是宣传正能量、向上向美向善的内容，发什么都很方便。通过朋友圈，我为他"发表"作品，并以大家的点赞来使他获得成就感，建立自信心。

陪伴，不能身在而心不在。"现场感"很重要，要让孩子感觉到你的投入与认真。在陪他长大的路上，我们要边学边做、边做边爱……

有时幸福的距离很遥远，被权力、金钱所阻隔；有时幸福和我们近在咫尺，只要把心静下来，在现场就能感觉到特别的幸福……

# 新时代背景下，我们要这样做家长

有人曾说过，世界上什么行业都要持证上岗，唯有父母不需要持证上岗。只要符合法律程序和规定结婚，生孩子后，自然就升级为父母。至于是否具有做父母的能力，这个没人去过问。正因为如此，现在社会上越来越多的青少年出现了心理问题乃至犯罪行为。究其原因，与家庭教育脱不了干系。中国人民公安大学教授、博士生导师、部级津贴专家李玫瑾教授的家庭教育观是"家长好好学习，孩子天天向上""陪伴孩子，是最大的恩情""孩子的任何问题都是大人的问题""停下来陪他，或许孩子还有救""没有人性的教育杀人不眨眼""善良既救别人也是自己的福分""不被尊重的孩子怎么尊重别人"……这些观点振聋发聩。原生家庭存在着各种各样的问题，再加上时下还没有扭转过来的社会焦虑、家庭教育焦虑、学校教育焦虑，都会直接影响孩子的正常健康成长。

作为新时代的家长，我们一定要尊重孩子身心发展的规律和个体差异；尊重孩子的人格尊严，保护他们的隐私和个人信息，保障他们的合法权益；遵循家庭教育特点，贯彻科学的家庭教育理念和方法；将家庭教育、学校教育、社会教育紧密结合、协调起来。具体怎么做呢？我认为可以从以下几方面去做。

## 一、要敢于打破传统守旧的教育观念

有很多原生家庭的教育观念已经不适应现代的家庭教育，所以家长要敢于革故鼎新，对一些不恰当的，甚至荒谬的教育观点、方式坚决摒弃。比如"孩子小不懂事，大人的事别掺和"这样的沟通就是对孩子的不尊重。"我让你怎么做就怎么做，还跟老子谈条件""我是家长，孩子就得听我的话"等就是典型的语言暴力，是对孩子独立性认识不足的表现，反映的是原生家庭的教育状态。所以，我个人认为，家长要摒弃这些不科学、不合理特别是不符合发展心理学、教育心理学规律的教育观点，做一个具有成长性思维的人。

**1. 对孩子提出的问题要积极回应**

在日常生活中，家长一边要努力去阅读关于家庭教育方面的经典书籍，一边要不断反思自己的教育行为，探索性地去履行父母的责任和义务。比如：对于孩子提出的问题，只要是他主动提出的、感兴趣的，不管你懂不懂，不管你在忙什么，都要进行积极的回应。要么你让他思考一下，再想想；要么你就帮助他解释说明；要么你就引导他通过电子设备（如手机、平板电脑等）、资料书查询；要么你就让他先忙自己的事去，等你忙完自己的急事再去帮忙。但一定要给予他一个积极的回应。因为孩子能在生活中发现问题、在阅读中提出问题，都是主动思考的结果，都是自然而然产生的对未知的探寻动机，如果被家长用一句"滚一边去，别烦我"呵斥，或"我不知道，问老师去"敷衍，那么孩子探寻的兴趣之火很快就会被浇灭。

**2. 要敢于向孩子承认错误**

生活中，有些家长为了哄孩子，会轻易给孩子许诺，但往往不会兑现诺言。孩子一哭闹，要么一顿呵斥，要么一顿打。殊不知，孩子的自尊心、父母的威信就是靠对孩子的尊重而建立起来的。你对孩子说话算数，孩子对你说的话自然也算数。你对孩子面前一套、背后一套，孩子自然也会学着你的做法行事。

## 二、要心甘情愿地潜心陪伴孩子，给予孩子足够的理解和帮助

现在的孩子，从一年级开始，甚至从幼儿园开始，就有了学习负担。究其原因，一是目前的课程门类缺少整合，科目偏多；二是有不少教师依然没有将教育观念转变过来，还停留在以重复机械的训练来提高考试分数上，给孩子布置的作业缺乏整体性、科学性、针对性；三是家长能力有限或家庭教育观念出现了偏差甚至错误。孩子就这样生活在很可悲的几重压力之下。作为家长，要尽可能地鼓励他、帮助他。要不断寻找他在做事过程中身上所闪现出的亮点，进行及时、具体、细微的描述，并给予肯定性评价，让孩子感受到父母对自己的关注，明确努力的方向，父母要不断为孩子的正确行为进行正强化。同时，家长要创造性地为孩子提供放松的机会，和孩子进行交流互动，一起阅读、画画、下棋、做家务，一起去户外锻炼、参加公益活动，一起去旅行……在陪伴中了解孩子的思想和心理动态，了解孩子的内心需要，帮助孩子建立正确的学习动机，树立学习的自信心，养成良好自律的学习习惯和生活习惯。

**1. 陪伴，不等于监督，也不等于充当保姆**

陪伴，主要是心灵的充分交流。比如：孩子学习时，我们可以在不干扰孩子的状态下，干自己的事，但不是玩手机、看电视，可以是看书、做家务、画画、做手工等。当孩子累了与你交流时，我们要学会倾听，听他的心声，并积极地肯定他正确的做法、新奇的想法、美好的愿望、主动的思考……在孩子学习时，父母切忌偷偷地一直像监工一样，观察孩子的一举一动，随时指出孩子举手投足的不当之处，让孩子生活在没有安全感的氛围之中；也切忌像保姆一样，过分地献殷勤，端水送奶，这样不仅会让孩子感觉到自己的特殊性，还会打扰到孩子正常的安静状态。

**2. 陪伴，要俯下身子，听孩子内心的声音**

避免以成人之心度孩子之心。童真世界的行为、表达与成人的世界迥然不同。举个简单的例子，我的爱人经历了数次大手术，一般人估计都无法面对，至少在心理上是崩溃的，但她却以阳光、乐观、坚强的心态面对生活，积极追求上进，不但在学校工作中认真负责，赢得了领导与同事的赞誉，而且在家庭生活中也能做到孝敬父母，能处处替别人着想，把家里打点得井然有序。我戏称她为"铁人"。其实这里面包含着我对她的担心，也有肯定。但这句话，进入儿子耳朵里的理解是什么呢？估计大家想不到。因为当时我也没思考过这句话儿子会如何解读。后来，一个偶然的机会，我们再次提到"铁人"二字，已经三年级的他说："爸爸，你经常说我妈是铁人，可她的身子不像钢铁那么硬，她的胳膊、腿都很灵活呀！"我忍不住笑了，并及时给儿子做了解释。事后，我在想：我们成人口里说出的一些司空见惯的话语，孩子的理解与成人的初衷是有差异的，甚至意思可能会截然相反。同样，孩子说的某些话，我们成人是不是理解对了？这也得打个问号。基于这样的经验，我觉得，陪伴，还需要正确地理解孩子，正确地和孩子沟通，耐心地用换位思考的方式走近孩子。

### 三、做孩子成长的观察者、记录者和呐喊者

孩子的成长，需要父母不断地去观察，发现他的潜力，发现他的爱好，发现他的生长点，并及时调整自己的学习方向，改变教育策略。三百六十行，行行出状元，不要强迫孩子去做他不喜欢的事。在生活中，我们要善于做一个捕捉孩子亮点的记录者，用文字、摄影、录像等多种方式，记录下孩子成长的足迹，不断为他们的成长注入希望、注入力量，还要学会变着法子进行呐喊助威，哪怕自己的孩子与别人的孩子相比有一定的差距，只要孩子与自己之前相

比有进步，努力了，我们就要有仪式感地进行祝福、鼓励。

### 四、做一个与时俱进的学习型家长

不管你以前怎么样，就算是很优秀的人，也应该有终身学习的观念。知识幂次方更迭，信息幂次方递增，家长的思想观念、知识储备、应用操作等各种能力的加强，特别是家庭教育思想的更新，都需要家长主动去阅读家庭教育指导方面的书籍并从中进行学习，如《孩子，把你的手给我》《正面管教》《家庭教育》《陪伴孩子终身成长》《好妈妈胜过好老师》《你就是孩子最好的玩具》《非暴力沟通》等。不懂得人的心理发展规律，不懂得正确的交流沟通方式，不懂得有效的情绪管控，不懂得正确的教育方法，就凭借一腔热情、一厢情愿，理所当然地去进行家庭教育，非但不能建立良好的亲子关系，不能培养孩子良好的学习和生活习惯，还会给孩子带来不少心理问题。正所谓：不懂教育的家长，越是爱管孩子，对孩子的伤害越大。

做家长难，做一个合格的家长更难，做一个优秀的家长难上加难。所以，家长朋友们要树立成长型思维，做一个学习型家长，这样在陪伴孩子成长的道路上才会顺风顺水。

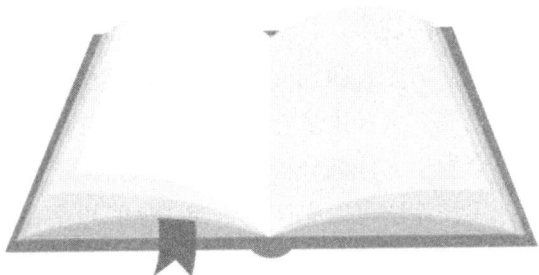

# 学着做一个合格的家长

有人说，人要想有进步，就得像使用加载不动的电脑一样，先格式化内存，才能容纳更多的新东西。一个人要想真正改变自己，就得敢于将自己的观念"清零"。随着时代的发展，人类的文明程度、个体的发展速度和以前相比有了巨大的变化。相应的，教育孩子的方式也应该与时俱进，不能老停留在"一言堂""老子说了算"的家长制状态上。

事实上，我从没有认为哪一种方法就是绝对正确的，但我始终相信，至少严格的要求、用心的陪伴、民主的关系、及时的沟通、阅读的滋养这几个方面是缺一不可的，也是普遍适用于所有孩子的方法和原则。

## 一、对孩子行为习惯的要求要严格

严格要求不等于责骂责打，而是不溺爱、不包庇，尊重事实，严于律己。家长对于原则性问题，态度要明朗，观点要明确，一就是一，二就是二，不折不扣。但这不等于认为孩子所犯的过错就是"天大的事"，有意夸大事实，或对孩子行为的矫正过于苛刻，要求一次就要"达标"，否则就觉得孩子已经学坏了或不可救药了。

举个简单的例子：小孩子爱吃零食，可家长既要求孩子在外边不能买零食吃，又不适时地给孩子购买健康、合格的零食。这时，孩子本能的欲望就会催促他，要想方设法尝尝，但是，向别人要不好张口，偷别人的零食更加不对。于是，他幼小的脑袋里往往会产生拿爸爸或妈妈兜里的钱去买零食的想法。其实这样的行为之所以会发生，仔细分析，绝非是因为孩子品行差，只是出于想吃某种东西的欲望。家长完全可以先让孩子谈谈他的想法和事情的经过。然后肯定孩子想吃的愿望是对的，家长可以满足，只要不多吃、不乱吃就行。同时明确告诉他，即使再嘴馋，也不能没经过别人允许拿别人的钱，这是一种错误的行为，是违反道德准则的行为，这种行为会被别人误解或瞧不起。这样，我相信，孩子下次一定会改正的。但是，大多数家长的做法是：恶狠狠地批评一番甚至责打一顿，不去了解孩子的内心世界，只希望通过责打让孩子产生恐惧心理而不再偷拿别人的东西。虽然这种方法在我们几代人中，特别是家长制作风盛行的家庭里产生过不小的作用，但从儿童心理学、教育学的角度思考，这种做法显得十分野蛮和粗暴。这种方法对有些孩子有用，但治标不治本，对有些孩子则根本不起作用。当然，将前面的方法和后面的方法结合起来，因材施教，就一定会起到事半功倍的效果。

## 二、用心去陪伴孩子成长的每一步

用心的陪伴不是父母像个影子一样围绕在孩子的周围，而是跟孩子在一起有效互动，父母要明白其中需要渗透的思想、习惯、导向等。

譬如，和孩子一起动手做一次树叶贴画。我们陪同他去采摘树叶，这个过程包含着很多教育的契机和训练的节点。例如，通过树叶的不同形状，我们可以让孩子感受大自然的奇妙，感受植物的多样性和丰富性；通过树叶的颜色变化，可以感受节令、气候变化对于植物生长变化的影响；通过采摘行为，可以让孩子懂得树木也有生命，我们不能随便折枝摘叶；通过对画面的构思设计，当然是孩子与家长一起进行的，可以训练孩子的构思能力；通过选择、剪叶、粘贴、署名等程序，可以体验作画的快乐和成就感。在这些影响的发生和效力的产生过程中孩子是无意识和无准备的，但我们做家长的最好能抓住其中不可错失的良好契机。这样，陪伴才会发挥应有的积极作用。

用心的陪伴还体现在要寻找和创造一切适合孩子的活动、机会、场景，让孩子在不知不觉中进行体验、受到教育、获得成长。

## 三、要有民主的亲子关系

民主的关系不能等同于孩子对父母不尊重或无视长幼关系，它是一种对待问题、看法、人际关系的思想观念。

在孩子面前承认错误，这不失家长尊严，相反，会给孩子树立一个勇于承认错误、承担责任的榜样。"知之为知之，不知为不知，是知也。"要用平视的眼光、平等的身份去对待和处理孩子身上、学习等方面的事，以理服人，以情动人，以行导人。若用强词夺理、盛气凌人的态度和言语对待，即使我们大人都会产生抵触情绪甚至爆发冲突，对于叛逆期的孩子产生的后果也就可想而知了。

有这样一个故事。爸爸喜欢酗酒，儿子喜欢玩网络游戏。为了让儿子远离网络游戏，爸爸准备给儿子树立榜样，以自己戒酒为条件，要求儿子戒网，共同遵守约定，从而达到约束和限制儿子玩网络游戏的目的。刚开始一个月，他们各自都遵守得很到位。一个月后，爸爸再也按捺不住酒瘾的困扰，就和朋友相约去喝酒了。夜深了，爸爸拖着醉醺醺的身子回到家里，正在做作业的儿子从屋里冲出来，一本正经地对爸爸说："你不遵守约定，你喝酒，我就可以玩网络游戏了。"这句话刚出口，爸爸就恼羞成怒，给了儿子一个耳光。这一巴掌使儿子从此失去了对爸爸的尊重和信任。虽然表面上儿子依然害怕爸爸，但其幼小的心灵里却埋下了怀疑、提防和对抗的种子。

所以，作为成人，我们家长也要把孩子当作一个完整的、有思想、有个性的独立人来看待，讲原则，讲平等，讲公平，让民主的亲子关系在家里建立起来。

## 四、和孩子之间做好及时的沟通

及时的沟通不是指有问题了才找孩子谈心，而是平日就要养成和孩子聊天谈心的习惯，让这种做法习以为常。

比如每天孩子从学校回来家长要问的"学校有什么事（好事）发生吗""你今天有什么好的表现吗""今天有什么新收获""有什么需要父母帮忙的吗"等问题，如果每天都能坚持跟孩子这样沟通，那么孩子心灵的窗户自然不会关闭，如果孩子内心的情绪能够被适时释放、不当的倾向被及时发现，那么孩子心里存在的困惑就能够得到及时解决。在这里，家长一定要避免在孩子说了自己做的错误的事情后，按捺不住情绪对孩子一顿痛骂甚至痛打，这样的话你们之间沟通的大门可能就会因此关闭。

家长可以用商量的语气进行沟通，用严肃的态度表明自己的立场。例如，孩子偷了别人的文具，大人大可不必大惊小怪，但也不能坐视不管，而是要表现出积极明确的态度，可以先要求孩子归还别人的东西，并亲自带孩子向失主认错、道歉。一次有体验的、有过程的处理事情的情景，会对孩子的一生产生不可小觑的影响。

## 五、阅读对于孩子成长的作用更是不可估量的

朱永新教授曾说过，一个人的精神发育史就是他的阅读史。是的，与书为伴的人，即使不优秀，他也差不到哪里去。对于这一点，我深信不疑。特别是

在经典文学书籍中浸润的人，至少他对生活、对人生、对生命、对价值有所考量，不会简单武断、草率行事。

当然，与书为伴的人，他会爱上生活，爱上亲情、友情，生活态度会变得积极、阳光乐观，生活趣味也会变得丰富多彩。那怎么阅读呢？尹建莉老师在《好妈妈胜过好老师》这本书里的观点和做法值得我们去品味和借鉴。

首先，我们要在孩子三岁甚至更早一点的时候就开始对其进行阅读的训练。阅读一定要从孩子最小的时候开始，哪怕这个孩子刚几个月，我们在哄孩子玩的时候可以读一些诗歌，可以一边拍着他哄他睡觉，一边念念有词"鹅鹅鹅，曲项向天歌。白毛浮绿水，红掌拨清波"。他这个时候一般听不懂，但是你的声音会刺激他的语言中枢。到了他开始懂一些事情的时候，我们就可以给他讲故事，这些对儿童的智力启蒙都是非常重要的，所以开始得越早越好。当我们给孩子换尿布的时候，可以跟孩子说："宝宝，妈妈给你换尿布了。宝宝，你撒尿了。宝宝，你该穿衣服了。"这都是儿童对语言最初的接触，也相当于阅读。

其次，阅读的内容可以非常广泛。现在的孩子，特别是幼儿园的孩子，受其年龄特点和思维发展水平的影响，喜欢看一些直观的、色彩艳丽的图片，这时我们要尽量找一些图文结合的连环画或画报给孩子读，让他一边在视觉上感受、在思维上默化，一边获得语言的发展。阅读的内容还有另外一个重要部分——经典背诵。中华民族传统文化博大精深，它像一口老井，用甘甜的水滋润着一代又一代青少年。但是，对于经典背诵，开始孩子肯定不感兴趣，家长要从一些易背易读的儿歌、诗歌入手，如《三字经》、《百家姓》、《弟子规》、唐诗等。因为诗歌是朗朗上口的东西，节奏感和旋律感非常好，容易引起孩子的喜爱之情，有利于培养他们阅读的兴趣。

在这个过程中，我们往往会遇到孩子不识字、不知道怎么读的问题。

尹建莉老师通过研究发现：在阅读中，应该是先有阅读，才有认字，或者应当让孩子在阅读中进行认字，学会让孩子在生活中自然认字。比如，抱着孩子到外面，看到菜铺，就告诉他那是菜铺，看动画片时看到"《西游记》的故事"6个字，就告诉他那是"《西游记》的故事"。平时给他讲故事的时候，我们可以指着书上的字，用书面语读。孩子慢慢就会知道，这些东西叫文字，所有的东西都是有内容的，他从这儿看到一次，从那儿看到一次，慢慢就学会了。在认字方面，家长不要专门做一个计划，今天认识10个，每天认识20个，这样的启蒙教育是很差的。

最后，我们一定要保证孩子快乐阅读，如果孩子阅读得不快乐，最后什么也实现不了。有的家长也认识到了阅读对孩子来说很重要，特别想让孩子一天读很多书，所以就强迫孩子每天读多少页，读不完不能出去玩。更糟糕的是，有些家长让孩子每读一篇文章，都要搞好词佳句摘抄、写读书笔记或读后感，这些做法，往往适得其反，扼杀了孩子的阅读兴趣。如果你想让孩子喜欢课外阅读，就千万不要直接要求他"读书"去，也不要总拿他爱不爱读书这事当话题来聊，更不要用阅读的事来教训他。家长绝不可以采用强行关掉电视的方法来强迫孩子读书，一定要注意情绪的愉悦，一定要想一些灵巧的方法。

我们发现，孩子能否爱上阅读，与家长、教师对阅读的要求、指导有重要的关系。苏联教育家苏霍姆林斯基说过："儿童的自我教育是从读一本好书开始的。"孩子一旦爱上阅读，他就开始步入思维的逐渐成熟期，而且开始良好的自育。这时，作为家长，我们就不需要再发愁孩子的学习和品德的发展了。

对孩子的教育，因地制宜很重要。家庭教育没有固定的程序，但家长的学习和智慧是不可缺少的。让我们善交流、常阅读、勤思考、能坚持，做一个合格的家长，助力孩子的全面健康成长。

参考文献：
尹建莉.好妈妈胜过好老师［M］.北京：作家出版社，2009.

（发表于《宁夏教育》2019年第2期，本人为第二作者）

# 要说陪伴不容易

生活离不开陪伴，子女要陪伴老人，丈夫要陪伴妻子，父母要陪伴孩子……陪伴赋予了尘世令人回味与沉醉的温暖与眷恋，赋予了人生深刻的意义，引起了人们沉静的思考。

有教育家深情地说，孩子的成长离不开父母的陪伴。那么怎样的行为与举措才算陪伴？怎样进行陪伴？根据个人的经历和理解，我们来聊聊这个话题。

陪伴，我们不能简单地理解为陪在身边，而是要理解为心与心的沟通，家长要舍得牺牲自己的自由支配时间，理智地引导孩子形成良好的行为习惯与价值观念，促进孩子建立健全的人格体系、树立坚定的理想信念，让孩子能拥有一个幸福完整的人生。

陪伴不是像监工对工人式的监视，而是朋友式的理解、支持与陪同。陪伴应该让孩子视你为最值得信任的人、可以倾诉自己装在心中的秘密的人，而非像有人描述过的那样，一会儿以送水为由头看看孩子在干什么，一会儿以送书为由头打断他的思路。比如：孩子想上山摘山果，作为家长要珍惜这样的机会，腾出时间陪他去摘，让孩子了解山果的形状、颜色、味道，了解树的特点，还可以结合观察结果与网上的科学知识，激发其探求未知的渴望。

陪伴不是只陪着孩子做做不尽的作业，而是和他一起成长。父母也要成为终身成长型父母。一个自己看到书都头疼的父母，一个只会给孩子购买做不完的练习题与测试卷的父母，如何培养一个爱阅读、爱自主探索知识的孩子？有的父母眼里没有孩子的情绪、情感，只有分数，只有无休止的与别人的比较，无间断的否定、担忧、加码。真正的父母应该小心翼翼地保护好孩子的兴趣，保护好孩子的自尊，建立起孩子的自信，尽可能站在童真的角度了解孩子的内心世界。

陪伴不是禁锢，不是这也不行、那也不行，而是引导，如同治理河流，宜疏导，而不宜一味堵截，堵得越紧，决堤时灾情越重。面对孩子成长中的问题，我们做家长的要先共情，表示理解，然后摆出利害关系，在合理合情的区间内赋予孩子选择的权利。

家长要想成为一个合格的陪伴者，首先要成为一个与时俱进的学习者，至少要了解社会发展的趋势、了解社会对人才的需求、了解健全人格的基本特点，掌握一定的儿童教育学、儿童心理学（3～8周岁，迟则至12周岁是一个人良好习惯与品格形成的关键期）与卫生健康知识，这样在陪伴孩子时才能做到科学地指导与沟通，避免原生家庭传承下来的一些有缺陷的做法，避免想当然或缺乏主见地听从他人的"育儿经验"。我们要清醒地认识到没有包治百病的灵丹妙药，每一个生命，都是一个独立的有个性特点的存在。

其次，要遵循循序渐进的原则。欲速则不达。每个孩子的基因与智能特点各不相同，这就决定了我们陪伴孩子成长时要尊重孩子的个性特点（如兴趣、爱好、禀赋、性格等），顺其自然，边走边看，切忌预设目标与路线，抹杀孩子的天性，从而进一步毁掉他成长的主动性，限制其潜能的开发。

最后，要慢下来，学会沟通，走进孩子的内心世界。你永远叫不醒一个装睡的人。我们见到的好多家庭，家长要么不陪伴孩子，放任自流，要么像枷锁一样"陪伴"孩子，像一个"幽灵"一样跟在孩子身边，让孩子觉得窒息与压抑。殊不知，只有学会沟通，成为他可靠可信任的朋友，才能真正了解孩子，才有利于有的放矢地调整陪伴策略与方式。

陪无定法，但一定包含持之以恒的尊重与信任、共情共心的合作。让我们每一对父母都做一个谦卑的学习者，做一对终身成长型父母。

# 育儿不易（一）

## ——大宝成长记

每家都有"育儿经"，每家都需"育儿经"，可每家的"育儿经"又存在着极大的差异。每一对父母，都有一个或几个"天使"，但"天使"的禀赋天性却不一定一样。每个"天使"都渴望拥有天堂般的生活，但客观条件却迥然不同。

对于我而言，大宝的出生，让我第一次感受到了父母对子女的那份无法言说的疼爱。在我以前的印象里，我对还没满一岁的小孩，根本谈不上喜爱（估计与那个年代人们生活条件差，娃娃包在难闻且脏的襁褓里，手脚、脸都比较脏，也经常感冒流鼻涕有关吧），但是大宝的降生，彻底改变了我的固有感觉。我清晰地记得，妻子肚子疼了连续三夜两天，到第三天时，我们都不敢再等了，就找了一辆客货两用的农用车，前往本地的县医院。但没走出多远，妻子说羊水破了，我们就赶紧往回走，到单位宿舍后很快就把孩子生下来了。当舅母告诉我，生了一个儿子并让我进产房来看看时，那个身上、头上都还染着血渍的"咿呀咿呀"哭叫的婴儿，让我感到莫名的疼惜，那种真切的爱油然而生，不是因为他的长相，不是因为他的瘦胖，更不是因为他的性别。从那一刻起，我似乎彻底懂得了父母对子女那种掏心掏肺的爱恋和疼惜。

大宝出生时，虽然相比较父母一代，我们的日子好多了，但因父亲病故时间早，看病时欠下了一些债务再加上那几年庄稼歉收，还有几个兄弟上学，母亲又经常生病需要吃药诸方面的影响，我们家生活仍然相当紧张，就连日常吃的米面都要从外面买来填补。当时家中的收入，就是我仅有的三百多块钱的工资。大宝还不到一岁时，妻子就离开孩子去省会城市离职进修。孩子只能送到他外婆家，请外婆暂时照看，因为这样，我就可以利用周末的时间去陪伴一下孩子（我所在学校和孩子外婆家属于一个村，隔着一座山）。

那时，我正年轻，对于照看孩子没有任何经验，而且当时还担任村级小学的校长，工作也比较忙，所以一般只有周末才可以陪陪他，平时很少回家哄他、逗他玩耍。

孩子外婆也是农户人家，要忙里忙外，对孩子也常顾不上照看，由媳妇的外婆（一个七十多岁的老人家）代为照看，虽然说他们都很疼爱孩子，没有让孩子遭受什么伤害，也能按时吃上穿上，但遗憾的地方就在于孩子缺少父母的近距离接触和喂养。所以他的身体一直不怎么好，而且没有形成与父母之间的安全链接，缺乏安全感、信任感。

后来，爱人毕业后，孩子就由我们两个照看，那时（约3~5岁）应该说是他最美好开心的一段日子。我给他讲故事，我们一块儿看有意义的动画片，看一些绘本书籍，但还是没有更多更有趣味的书看。原因有二：一是家里经济紧张，很难将买书之事安排上日程；二是妻子对买书极力反对，认为小孩子要看什么书，都是浪费钱呢！

大约孩子快五岁时，因工作需要，妻子被调到中心小学任教，我还在村小"蹲守阵地"。那时，妻子刚接手一个一年级班，年幼的儿子无人照看，妻子就将孩子安排在班里的前排，这样，她上课也就安心了。殊不知，年幼的他思维敏捷，给一年级学生教的东西，他也学会了。后来，我们俩商量了一下，不如让他跟着上学算了（当时，对上学年龄没有严格要求，一般为6岁）。接下来的日子，孩子的学习情况一直都不错，只是注意力持续时间短，再加上我没在他身边陪他一起读书、一起玩。妻子喜欢唱歌、打扑克，除了给孩子安排好饮食和基本作业，剩余时间，就让孩子跟其他孩子玩，自己就打扑克，很少和孩子一块儿参与活动。

此时，孩子的阅读、行为、生活习惯尚未形成，毕竟他年纪小，自我管理能力差。妻子受原生家庭的影响还是比较大，她尊崇父辈那一套比较严厉的教育孩子的方法，要求孩子就得听大人的，而且孩子犯了错，她就会很严厉地对孩子进行指责和批评。一件在大人看来微不足道的事，在小孩眼里或许感觉正常的事，她就要孩子说个来龙去脉。这样做的后果，就是慢慢地孩子犯了错，要么不告诉大人，要么撒谎。总之，不愿意将自己真实的经历讲给大人听。

人生路上，选择的确很重要，一步之错，可能百步撵不上。我于2007年有幸被选聘进入本县最好的小学任教，应该说，这不仅是我梦寐以求的学校，还给让孩子享有比较优质的教育带来了新的希望。可是因为进入新班，孩子的适应力较差，再加之数学老师三天两头调换，对孩子造成了一定的影响。但毕竟我们两个也可以帮孩子补补功课，这些就都过去了。

最遗憾的是，因为孩子当时年纪小，加之每天作业多，他哪有时间阅读？哪有时间写日记？再说孩子都有爱玩的天性，妻子教育孩子，就只希望孩子学习、学习、学习，看到孩子稍玩一会儿，她就担心会影响学习，也不让孩子扫地、端饭、擦桌子、择菜等，一旦我让孩子做这些，就会遭到她的极力反对，妻子认为这是我偷懒。渐渐地，他的学习兴趣在小学就有所减退，学习的自觉性没有形成，在家没有建立起责任感和劳动意识，也没养成基本的劳动习惯和能力。

小学课程内容比较简单，在老师的教育和我们两个的极力配合下，他以比较优异的成绩进入了初中。但是，就在最关键的初二那年，妻子得了一场大病，几乎可以说在鬼门关走了一趟。那年，我全年陪妻子住在医院，孩子就交由他奶奶照看。连斗大的字都不认识一个的奶奶，一边要照顾年仅一岁的小宝，一边要照顾就读初二的大宝。她每天以泪洗面，担心儿媳妇的病情，看到自己的小孙子面黄肌瘦，她更是心里难过，又每天心急地哭。此时的奶奶也给大宝讲了许多道理，讲了家里发生的严重变故。但已是初二年级的大宝（14岁）还是没有读懂奶奶的苦心和衷肠。他那时，就迷恋上了网络游戏。

也算老天有眼，妻子的病总算以比我想象得好、比医生想象得好的情况治愈出院。接下来的生活，就算基本正常了。儿子在初三一年时间里，经过突击努力，也以文化课520多分、全县330多名的成绩考上了高中，被分到本县最好的高中。高一时遇到的班主任认真负责，孩子成绩虽然不算太好，但还不错。他退步比较严重的时间段是高二分科后，受班级管理、自我认知、人际交往等因素影响，他开始变得对学习失去信心和兴趣。到高考时，他的成绩让老师和家长都始料未及。当然孩子之所以出现如此的成绩滑坡，也与我没有做好对儿子的沟通疏导和教育管理有关。

纵观大宝一路的求学经历，我对自己的所作所为做了深刻的反思。

虽然每个孩子的天分禀赋无法主观决定，客观的生活条件也无法改变，求学路上能否遇到良师全凭他的福分大小，但家庭教育上我们是可以努力做一些改变的。

有人说，孩子走进学校，家长也要同时进入家庭教育的"学校"。只有家长好好学习，孩子才能天天向上。

是的，家庭情况千差万别，有些家庭父母文化程度低，但为人敦厚正直、勤劳俭朴、守信担责，虽然不会在课业上辅导孩子，但他们的言行举止一般会影响孩子养成好的习惯；有的家庭父母文化程度还不错，但夫妻经常吵架或个人言行不太端正，也会影响孩子；还有些父母为了生计，根本顾不上陪伴孩子，更别说高质量陪伴了。但是，也有相当一部分家长，拥有优厚的家庭教育条件，经济方面没有负担，生活环境优良，文化程度高，这些家长就要吸取我的经验教训，谦虚谨慎地从做好自己开始，挤时间认真学习家庭教育方面的书籍，多参加家庭教育方面的培训学习，多和孩子交流沟通，多带孩子参加各种体育活动和户外活动，争做一名合格的家长。

经过反思，我总结出了自己做得不到位的几个方面：一是没有和爱人形成统一的育儿思想，家庭教育没有形成和谐一致的高能量合力；二是孩子小学阅读量没有达标，而且阅读和记日记的习惯没有形成；三是没有形成倾听孩子诉说的习惯，缺少和孩子的交流，特别是对他内心的需要倾听太少；四是给孩子为人处世方面的示范性不够。

大宝最后虽然只上了一个三本的大学，但对我的影响还是挺大的。因为他的成长让我看到了一个人成长中要面对的可控制和不可控制的生活境遇，要遇到的可避免和不可避免的挫折和遭遇。因此，顺也罢逆也罢，作为家长，我们一边要尽己所能让孩子拥有属于自己的人生，一边也要尽己所能做好孩子的启蒙老师和人生导师。

随着叛逆期的过去，再经过大学四年，大宝不再那么自以为是或自我否定了，现在他正在努力地投入公务员考试的备考之中，祝愿他在觉悟曾经的蹉跎之苦后，能逆袭回来，成为全新的自己。

# 育儿不易（二）

## ——小宝陪伴记

前事不忘，后事之师。大宝高考的不理想，特别是他在学习和生活进程中的表现，给我心里重重的一击。如果孩子的现状与我的影响没有关系，或许我会坦然接受，但是我通过反思自己的行为，找到了诸多不是。

面对二宝，在他不到一岁时，他妈妈就生病住院了，导致二宝身体一直不太好，于是，我对他最大的期望就变成了他能有一个好身体。我对他的疼惜，感觉比对老大还要真切。

因为大宝的事，妻子也受到了打击，她和我在教育和陪伴小宝的方式上，终于步调一致了，特别是在肯定孩子、让孩子参与家务劳动、陪伴孩子一起参加户外活动等方面都有了很大的改观。特别值得一提的是，她现在已经考取了国家三级心理咨询师证书，又参加了为期一年的心理辅导培训。我也在2020年考取了中国科学院心理咨询师合格证书，参加了家庭教育指导师的培训。我想：只有自己从理论上"知其所以然"，才能在育儿实践上"知其然"。

## 一、重视点滴陪伴

陪伴不是一蹴而就的，也不是一天两天的用功，它的要领在于点点滴滴的陪同、交流、支持、指导、观察、反馈、纠正。从小宝上幼儿园起，我就开始陪伴他看故事、读绘本，和他一起画画、写字，我尽己所能地支持他、鼓励他、肯定他，在陪他成长的这些年里，我阅读了《正面管教》《孩子，把你的手给我》《非暴力沟通》《自卑与超越》《儿童的人格教育》等书籍，我知道，只凭一厢情愿，只凭一副好心肠未必办得了好事。正像有人说的，一个不懂教育的教师，越是认真，对孩子的伤害越大。通过近三十年的教育实践，不管是从某些学生成长的纵向发展上观察了解，还是对平行班级、不同年级学生发展的观察、寻访、谈话，我或多或少地发现了一些以前我不了解或不承认的事实。譬如，通过我的观察对比，我发现一个对学生过分苛刻严厉且让学生时刻提心吊胆的教师，教出来的学生学习成绩可能会好一点，但这种好是建立在畏惧心理基础上的，他们的思维发展不一定灵活、开放。而且更有意思的是，这样的氛围会导致孩子身体发育减缓。最明显的表现就是在同龄的学生中，这样的班级里的学生皮肤比较黑，而且身体瘦削，个头普遍较矮。相反，一个能创设宽松环境和氛围的教师，一个能和学生打成一片、和蔼可亲的教师，教出来的学生在和其他班同样的生活条件下，个头普遍较高，皮肤比较白，身体更结实一点。到目前为止，我还没有做过类似的课题，未来将对此进行实证研究，找出其中的理论依据，但我坚信，这种事实就是存在的。

## 二、对待孩子的态度

在对待小宝时，我更加谨慎，将他视作一个独立的个体，平等交流，身体力行。凡是孩子感兴趣的或提出的疑问，我一般都会给予及时的支持和回应。比如：他问有三叶草，还有没有四叶草？蚂蚁有多少种？有没有白色的蚂蚁？人在水中可以憋气多长时间？冬天会有蚂蚱吗？他的问题很多很多，说实在的，我也觉得有些问题没有什么意义，或他的问题我无法回答，或他的问题很有道理，但我也不知道答案。面对这样的情形，我首先一定是给予他积极的肯定（你问得真有意思，你是怎么想到这个问题的？），同时陪他从书上、自然界、手机上寻找答案，即使一时没有结果，我也一定会表扬他善于思考、爱动脑筋。

## 三、指导阅读习惯的养成

阅读可以说是一个孩子最好的成长路径。它不仅可以让孩子获得精神领域的成长，还能让孩子获得心智方面的发展与成熟。在阅读上，从开始我读他听，到后来他在喜马拉雅App上听故事，再到后来他读故事、讲故事、和我们讨论故事，渐渐地，他爱上了阅读。他的阅读内容也从简单的《三毛流浪记》系列到后来的《动物大世界》《没头脑和不高兴》《小灵通漫游未来》《爱的教育》……从文科的书籍到现在的科学、物理、数学、化学等理科的书籍，他读书很轻松，因为我从来不给他提要求，只会通过"你怎么读得这么快""你怎么知道了这么多知识""我都不如你了"等正面言语去鼓励他。

## 四、指导写日记习惯的养成

记得他在二年级时，就开始在平板电脑上写童话故事了，从他喜爱的恐龙世界写起，故事写了大约3万字呢！后来因为他在电脑上用眼的时间过长，影响了他的视力，我们就只好让他放弃在电脑上写文字了。他的故事在我的二度修改后，配图发表在我的朋友圈，他从中体会到发表的快乐，也赢得了很多粉丝的关注和点赞。因此，他更加有表达的信心和欲望了。

## 五、小心呵护孩子的兴趣

小宝在幼儿园时，认识的字不算多，也不算少，会写的没几个，当然我从不要求他写字或教他写字，但我鼓励他认字读字。他可喜欢信手涂鸦了，只要看到桌面上的纸和彩笔，他就拿起笔开始涂鸦了。涂什么，怎么涂，我从不做要求，特别是在他专注地涂画时，我一般不去打扰他。等他涂完了或在他停顿的空闲时间，我会欣赏一番，并及时给予肯定：要么竖大拇指，要么夸他画得很有意思或夸他画得太好看了！对于他画什么，我最关注的不是画面本身展现的视觉效果，我在意的是他如何描述自己所画的整个图的名字或意思，我一边指着画面，一边听他给我讲内容。当他讲得不准确或不明白时，我会及时跟进问："你刚才说的是不是……""你的这部分是不是要画……"通过"画"与"话"的有机结合，不仅让信手涂鸦的画面有了童趣童真和故事情境，还训练了幼儿的语言表达，积累了必要的常用词汇。后来，我鼓励他制作绘本故事，其步骤是：首先画故事情境，然后讲故事内容，我执笔写故事，并在征求他意见的基础上进行修改完善，其后就是我把故事连起来读给他听，最后一步就是拍照在朋友圈发表，让他的亲人、老师、朋友能读到他的"作品"。

他不仅喜欢画画，还喜欢做手工、做实验。一旦有空余时间，他要么读书，要么画画，要么做手工或做实验。我家的"边角余料"在进入垃圾桶前，都得经过他的严格审核。凡是他觉得有用的，都会被他留下来作为手工原材料。"连通器原理""水油不容""电能转化""动能转化"……好多原理已被他的自主"实验"所"证实"。

因为他喜欢画画，我就给他报了书画班。说实话，这个班报得挺有必要，不仅顺应了他的兴趣，还让他练就了一手不错的钢笔字和毛笔字。虽然功力尚未达到一定水准，笔画还没完全掌握，但他的字从一定程度上已经拥有了书法萌芽状态，势头令人振奋。练字，的确不易，需要耐心、精心的指导。我虽然字写得不太专业，但起码字的间架结构、运笔方法、笔画笔顺还是懂一点的，所以我会适时指导他某一个字或某一种笔画，并做示范指导。

## 六、健全人格的形成

"金无足赤，人无完人。"是的，每个人的性格各有不同，没有哪一种性格是十全十美的，也没有哪一种性格是一无是处的。在孩子性格的形成过程中，作为父母要不断进行适当的引导，以使他不断纠正和完善存在缺陷的部分。在心理学中，我们知道，气质是不可改变的，但性格却不一样，它会随着周围环境、文化影响、自我调整等因素的影响而不断变化。心理学家威廉·詹姆斯曾说过，种下一种行为，收获一种习惯；种下一种习惯，收获一种性格；种下一种性格，收获一种命运。由此可见，性格会决定一个人融入社会、集体和交际的自由度、效能度和可行度乃至舒适度。一个拥有偏激、孤僻、苛刻、自私、懦弱、懒散、孤傲等性格的人，一般很难融入正常人的生活。虽然有不少的奇才、怪才、天才就有类似的性格，但这与大众的、普遍意义上的人对性格的要求是格格不入的。小宝为人善良、善解人意，能自觉地换位思考问题，诚实守信，孝敬父母和老人，能与小伙伴和谐共处，具有极强的怜悯心。但是他的胆子比较小，在晚上和他一起入睡时，我经常能感觉到他被吓得浑身颤抖，平时他也怕独处、怕黑，所以，在生活中，我经常开导他要退一步想问题，以防止他从很小就产生不该有的恐惧心理，甚至产生焦虑情绪。而且，我常常把我小时候面对有些事的反应形容得比他还胆小，将我的内心描写得更紧张，以便与他共情，让他和我一道打消不必要的紧张、顾虑和担忧。

## 七、户外运动和活动是加强亲子关系的有效方式

在户外活动或运动的时间，常常是我们聊得最开心、玩得最惬意的时刻。谈天说地，轻松自然。在操场草坪上，打滚、踢球、放风筝、踢毽子、跳绳……只要他喜欢，我都尽可能让他尽兴，还给他拍视频、照片。只是我从小体弱多病，现在身体虽然结实了，但在体育运动方面可谓"一穷二白"，除了打乒乓球能给他适当的指导，其他体育运动项目都不行。我所能做的就是支持他去做。他在三年级时，跟着专业的足球教练踢了好长时间足球，确实达到了锻炼身体的目的。让孩子坚持户外大运动、室内微运动，是保持孩子生活的朝气和活力的身体保证。同时，陪伴孩子运动还能增加亲子互动的时间和机会，有利于家长对孩子进行言传身教及增进亲子关系，倾听到更多来自孩子的趣事

和心声。

## 八、劳动教育不可忽视

居住在城里，和居住在乡下，在劳动的领域和内容上是有很大区别的。在我们家里，最多的家务就是买菜择菜、做饭洗锅、洗衣拖地、收拾房间、养鱼浇花等。为了让小宝从小建立对家的责任意识、对劳动的认同，形成基本的劳动能力，我和妻子商量，让孩子循序渐进地参与到家务劳动中来，从清理茶几上的小垃圾到扫地，从自己整理房间到拣菜、洗锅，从给客人端茶倒水到擀面皮包饺子……在点点滴滴的练习中，小宝的劳动意识逐渐建立了起来，特别是在家中的主人翁意识不断增强，对自身价值的认同也不断提升。在这个过程中，因为劳动要占用孩子的时间，所以一则可以让孩子体会到时间的重要性，体会到父母的辛劳，二则可以让孩子在劳逸结合中生活，何乐而不为？

现在，小宝特别懂事，有时中午时间我会在沙发上躺一会儿，小宝会悄悄地将小被子拿过来，轻轻地盖在我的身上。当我在书房电脑前进行写作的时候，他会轻轻地端来他自己泡的清茶让我喝。在我洗衣服的时候，他会帮我晾晒衣服。在他妈妈做饭时，他会帮着择菜或削土豆皮……

## 九、孝道教育最要紧

《孝经》中有云："夫孝者，天之经也，地之义也，人之本也。"在我的记忆和印象中，孝顺父母是最大的美德。一个连父母都不孝顺的人，如何与人为善？如何乐于奉献？如何报效祖国？在陪伴小宝成长的路上，孝道教育的渗透，主要依托我们平时常给父母打电话嘘寒问暖，父母有病领着去医院看医生，在重要的时间节点去家里看望父母，一起用餐、一起聊天、一起谈论生活……虽然孝道教育不是一门课程，也不是看得见、摸得着的教育，但榜样的力量、潜移默化的影响和言谈间正确的道德价值的渗透，是我们做父母的需要去一步一个脚印地进行的。

育儿路上，需要我们去思考和学习的东西太多太多，不同的家长有不同的理念，但有一点我认为是要共同遵从的，那就是尊重孩子、尊重差异，因材育儿，顺势而为，切忌一厢情愿或不顾实际去进行所谓的家庭教育，这样不仅会伤害家长的心更重要的是还会阻碍孩子健全人格的形成，以及破坏孩子对幸福生活的认知。

# 站在家长的角度思考教育

当教育发展到今天这个可以称之为"特殊时期"的阶段时，好多问题就会接踵而来，比如：学校教育现状与学生素养形成之间的矛盾，教师能力提升与教育需求之间的矛盾，家庭教育与学校教育之间的矛盾，科技发展、信息技术发展与传统观念、客观条件之间的矛盾等，让我们不得不对教育重新进行审视。

今天，我就结合自己的理解和体会，谈谈作为教师，如何站在家长的角度思考教育。

首先，我们得明白家长对教育的需求是什么，他们的哪些需求是正确的，哪些需求是存在偏差甚至是错误的，这样，我们在按照党的教育方针进行教育工作时，也能深刻地与家长的需求共情，从而形成合力。比如：家长普遍既希望自己的孩子学习能力强，又希望作业量尽可能少，给孩子自由支配的时间稍多一点。看起来，这是一个不合常情的需求，正所谓："既想让马儿跑，又不给马儿草。"但再仔细一想，这何尝不是我们每一个人都希冀的一种教育状态呢？因为教师既是教师也是家长啊。所以，我想：作为教师，特别是小学、初中（义务教育阶段）的教师，完全可以在力所能及的范围内，大胆遵循孩子身心发展的规律和思维发展的规律，遵循教育心理学的基本原理和原则，张弛有度地开展教育教学工作，从备课质量、上课效率、活动开展、作业设计、复习节奏、实践生活等诸方面进行思考与发力，尽可能做到让孩子健康全面地发展。这样，家长就不会过度焦虑，学生也就不会提前戴上近视眼镜，学习的欲望也不会提前丧失。英国戏剧家和诗人莎士比亚曾说过，要是一年四季全是游戏的假日，那么游戏也会变得像工作一般令人厌烦。著名哲学家尼采说过，一件业已清楚的事便不再会令我们感兴趣。这不就说明了兴趣存在的规律吗？重复会使兴趣丧失。所以，单调、重复、说教、机械、千人一面、千篇一律都是导致兴趣降低或丧失的原因。

其次，我们要看到家庭教育的巨大差异。有些国家和地区，男女青年在结婚前或生孩子前，在如何做父母这一件事上，会做一些必要的准备，比如阅读一些婴幼儿育儿书籍、幼儿教育书籍、家庭教育书籍，如樊登老师、尹建莉老师等，他们在孩子出生前就已经阅读了大量的育儿书籍，但我们绝大多数人，只是充当了父母的角色，并没有进行充分的学习。所以，作为教师，我们应该站在家长的角度，正确、理性、善意地认识到家庭教育对孩子的影响，尽自己所能地来辅导和影响某些家长。而有些家长恰恰是我们教师的"师傅"，我们不仅要充分发挥他们的作用，影响他们自己的孩子，还要影响和引导全班的孩子，当然这也是需要我们教师积极沟通和学习的。

家校合作是一个永恒的话题，起于过去，兴于现在，高于未来。前两天聆听朱永新教授谈他的著作《未来学校》，我们不难发现，今后不远的时间，学校会被学习中心所替代，社会对教师的需求量和要求都会发生巨大的变化。知识的传递者不再是教师，而是部分精英人才，如艺术家、运动健将、围棋高手、设计专家……还有一种就是懂得心理学的人，他们能够解决人成长过程中的心理和沟通交际等问题。家长的责任会由现在的主要负责衣食住行转变为主要负责孩子的教育。一对新人结婚生育前，一定要做的一件事，那就是进家长学习中心学习。

时下，我们所能做的，除了沟通就是沟通，除了理解就是理解。尽己所能，帮助学生，联合家长，创造一个尽可能良好的教育发展环境。

最后，我们要理解家长的苦衷。有时候，想想自己的无力，看看有些家长的无助，想想他们的内心挣扎，的确也让人内心很不好受。

这里略举几例。

**案例一：不识字的妹妹、妹夫**

在我们家几个姊妹弟兄中，妹妹是唯一一个不识字的。在与妹妹的聊天中，经常会听到她抱怨母亲当初不让她读书的事。为什么？因为除了出门不方便，平时做事、交流、看电视……啥都不方便。最致命的地方就是孩子回家做家庭作业，遇到不懂的题或不认识的字，想请她帮忙，她常常还会受到儿子的抱怨和责怪。幸亏我的外甥悟性不错，教师也关心，他的学习成绩目前还是挺不错的。

回到现在我们所带的班里，不也有这样的家庭吗？他们的家长连最基本的几个字都不认识，而我们的这通知那通知、这App那平台、这征文那手抄报、这表格那调查，一个小学生，特别是低年级的小学生能独立完成吗？他们的父母能给予他们多少帮助？我们做教师的了解吗？

有时候想想也可怜！

**案例二：曾经带过的一个学生**

她的孩子也上学了。据说这孩子各方面都好，听教师的话，劳动积极，不怕脏、不怕累，穿衣服也整洁干净，唯一的问题就是学习很让教师头疼。一道题，课堂上讲了，下课后教师又把她叫到办公室单独辅导，进行讲解，但她依然不懂。究其原因，就是听不懂，为什么？在这个强调孩子不存在智力差异的环境里，我们不敢说什么，毕竟"没有教不好的学生，只有不会教的老师"嘛！但事实上，至少从我的从教经历和体验中、从目前的教育评价和考核体系中、从课程的设置与教师的配备中、从学生的发展和职业的选择中看，我认为她很难成为时下教育要求的优秀者。因为这孩子的妈妈是我的一个学生，我花了很多精力、用了很多方法帮助她，而她连最基本的数学问题甚至基本计算都难以解决。

遇到这样的孩子，作为教师，如果不仔细思量、因材施教，一味地给家长压力、给孩子批评和责备，与其说是一种对孩子的负责，不如说是一种对孩子身心的摧残。对于这样的孩子，我们要换种方式，帮助他们建立自信心，让他们在力所能及的范围内，学习一点基本的常识和基本能力，岂不美哉？如果有可能，我们还可以发掘她的某些其他特长，如体育、绘画、音乐、交际等能力。

**案例三：家庭困难，生活基本条件差，没有时间来陪伴孩子**

这种家庭虽然是少数，但也存在。如有些离异家庭、经济困难的家庭，家长每天要通过自己的方式，获得家庭生活的基本保障，往往早出晚归，基本没有时间辅导和陪伴孩子，只能任由孩子在教师的教育下自由发展。这样的家庭，孩子的发展往往呈现两种状态：要么孩子懂事，自立自律，独立性强，学习自觉性好，这样的孩子发展潜力足，主动意识强，属于越来越强型；另一类就是放任自流，孩子坏习惯多，要么谎话连篇，要么懒惰散漫，要么偷鸡摸狗……对于后一种情况，我们要多与家长沟通，要多花时间做孩子的思想工作，关心他们的生活，让他们感受到集体的温暖，从而产生安全感和归属感，他们才会慢慢回归或进步！

"己所不欲，勿施于人。""忍一时风平浪静，退一步海阔天空。"在我们琐碎、细小的工作中，我们若能站在家长的角度思考教育，我相信，教育的过程或许就不会再因为我们自己的认识和高度差异而影响我们的情绪和健康，甚至影响未来了。

# 走进亲子的心灵

在好多时候，现代的家长与子女之间的关系看似亲密，实则存在着许多疙瘩。这些现象的出现不是孩子的缘故，真正的根源应该是家长。现在大多数家长都有这样的观念，想让自己的孩子成为学习最好的学生，适应社会最强的学生，又是最勇敢的学生。特别是家长常把自己没实现的愿望强加给孩子，不从孩子的内心世界去了解孩子、理解孩子、引导孩子，却恰恰相反，常用自己固执的、一成不变的，甚至违背教育学、心理学原理的思想和观念去给孩子施加强迫性的影响。结果适得其反，孩子对大人的付出和教导理解程度越来越低，甚至出现了抵触的情况。这时的家长又急又恼，有种无所适从的感觉，故而产生怀疑，是不是孩子学坏了，是不是自己不严格了，是不是孩子心理出现啥问题了，但很少有人去彻底地、冷静地反思是自己教育孩子的方式方法出现问题了还是自己的身体力行出现问题了。

细细想来，我觉得以下几条育人观是必须遵守的。

第一，要把孩子当成是人，是一个独立存在的人。要像尊重和你同龄的人一样去尊重他，不能把孩子当成是一件东西、一件玩具，也不能把他当成任由大人支配的附属品。

第二，要承认孩子是成长过程中的人，他们的身心发育还没完全成熟。在他们成长的每一个阶段，都有独特的规律。我们大人不能把他们当成大人去对待、去要求，甚至用责备大人的语气语言去指责侮辱他们，否则就是不切实际，必然事与愿违。

第三，要有明确的目标，明白孩子终究要成为大人，他们终将会独立地生活。我们的教育指导要有利于孩子独立应对各种问题、创造和保卫自己的幸福生活，而不是助长他们的依赖性、不思进取性、懒散性。

那么怎么才能走近孩子的心灵，建立亲密和谐的亲子关系呢？

第一，不把自己的兴趣强加给孩子。自己喜欢音乐，就让孩子学音乐，自己不喜欢画画，就不让孩子去画画。

第二，不当"鸡妈妈"，啥事都包办代替，只会保护，不会教育。经常看到好多家长上学不让孩子自己背书包，下雨不让孩子自己打伞，睡觉不让孩子自己铺床，连简单的削铅笔都由家长来代替。记得某一期智力节目中，主持人让参赛的五个高中学生在一定时间里削一支铅笔，这个在常人看来都有点小儿科的动手操作题，竟然有一个高中生不但没削成功，连手也被刀子划伤了。这难道不是家长包办代替的结果吗？我们还有理由埋怨孩子吗？

第三，加强个人修养，注重个人形象。孩子的眼睛就像照相机，每天都会拍下父母的形象。我们让孩子爱读书，可自己连一本书都不读；让孩子语言文明，可自己批评孩子时却满嘴脏话，和爱人吵架时恨不得把最得力的话骂出来；让孩子别贪玩，可自己却在麻将桌上不下来。著名教育家苏霍姆林斯基的话很有道理："每瞬间，你看到孩子，也就看到了自己；你教育孩子，也就是教育自己，并检验自己的人格。"

第四，家长给予孩子肯定的语言，是孩子成长的正信息；否定的语言，是孩子成长的负信息。家庭教育是靠家庭语言来完成的。家庭语言是一种最有影响力和渗透力的家庭教育工具。我们要慎重使用儿童教育专家称的"家庭红灯"语言，主要是"否定词""限制词""挑剔词"，如不许什么、不要什么、不可以什么，具体点如不许看电视、不许玩沙子、不许淘气、不许去同学家……应该什么，必须什么，还有"太笨""不成""太差劲""没有一个好习惯""没希望了""看透你了"等。父母的语言，是孩子成长的营养，爱的语言多了，一定会结出爱的果子，否则，结果会正好相反。

只要你遵循以上教育沟通的规律，相信我们每个家长都会走进孩子的心灵，让孩子幸福快乐，这样才能不摧残孩子的身心健康，不贻误孩子的前程。当然，这件事说起来容易，做起来不易啊！愿我们做家长的都努力。

# 读书札记：
## 让阅读点亮学生未来

◇ 一个善于学习和总结的教师，自然就是一个有远见的教师。他的言传身教就是一本活教材。

◇ 教师的专业发展，我觉得应做到以下几点：第一，应该有对教师职业的认同感和坚定的信念；第二，要有自己的理想追求和目标；第三，要为自己的专业化发展做一个长规划、短安排；第四，广而专的教育阅读；第五，要立足当下，向优秀的同行学习；第六，不可或缺的教育写作。

◇ 一个教师在教育之路上究竟能走多远？我认为，首先应该拥有一颗宁静的教育之心，一份想影响一个人、一些人、一群人的气度与思量。其次，要不断学习、不断阅读，找到自己安身立命的价值支撑，拥有愿意倾心倾力的素养。

# "樊登读书"给我的启示

进入樊登读书会，我走进了人生的另一个世界。读书会带给我的不仅是观念上的大转变，还有生活节奏上的转变。

## 一、首先改变的是亲子关系的建立方式

我当初对育儿观念故步自封，依然秉承着原生家庭的教育方式，方法简单、想当然，而且更要命的是做父母的在育儿观念上严重不一致，沟通又很难达成一致。于是，在对孩子的家庭教育上出现了诸多问题，导致孩子性格易怒、抗挫力差、自信心不足、厌学等。

经过在樊登读书会几个月的听书，我不断反思自己的教育过程与思想、行为、方法、措施，发现有诸多根本上的错误。

受樊登读书会的影响，我努力抽丝剥茧，做着一些对久已成习的认知与行为的改变。在与孩子交流沟通的时间节点、方式方法、语言结构等方面，我积极尝试、身体力行，果然成效不错。

## 二、开阔了我看待生活与世界的视野，提升了我的认知水平与对存在的意义判断

人，不仅仅要对孩子无条件地爱，而且对生你养你的亲人，还有无私的大自然和周围的人乃至整个人类也要无条件地爱。人来尘世一遭，如白驹过隙，转瞬即逝，应怀着谦卑的心，用恭敬的行为，感恩这个给予我们美好生活的大自然，用爱点燃爱，以情传递情。

## 三、读书会让我改变了只读纸质书但速度慢的窘况

读书会让我改变了只读纸质书但速度慢的窘况，让我能在做家务的同时，继续学习的脚步，也为我推荐了很多我没听过的著作、作者，让我能够聆听到

大师的教诲。

最值得一提的是：我从樊登老师身上感悟到一些高贵的东西。

**1. 开读书会**

读书会上最让我受启发的一点是人生意义与价值的实现，怎么让自己生命的光晕最大化。

**2. 思维结构**

一本大部头的书在他的大脑中一经梳理，便变成简短的40~60分钟，这种"脑图"的整理、抓取关键与核心内容的方法，值得我们去学习和运用。

**3. 幽默风趣**

樊登老师的语言可谓幽默诙谐、自然亲切。我在听的过程中，感觉不像在听书，而像在听他叙家常，将书中的内容娓娓道来。他常以自己的所见所闻接地气地进行举例说明，让人倍感真实。

**4. 阅读的坚持与速度的提高**

几小时就读完一本书，效率那么高，让我们看到了刻意练习的力量，看到了他的智慧与伟岸！

# 跟着林格学教育

## ——在全国班级联动讲坛上的读书分享

"一年好景君须记，最是橙黄橘绿时"，当我今天给孩子讲这首诗时，苏轼安抚的似乎不再是刘景文的心，而是我的心。步入不惑之年的我，已感觉精力大不如从前，但我依然用行动、文字影响着我的学生乃至我的同事。

缘于全国班级联动群内教师的推荐，我在网上购买了一本已经不再印刷的林格老师的《教育是没有用的》第一版第一次印刷的旧书。看到书的名字，我就想到了老子的那句"无为而无不为"。或许，林格老师的《教育是没有用的》正好说明了教育是大有用处的。翻开书的扉页，就看到了他做教育的经历介绍：林格先生每年培训3 000多名全国各地的中小学校长，亲自走过1 000多个县、1 200多所学校，拜访过400多位教育家，考察过20多个国家的教育状况，和身处教育一线的校长面对面地沟通过……这些介绍让我深深觉得他的书一定更贴近教育的脉搏、切近教育的本质。有人说，他是用脚做学问的人。

我花了半年时间，才把这本书读完，掩卷沉思，我忽然发现：教育，原来应该这样做！我惯常去做的，往往与教育规律是不相符的。所以，今后必须下功夫做以下几点改变，也与和我有共同感受的同仁共勉。

## 一、由"摁着牛头吃草"变为"不惜一切代价保护孩子的主动性"

看到这个观点，估计好多教师和我一样，很惊诧。因为我们教师一般都认为我们的任务就是：完成教学任务，教给学生知识，提升学生能力，提高学生的考试成绩。很少有人站在孩子个体发展的角度去思考一个孩子发展最关键的内在因素是什么。

林格老师在书中写道："现代教育有两个伟大的使命：一是发现孩子，

二是解放孩子。发现和解放孩子的前提是了解孩子，了解孩子的前提是尊重孩子。仅仅尊重人的基本权利是不够的，还要高度尊重人的生命发展规律。"所以，林格先生认为：只有从生命发展规律出发的教育才是真教育。

"每个孩子都具有主动性，协助拓展孩子的主动发展可能，应当是素质教育的灵魂。激发孩子的主动性呈现为这样的教育过程：当孩子隐约感觉到了发展的可能，还没有来得及产生具体动机时，会产生一种独特的心理体验，这种体验叫美感。一位教育者，就是能不断提供给孩子这些美感，不断展示给孩子发展的各种可能性。这时候，孩子的内心就会油然生发出实现那些可能性的冲动与激情，就开始了自主学习的旅程，教育因此实现。相反，如果只强调'灌输'的作用，实际上就是对孩子的这种高级本能的蔑视和控制，他们被动地学，被动地接受你的影响，就会逐渐失去对学习的热情。"

在我们的教育中，存在一个致命的"癌症"，就是我们的教育教学活动没有尊重学生的主动性、培养他们的兴趣，相反在过度的控制下导致了学生厌学。

那么，怎么才能有效激发学生兴趣、释放束缚孩子主动性的"紧箍咒"呢？

林格老师给我们开了三味药。

**1. 感觉引导**

其实就是引导孩子体会到文化知识能给予他们的快乐、好奇、好玩、冒险，而不是单纯出于给家长学、提高自己的考试成绩、为了自己的前途这样的目的而学习。

我们不妨举例来说明这个问题，在《教育的秘诀是真爱》一书中有这样一篇故事。一位老人遇到了麻烦，每天都有一些顽皮的孩子聚集在他家附近，向他的房子扔石头。老人想了很多办法来阻止他们，叫警察、打电话给孩子们的父母、大喊大叫地威胁他们，但都不奏效。相反，孩子们似乎更加起劲，扔石头扔得更欢了。

经过思考，老人将孩子们召集到一起，对他们说："我现在慢慢地喜欢你们向我的房子扔石头了，为此我愿意向你们付钱，每人每天一块钱作为回报。"尽管这个承诺在孩子们看起来很离奇，但他们仍然非常高兴地接受了这个协议。于是，孩子们每天都在约定的时间里来向老人的房子扔石头，老人也如约付给他们每人每天一块钱。这样过了几天，老人又把孩子召集起来，对他们说："很抱歉，最近我挣钱出现了一些困难，我无法每天付给你们一块钱了，每人每天付给你们五毛钱怎么样？"孩子们当然很不乐意，但他们嘀咕了一阵子后还是接受了老人的条件。

又过了几天，老人再次对孩子们说："最近我的挣钱状况实在糟糕极了。我连付给你们五毛钱也无法办得到，但我还是愿意付给你们每人每天一毛钱，你们看怎么样？"孩子们很快交换了一下眼神，其中一个打破了沉默："别想得太美了，谁会愿意只为了一毛钱干这种苦差事？"就这样，孩子们再也不来扔石头了。

一开始的时候，孩子们扔石头是出于内在动力的驱使，扔石头让他们觉得新奇、好玩、冒险，因此，那老人越管，他们就越逆反。可是，从老人给他们第一笔钱的时候，这些孩子扔石头的原因或者说动机就发生了变化，他们所做的事情再也不是源于兴趣，而是从内心的渴望转变为外来金钱的刺激。当外来的刺激变得越来越小甚至消失的时候，扔石头的行为也就失去了激励因素，其结果就可想而知了。

**2. 降低难度**

要让孩子爱学习，必须让孩子尝到学习的甜头。在学习过程中，把一个大目标科学地细分成若干个切实可行的小目标，让孩子每实现一个小目标，就得到一次激励，从而一步一步走向成功。

这个方法，在我们对待学困生时就显得尤为重要。我们教师完全可以把目标降低一个层次甚至两三个层次，让他去完成相应的目标，可现实是我们往往把他们和"大队伍"一起赶，结果越赶他们越没有信心，整天生活在教师的批评和呵责之中。这个道理人人都懂，但能做到者怕是寥寥无几。

**3. 协助孩子发掘学习的持久快感**

追求快感，是人的一种生活常态。人的快感是分两个层次的，第一层次是得到满足以后的快感，第二层次是深层次的快感，即思维、学习的快感。对于教育而言，一切快感都是自我更新后的思维快感。学习充满着快感，只是这种快感是隐藏着的、深层次的，要慢慢挖掘、细细品味才能享受到。

（1）在学习时获得发现有快感。学习能让孩子发现新的事物、美的事物，学会观察身边的点点滴滴。在不断的发现中，人很容易获得满足和快乐。

（2）不断克服学习的困难有快感。真正的学习是对未知的探索。学习如同探险一般，既充满浪漫新奇的体验，也有意想不到的困难。人只有不断探索攀登，克服重重障碍，才可能"修成正果"。每一次探险都会留下难忘的回忆，这种回忆不仅是学习的成果，更是快乐的源泉。

（3）激发求知欲、释放学习的潜能有快感。每个人的学习潜能都是巨大的。当孩子设定了一个目标，专注而坚持付出自己的努力时，整个人都将充满愉悦和激情，如果能发掘出自己从未察觉的潜能并取得相当的成绩，成就感和自豪感就会油然而生。

（4）为自己学习才有快感。学习是孩子的工作，需要发自内心，不受外力强迫的、为自己学习的人，才可能摒弃依赖心理去自觉、主动地学习，才可能真正享受到学习的乐趣。

学习的确是一件苦差事，不付出努力和汗水绝不可能成功。深入的学习常让人感觉到肉体的疲惫，但对心灵而言，其却能产生满足和快乐。所以，学习的本质仍然是快乐的。这种快乐区别于将学习娱乐化所获得的表面的、短暂的快乐，是真正的、持久的、深层次的快乐。一旦发现了这种快乐，孩子就一定会乐此不疲，不能自已。

我的思考：时下，少部分学校依然存在一切向分数看齐的现象，学生近视眼数量不减、学生身体素质较弱……由此说明，我们的教育还存在"摁着牛头吃草"的现象。我们有必要重新审视自己的教育行为，做符合生命发展规律的教育，小心呵护孩子的学习主动性，着眼于他们的潜在动力，去寻找适合学生发展的教育方法和行为。

## 二、由"我的课堂我说了算"变为"把话说到孩子心里去"

现在，几乎所有人都有一个感受：现在的孩子不好教育，叛逆。孩子的反叛，往往是因为教育者说话太多。同样的一句话，不同的人说出来的效果就不同，很多话都是好话，就是说不到孩子心里去。因为，一句话中，语言只占15%，表情占30%，人的状态占55%。可见，教育本质上是一种状态，一个教育者达到了一种较好的状态后，再进行因材施教，就是最好的教育。

嘴巴的品质是耳朵培养出来的。在课堂上，教师要尽可能闭上自己的嘴，让自己少说一点，留出时间和空间给孩子，这也是教育行为转变中的一个关键。课堂是教师传道授业的场所，也是孩子吸取知识的场所，需要教师和同学之间的互动，而不是教师在台上高谈阔论，孩子在台下死记硬背。教师说多少、孩子记多少的学习是机械的，孩子充分思考和内化所学的知识是需要时间和空间的。好问、好说是孩子的天性，可有些教师却无情地剥夺了孩子说话的权利。学校需要教的是"学问"，而不是"学答"，课上应该更多地引发孩子"问""说"的兴趣，教给孩子"问"的方法，而不是一味地灌输，只关注结论，忽视学习的体验过程。很多家庭教育的无效，甚至让孩子产生强烈的反感情绪，都是因为父母说得太多。学校教育的低效，也来自教师一刻不停的耳提面命。

修炼自己的教育状态，实现"闭着嘴说话"，才能赢得孩子的尊敬，尽管这并不易，但需要我们渐修、渐悟。

要让孩子敞开心扉，教育者自己必须变得柔弱。要让孩子的心灵乐于依靠，教育者应有一个品德，那就是让自己柔弱起来。因为，只有自己的内心变柔弱了，才能缩小与孩子心灵之间的距离，才能把话说到孩子的心里去。

对于教育者本身来说，柔弱有两层意思：一是柔软，即放下自我，使自己的内心变得柔软，让孩子的心灵愿意靠近；二是示弱，内心强硬者，必然会使孩子敬而远之。哪怕你是事业上的强者，在孩子面前不能立即变得柔软，也要尽力示弱。所有教育者，都应当具有像水一样柔弱的品德，柔软，"莫之能御也"。柔软比强硬让人更愿意依靠，让孩子更愿意倾听、愿意对你提供帮助。内心柔软者，流露出来的是高贵柔和的气息，只有这种柔和的气息，才能把精神的能量渗透到孩子的心灵深处。在医学院临床专业的课上，教授经常会问一个问题：用酒精消毒的时候，多少浓度为好？一般人认为，当然是越高越好。其实，太高浓度的酒精，会使细菌的外壁在极短的时间内凝固，形成一道屏障，后续的酒精就再也渗不进去了，细菌在堡垒后面依然存活。最有效的方法是把酒精的浓度调得柔和些，渗透进去，这样效果才好。

很多家长和教师，唯恐在孩子面前不能立威，习惯于高高在上，习惯于无所不知，面对孩子犯下的错误往往疾言厉色，仿佛全天下的真理都掌握在他们手上。这样的教育者，会让孩子害怕，而绝不会让孩子亲近；会让孩子厌烦，而绝不会让孩子信任；会让孩子关闭内心，而不会感知到你的爱和鼓励。这样的教育者，无论多么辛苦，有着多么朴素或者伟大的动机，都是在从事失败和错误的教育。柔和的气息有时比风暴更有力量，我们的声音柔和了，就更容易渗透到辽远的空间；我们的目光柔和了，就更能轻灵地卷起心扉的窗纱；我们的面庞柔和了，就更能流畅地传达温暖的诚意；我们的神态柔和了，就更能准确地表明与人平等的信念。林格老师认为，柔弱甚至示弱是一种根本性的教育素养，堪称教育的第一素质。

我的思考：教育者如何让自己的说教达到教育的效果，我们从林格老师的叙述中可以看出来，能用耳朵解决的问题绝不用嘴巴（多听少说），处理问题时要有对学生感受的心理认同（感受认同），用平等尊重的方式对待每一个个体（注意说话方式），自己的言行要一致，说到做到（言出必行），在教育教学中要通过示弱的方式培养孩子的担当与责任（敢于示弱）。不管是家长还是教师，都应该以平等的态度去对待孩子，善于听取他们的心声，在情绪认同的基础上再进行友善的沟通，而非喋喋不休讲一通高高在上的、绝对权威的大道理。

## 三、由做"蜡烛""法官""园丁""陪跑者"变为做"火柴""律师""农夫""啦啦队"

实现不教而教，需要教育者转变角色，重建与受教育者之间科学的关系。只要能选择好角色，就可以实现能量转换，把能量以不教而教的方式传达出去。

### 1. 做"火柴"，不做"蜡烛"

孩子的内心都有一根永不熄灭的"蜡烛"，这根蜡烛有着无限的力量，而教育者的任务是做一根火柴，点亮孩子心中的光明。

我们无法否认，学习是动物自身发展的需要。比如刚出生的小牛犊要站起来，它先是要用力把前面的两条腿伸直，支撑起身体的一部分，然后开始活动后腿，用力一蹬。如果没有站起来，则重新爬正，前后腿一起用力，就能晃晃悠悠、跟跟跄跄地站起来了，接着迈步开始走，直到最后慢慢地跑起来……这是一个鲜明的学习、成长的过程，也是生命本能活动的生动一幕。

人的学习活动会超越生物的本能活动，当学习者全身心地投入学习过程中，感触、体验到学习与自身生命变化和发展相联系的时候，特别是当他们积极主动地进行探索、发现和发展的时候，学习就会变得快乐、美好。学习对于人来说，是一个永不枯竭的源泉，人会在学习中产生新的学习需求，人的思维会在不断学习的过程中产生更多的快感，这就是学习的动力。

### 2. 做"律师"，不做"法官"

律师是维护当事人权益的。做孩子的"律师"，意味着站在孩子的一边，竭力维护、捍卫孩子的权益，而不是做一个评判是非的"法官"，站在孩子的对立面，与孩子形成一种对抗关系。比捍卫孩子的权益更重要的，是捍卫孩子的天性。

什么是天性？天性就是孩子身上凸显出的先天禀赋。天性既有从父母身上遗传的品质，又有蕴藏在孩子身上的特殊天分和潜伏在孩子灵魂深处的特有品质。

不同孩子的天性，既有相同之处，又存在个体之间的千差万别。教育者的一个重大任务，就是捍卫孩子的天性，帮助他们把自身的潜能发挥到极致。

**3. 做"农夫",不做"园丁"**

农夫会疏松土壤、兴修水利,让植物自行生长,园丁则会按照要求修剪植物的枝叶,甚至使用化肥、农药、生物技术,控制和改变植物的生长过程。教育者应当做一个让孩子自由发展的"农夫"。

孔子两千年前就提出"因材施教",提倡充分尊重个体差异、因势利导、扬长避短。但事实上,我们往往会按照教师单方面的意愿进行"修剪"。

**4. 做"啦啦队",不做"陪跑者"**

教育者永远无法和孩子一起跑到他们的人生终点,因此,最好的选择是站在看台上,为孩子呐喊助威,起到啦啦队的作用。

现实中,有不少父母在做"陪跑"的工作,陪读,陪学,陪着做作业,孩子考上大学了陪着孩子去学校报到,每周去学校为孩子洗衣服……可怜天下父母心!我完全能理解这些父母的良苦用心,我也接受"只有一个孩子,不舍得孩子受苦"的想法,但这些做法会无意中使孩子失去自主独立成长的机会。

其实,孩子的成长需要适量的孤独,时时刻刻的陪伴会干预孩子的成长。有了孤独,人才能在独行中变得坚强和独立。孤独是人的生命中一种重要的体验,哲学家说:"人在孤独的时候,才能与自己的灵魂相遇。"也就是说,孤独是精神创造的必要条件,从心理学的观点来看,人的孤独与独处,是为了进行内在的整合。

我的思考:试想,不管是教师还是家长,我们更多的是不是扮演着后面几种角色?我总觉得自己应该是一支蜡烛,燃烧自己,照亮别人。殊不知,孩子心中本来就有一根蜡烛,我们的任务是把它点燃。林格老师的观点总是站在巨人的肩膀上,站在人的生命本来特性之上,以客观、长远的视角看待教育的规律,令我们不由得为自己的狭隘叹惋。

## 四、由单纯的"教育孩子"变为"教育孩子的过程,就是教育我们自己的过程"

一位母亲对我说:"我感谢我的孩子,在伴随她成长的过程中,我看到了一面镜子,在这面镜子的映照下,我看到了自己的问题,也学会了很多种直面问题和改变自己的方式。我不仅是在教育她,更是在教育我自己。"

教育孩子的过程,就是教育我们自己的过程。

人的智慧来自两个途径:一是感悟,二是反思,而后者孕育着大智慧。孔子说,修养的最高境界是"不迁怒,不贰过","不贰过"就是指能在过错中反思自己，避免再犯同样的过错，坚持如此，就能积淀个人智慧。通过自我反思来提高自己的境界，这其实也是一种自我教育，是认识自己、接纳自己、控制自己的一条捷径。教育者对自己过错的反思态度会极大地影响被教育者。教育者的自我教育，关键在于"在选择中接纳自己"这个环节。

回顾自己的教育经历，与周围的许多同仁比较，我觉得自己做到了尊重学生，在因材施教方面做得还是比较好的，但与林格老师所提出的标准相比还是有一定的差距。

下面我分享几个我在教育实践中所做的尝试与反思案例，抛砖引玉，希望能引出大家的真知灼见。

案例一：也谈放手

我的班会课特点，一般是以活动为有效载体，以才艺展示为主要内容，给同学们综合素质的提升提供舞台和机会，在这之中，进行爱国主义、集体主义和孝道、诚信、守时、规则、拼搏等方面的教育。

因为这届学生以前似乎没有开展过类似的活动，所以最开始我要设计、组织、引导、评价。半学期过去了，我觉得我忙得不可开交，但同学们的活动参与率、精彩性并不乐观。鉴于这种状况，我想着如何放手，让孩子们自己主动地设计、主动地组织、主动地成长。正好，李波同学（一个最开始几天就敢于在日记中把我称为"师虎"的同学）主动请缨，承担制作每期活动的幻灯片的工作。她说她会设计制作，我虽然立刻答应，但对她的能力，我心里没底。关于主持人，我根据平时同学们的口才、语言组织能力、临场发挥能力和普通话音色等，暂定了两组，分别是王怡轩和熊诗雨、鲜伊辉和马雨霏同学，让他们轮流担任主持，负责节目的检查、登记、整理和台词的撰写等。

一周很快过去了，星期一的第四节课是班会课。我怀着好奇和担忧的心情踏进了教室，只见同学们已经坐得整整齐齐，静静等待着班会课的开始。

我快速地走到教室后边，找了一个凳子坐下。抬头一看，前方的电子白板上赫然出现了"森林音乐会"几个字，我很纳闷：明明上次我给她布置的是歌唱比赛，怎么会变成这样的标题呢？这时，班会开始了，由王怡轩和熊诗雨致辞，宣布"森林音乐会"开始。只见第一位上场的是能说会道、才思敏捷、很有个性的马子昭同学，他演唱的歌曲是汪峰的《怒放的生命》。结果下面的演唱者标注的是：小猴子马子昭。我又纳闷，怎么给同学乱起绰号呀？接着下一位演唱者是：狡猾的小狐狸韩欣延。哦，我一下子明白了，原来李波同学巧妙地将参与唱歌的同学都冠以动物的名字，所以这场音乐会自然就是"森林音乐会"了。多么好的创意啊！我不由得为李波同学的这种设计惊叹了。

李波这次设计的幻灯片，不仅版式设计清晰醒目，还富有创意。我不得不再次说一句：放手催生精彩！同时想起李炳亭老师曾讲过的一句话：智慧的教师要学会放手、示弱和利用。是的，变换一下教师的角色、管理方式，精彩将会出人意料地绽放。

### 案例二：博

从刚开学，我就对这个叫博的男孩很感兴趣，因为我很喜欢他虎头虎脑的长相，所以我对他的成长格外注意。

他走起路来并不像其他男孩那么快捷灵活，而是不紧不慢的样子。虽然和同学们很合群，但看不到他畅快地玩耍的情景，常常看到的是他满头大汗地从操场回来。

语文课堂上，他成了对我抛出的关于人文关怀、价值观念、精神追求、人生信仰、伦理道德等一系列问题的必争答题者之一。而且在他沉稳的姿态和镇定的眼神下，往往会口出惊人语，让在座的同学为之叹服，也让我始料不及。他的理解、他的认识往往比别的同学更高一筹。

因此，我常会用"有思想、有主见、有追求"等类似的语言评价他，他也因此爱上了语文。他不但口头表达能力好，而且作文水平也相当好。文笔细腻，用词准确，主题明确，思想积极健康。

所以，作为教师，每次学生的作文或周记交上来时，我都想第一时间看他的文字，他的文字一定出自他之手，他的文字一定会融合他的情感和思想，他的文字让我可以清晰地感受到他的心路历程和身心成长。

他还有一个爱好，就是动漫，而且喜欢画动漫里的人物。我发现他一旦有空，就会投入地在白纸上画他喜欢的动漫人物。

大约是因为他太偏爱语文了，所以他的英语、数学成绩直线下降。因此我很焦虑，数次给他做思想工作，并专门在全班分析了偏科的危害，并以自己的亲身经历进行了深入浅出的宣传动员。然而，效果似乎并不显著。

小升初考试，他的语文成绩优异，可因为英语、数学而影响了他的综合成绩，我感到一种莫名的负罪感。

但愿上了初中的他会改变小学时的偏科现象，相信他一定前景广阔，也一定会精彩不断。因为他是一个会思考的、有思想的孩子。

### 案例三："你叫，你把我家长叫来！"——记一次始料未及的问题处理

昨天下午，我和往常一样，坐在办公桌前翻阅一个组的日记。当翻到一个

叫正的同学时，我发现这个以前都是"班级十星"之一的同学，刚开学时的前几篇日记还行，可是后来的日记就有点敷衍了，特别是前天的那篇日记，一百多个字，先不说内容咋样，光错别字就有四五个，而且书写混乱不堪。再联想到早上收上来的周末手抄报，他的那份根本没有用心去办，内容单一虚空，设计不动脑筋。因此，我就想及时找他谈话，让他马上改变这种状态。

他来了，那时办公室里有七八个班主任在批阅作业。我就半开玩笑地说："正，你爸是我们的局领导，经常指导我们的工作。你看你的这篇日记，书写不认真，敷衍了事，错字多，你爸知道了多没面子。"接着，我展开另一个刚转入我班的学生的日记，让他对比，当然这篇日记内容详细，书写整齐美观。我指着这篇日记接着说："正，你看人家，一个刚转入的学生，都比你这个班级的优秀生好，你说你什么态度？"我一边数落着他，一边观察他的脸色，只见他满脸的汗珠子正往下流。他头低着，好像并不太在意自己的作业是什么样子。接着，我又吓唬他："这样的作业，我要叫你家长来看看。"这一说，他的情绪一下子激动了，他边哭边说："你叫，你把我家长叫来，你把他们都叫来。"看到他那种娇惯发怒的样子，我一下子提高了嗓门："嗯，你还没样子了，本来这样的作业，应该我生气发火，没想到你却发火了，真是家长惯的毛病，说家长电话，让家长把你领回去。"我的厉声斥责，也并没有让他马上安静下来，他一边哭，一边用很快的语速说出了他爸爸和妈妈的电话号码。在一旁的教师帮我教导正："你这孩子，自己作业没做好，反而有理了。你看都惹老师生气了……"我一边做出很生气的样子，一边跟他的家长打电话。看到我真打电话了，他似乎有所改变，但还是哭得稀里哗啦。我让他自己从头默读刚才给他看的那位同学的日记，他顺从地去读了。

接下来就是等待家长，这段时间里，正读完了日记，我还和他了解了他平时和父母交流时冲动的表现。我问正："刚才你可能是有点冲动，不过我想你现在应该明白刚才你对老师说话的语气一定有问题了吧？"其实，我是想给他找个台阶下，同时平复他的心情。他很有认同感地点点头。我接着问："你在家里是否也有过类似的表现？""我有时和妈妈顶嘴，但过后我就知道自己错了。"我摸着他的头，语重心长地说："我们祖先常说'百善孝为先'。孝敬父母是我们做人的根本。你都五年级了，应该懂得一点这样的道理了。孝敬父母，就是在父母教育我们时，必须恭恭敬敬地听，即使父母说得不对，也不能顶撞，可以心平气和地给父母讲道理……"

家长来了以后，我先安抚家长的情绪，表示孩子已经认识到自己的错误了，并让孩子当着父母的面，表示今后要改正马马虎虎和与人顶嘴的不良表现。接着，我支走了孩子，与家长进行了沟通与协商，对今后的家校配合发表了个人的看法。

这件事就这么结束了，但我的心里一直不能平静。这样的学生，我遇到的真的太少了。让我不得不反思自己处理这件事的过程。

第一，批评教育孩子的环境并不十分理想。因为教师多，不适合批评教育这样好面子、特别有自尊心的孩子。

第二，教育孩子不应该用讽刺或戏弄孩子的口吻说他的父母。这样，对孩子的心灵伤害会很大。

第三，不应该拿别的同学的日记，特别是刚转入的学生的日记和他做比较，应该和他自己前面的作业做比较。

第四，在情绪激动时，尽量不要请家长来学校，这样不利于交流沟通。

今后，我一定要理性对待学生出现的问题，更多、更深地预想学生可能会出现的问题，采取更加科学、人性、尊重、平等的态度与方法，处理好类似的问题。绝不遗漏任何一个应该防患于未然的问题，也不轻易伤害任何一个幼稚单纯的少年儿童的心灵。

以上三个案例是我在教育教学生活中遇到的真实的事情，既有过错或过失，也有所得或所为，但这离真正的教育还有好远好远……

做教师难，做一个尊重教育规律、善于学习反思的教师更难。在这条路上，我们要一边去做，一边通过文字去记录、去反思、去创造。

跟着林格老师学做教育，我自认为距离教育的林荫道会更近……

# 烛照我教育生活的10句经典名句

在阅读和教育人生之中，会有诸多的名言警句跳入你我的脑海。但不是每个名言警句都会对你我的教育人生产生重要影响，甚至决定你我的信仰和奋斗方向。

回望教育这一路，有这样几句经典名句深深映入了我的脑海中，随时间醇缸的发酵愈来愈让人回味，引人深思，催人警醒。

## 一、苦难是人生最好的老师

对于人生，谁人不渴望春风得意，平安顺意？但若困难、挫折甚至厄运意外降临，我们还要正确对待，积极克服。昔日家中遭逢变故，少年丧父，又有几个弟妹尚未成年。对我而言，家，如一幢摇摇欲坠的茅庵，挣扎在风雨飘摇中……

我于师范读书期间，教育学老师王安全给我的毕业留言中的一句话：苦难是人生最好的老师……让我又冷静地回想起过去数年的艰辛求学历程，自己的斗志何尝不是伴着泪水和汗水逐渐强大起来的？此后，我也更加相信，只要你不言弃、不放弃，终会寻觅到你想要的生活、想要的价值、想要的幸福！

时过境迁，冬去春来。数十年过去了，我觉得我所能做的、所期盼的、所向往的，都是伴随着吃苦、勤奋、拼搏与不懈追求的节奏，才变为了今天的现实或正在变为现实。

我从不希望任何一个人、一个民族或一个国家经历苦难，但当苦难不期而至，像凶残的魔鬼张牙舞爪地向你扑来时，往往会成为"救赎"你的老师。

## 二、吃得苦中苦，方为人上人

在今天大力倡导"快乐学习"的背景下，提及"吃得苦中苦，方为人上人"这样的话显得非常不合时宜。可事实上，任何一件事要做得出色、精彩，甚而创新，哪会是轻而易举的？

因此，我的人生经历里，也听到或遇见过"投机取巧"或"偷工减料"或"瞒天过海"的事，但我始终坚信，要真正成为世人眼中的"人上人"，绝非略施小计就能达成，而是需要当事人付出时间、付出精力才能达成。换言之，首先，我们要敬畏生命、敬畏自然，要虔诚地面对父母与亲人、对待生活与工作、处理人生的诸多事务，"己所不欲，勿施于人"。其次，越努力，越幸运；越幸运，越要努力。虽然人生有诸多的不确定、不可控，但不努力，绝对不会幸运。最后，吃"苦"的过程其实就是一个锤炼意志、改变心性、积累经验、开阔思路的过程。只要能坚持不懈、相信潜能、挑战命运，总有意想不到的"收获"。

### 三、壁立千仞，无欲则刚。海纳百川，有容乃大

一个人是否有骨气、有胸襟，关键因素不取决于身体的高矮胖瘦，也不取决于声音的大小或是否伶牙俐齿，而是取决于这个人待人处世的方式与站位。越是抛弃个人恩怨与利益，越是宽容待人，就越能在生活与工作中赢得尊重和信任。想想那些让我们怀念和敬仰的人，哪个不具有此般追求或境界？

### 四、教育的艺术不在于传授，而在于激励、唤醒和鼓舞

从唐代文学家韩愈的《师说》中，我们知晓了师者的职责就是"传道""授业""解惑"。是的，教师的根本任务的确应该是让人成为人、领悟"道"、练就"术"、解决"惑"。然而，近三十年的教育教学生涯，更让我相信，教师的使命不仅仅在于"传道""授业""解惑"，更在于第斯多惠所言的激励、唤醒和鼓舞。人的潜力是不可估量的，但不是每个人都有主观能动性，有主动探求的兴趣和欲望，有打破陈规陋俗的勇气，有跳出窠臼的胆识。作为教师，对这一点的认知与践行，会让教育真正产生神奇的魅力。

### 五、使鹅卵石臻于完美的，不是水的打击，而是水的且歌且舞

教育，如爱情一般，是一个常说常新的话题，也是一个具有浪漫和艺术色彩的话题。在它的字典里，永远只有潜移默化、循序渐进，以此影响人、改变人，没有强制人、绑架人。

教育，有时像一位严父，会旗帜鲜明地告诉孩子应该怎么做。但他始终温和而坚定，始终爱自己的孩子，尊重生命个体的独立性，不会强迫。是的，教

育，育的是心。

教育，更像一位慈母，她宽容、理解，允许有不同声音，允许有不同追求，只要不有悖于国家、社会、法律法规和伦理道德，她更呼唤真善美自动涌现，乃至蔚然成风。

作为教育者，摆正位置，调好心态，先让自己的身心，特别是心灵变得通透，立己达人，才能培养出健康的下一代。

## 六、教育即生活

教育的外延几乎与生活的外延一样宽泛、丰厚和旷达。在教育之旅中，如果教育者的理论与思想脱离实际，缺少现实的土壤，学生的学习缺少实践体验，就会导致教育成为无本之木、无源之水。

教育应重实践课程（实践作业），让学生走进生活，从而进行观察、发现、体验、总结、探索……

## 七、谁爱孩子，孩子就爱谁，只有爱孩子的人才可以教学生

爱可以说是教育的全部。这种爱不是形式，它应该是建立在对人生意义重新建构的基础上的，是一种责任担当之爱，是一种抛开个人喜好与审美惯性的爱。此爱，超越血缘亲情，烙印着担当与良知的印记。

## 八、没有爱就没有教育，没有兴趣就没有学习。教书育人在细微处，学生成长在活动中

当代著名教育学家顾明远老师发自肺腑、躬身践行的这两句教育至理名言如一缕春风早已吹进数以万计教师的心田。是的，学校工作无大事，处处是育人；教师工作无大节，时时是楷模。在我们的日常工作中，很难找到一件有重大影响或能产生直接效益的事，基本都是"鸡毛蒜皮"的小事，但恰恰这些"鸡毛蒜皮"之事就是工作的重点。抓细节，找契机，重整合，创活动，这些行为会在教师与学生之间架起一座七彩桥，开启师生对话的通道。

只有这样，教育才能实现"无痕"，学生成长才会"水到渠成"。

## 九、一个人的精神成长史就是他的阅读史

阅读虽说不是万能的，但对一个人的成长，特别是精神世界成长的作用是显而易见的，不管是对于学生还是教师自己。对此，我深信不疑。

"亲其师，信其道。"正因为对新教育的倡导者朱永新教授的做法深信不疑，我也在教育实践中积极指导学生践行他的做法——晨诵、午读、暮省。因为坚持践行，我也收获了学生和家长、同仁对我的认同。

如何让学生爱上阅读？如何让学生爱上阅读有价值的书？这是我们教育者面临的挑战。

## 十、百善孝为先

教，从孝从文。其实，我认为，教育要追根溯源，"孝"的教育应该是教育内容的根本。

一个从小不懂得孝敬父母的孩子，注定不会有什么大的发展，即使有点才华，也只能给家庭、社会和国家造成危害。

不管是父母还是教师，育人都应先从孝开始，而且要常讲常做，使其落地生根。

在其位，谋其事。谨以此十句话，与所有志同道合的同行和家长朋友们共勉！

# 我的阅读史

一个教师的专业发展离不开教育阅读。

朱永新教授说过，一个人的精神发育史就是他的阅读史。

正好，我是一个爱读书的人，也是一个热爱教育事业的人。故而，我的阅读内容因走上教育工作岗位而有所改变。

参加工作的那年，是1995年。那时我所在的学校，是一所偏僻的乡村小学。那里山大沟深，道路崎岖，要进一趟县城绝非易事，更别说回家了。犹记得当年有一次回家，自己没吃早餐，回家只能骑自行车走40千米的山路，因为空腹身体虚脱再加之半路为解渴喝了一瓶啤酒，导致腿如灌了铅一般，瘫倒在半路上，引得路人长时间驻足观看。现在回想起来，内心也有一种说不出的滋味，或许是酸涩，或许是欣慰，或许是坚强……这些大约都有吧！

那时，要说阅读书籍，找几本名著倒不是问题，如《平凡的世界》《第二次握手》等，但要寻几本专业书籍，真是有点困难。

在我的记忆里，那时在学校的同仁中，对教育兢兢业业、任劳任怨的不乏其人，但是在教育理论阅读、教育科研方面专注努力的人几乎没有。或许，这与当时的乡村教育实际和惯性有关吧！当时，唯一能看到的教育刊物就只有《宁夏教育》《人民教育》了。我对它们的信任和喜爱，不亚于对名著的喜爱。

从一期期的《宁夏教育》杂志中，我尽情地阅读与领会。我最爱看的莫过于"杏坛人生"了，从一个个鲜活的教育故事中，我仿佛看到了那些优秀教师成长的足迹、工作的事迹、奋斗的身影。从人的故事到课堂教学的架构，从实践探索到理论创新，从班主任管理到德育工作，我边看边做一些小记录、小思考。渐渐地，我在那个偏远的山村也成了名气不小的优秀教师，教出来的学生成绩不错，家长也认可我的带班风格和课堂风格。

或许，有人会问，都20世纪90年代了，学校没有书，买几本不就得了。说实在话，当时，一则，没人（贵人）点化，我不知道看谁的书（当时我们这儿没有网络），也不太清楚看书对我的教育教学究竟有多大的效用。二则，当然这一点是最关键的，因为个人家庭的特殊性（父亲早逝，家里欠下一屁股的债，又加之几个兄弟上学需要大量的钱，而我的工资只有三百多元），我根本没有钱去买书。

直到2000年以后。家里的境况渐渐好起来了，我的工作也由乡下调到县城，我的阅读视角也好、阅读范围也罢，都发生了巨大的变化。从李跃儿老师的《谁拿走了孩子的幸福》，到叶运生和姚思源老师的《素质教育在中国》、黄全愈博士的《玩的教育在美国》、魏书生老师的《班主任工作漫谈》、李镇西老师的《做最好的班主任》、罗恩·克拉克的《罗恩老师的奇迹教育》、周春梅老师的《一间辽阔的教室》，再到朱永新教授的《致教师》、林格老师的《教育是没有用的》、苏霍姆林斯基的《给教师的建议》、陈宇老师的《你能做最好的班主任》、肖盛怀老师的《班主任修炼之道》。现在，我正在读《孩子把你的手给我》《正面管教》《非暴力沟通》《儿童的人格教育》《陈鹤琴全集》《苏霍姆林斯基选集》《陶行知文集》《叶圣陶教育文集》等书籍。订阅的杂志有《宁夏教育》《宁夏教科研》《班主任》《班主任之友》《辅导员》《语文教学研究》等。

以李跃儿老师的《谁拿走了孩子的幸福》为例，说说教育阅读对我的影响。

李跃儿，是一名酷爱艺术的女画家。她对教育的观点，除了有爱和深深的对孩子的责任感，还基于她对儿童心理学的深刻理解。

在谈到对学生犯错的态度时，她说："请问：有多少教育者在施教时会鼓励孩子大胆出错？有多少教育者不是在喊口号，而是真正从心里明白失败是成功之母、没有失败就没有成功的道理？有多少孩子经历过由自己做主的探索——失败，再探索一直至成功这样的过程？他们中有几人饱尝着过程之后的欣喜，以及欣喜所带来的无穷的动力？我们的教育者几乎全都患上了难以治愈的'教学癌症'：喜欢学生一秒钟之内答对问题，而且必须是标准答案……"这些话切中要害，直率地说出了教育实践中存在的问题：说一套做一套，严重扼杀了学生的求知欲和探索精神。

道德教育，不能缺少孩子的情境体验。只有让孩子在情境中感受、领悟、获得启迪，才能把道德规则植入他们心中。道德教育，更重要的是在人的心灵深处下功夫。首先，要解决审美问题。我说的美不是狭义的，是广义的，包括对所有事物的美的判断。道德教育首要的任务是解决道德判断问题，只有具有判断能力，才能进行道德实施，而审美是道德判断的基础。人一旦到了这样的高度，就会站在这个高度处理问题。其次，要解决实施问题。我们说了，道德教育不能光靠让孩子知道规则来达到目的，许多规则人们大都知道，但是不是按照规则去做了呢？"知道了"不是"做到了"，道理无法代替行为。传统的道德教育就失败在这里，教育者是把道德作为一种知识去"教"，教出的孩子对道德规则的认知与个人行为是油水分离的。她把这种道德教育称为"公式化的道德教育"。仔细对照学校的道德教育，包括当年的《思想品德》《政治》和现在的《道德与法治》，教学方法何尝不是如此？

她在叩问："人类天生就爱学习，但为什么我们的孩子把学习当成一件痛苦的差事？我曾经碰到过这样的事情——有的孩子甚至把学习当成了敌人！孩子的天性是爱唱爱画画，但为什么我们的孩子不愿走进艺术课堂？"

她将中国的家长进行了分类，指出了他们对孩子的影响。中国的家长一般分为三类：第一类既懂教育又有责任心，他们的孩子最容易成才；第二类家长既不懂教育又没有责任心，他们的孩子也比较容易成才；最可悲的是第三类家长，不懂教育但有责任心，他们占据绝大多数，失败的孩子大都是由这类家长制造出来的。

细细思之，作为一个在一线摸爬滚打多年的教师，有种英雄所见略同的、强烈的认同感。在后来的教育实践中，我冷静思考，潜心研究，根据学情校情来实施我的教情，力争务实，做到立足孩子的终身发展，以德为先（现在讲立德树人），重视课内打基础、课外求发展的学科教育理念，重视实践作业，重视劳动教育和孝行教育，从点点滴滴的教育之中，让学生发生由内而外的变化。

回想自己教育之旅中的成长，确实离不开优秀同仁的指点，也离不开学校领导的引领，但我重点要提的就是教育阅读与教育写作。记得朱永新教授说过，教育阅读、教育写作和学习共同体是教师专业成长的三驾马车。对此我深有体会。

在阅读中让思想不断成熟，让视野不断开阔，让思考不断深入。从一个毛手毛脚的教育新手，到现在的首届"西吉名师"、第二届"六盘名师"、"教书育人模范"、省级"创新素养教育名师工作室主持人"、省级"'互联网+教育'信息化骨干教师（高端教学类）培养对象"、特级教师，教育阅读给予了我莫大的帮助。从阅读的输入，到教育实践的酝酿、发酵，再到教育写作的输出，再以教育写作促进教育阅读和实践，形成一个闭环式的系统，有力地促进了我的教育教学生活发展。到目前为止，我所阅读的教育类书籍、报刊指导也从开始只关注课堂、关注成绩、关注智力发展转变为现在关注学生生命底色，关注课外自主学习和阅读，关注多元智能发展，关注终身学习力。

教育不是一朝一夕的加工，而是一点一滴的渗入。

教育不是疾风暴雨的泼洒，而是春风化雨的无声。

没有人能随随便便或信口开河谈教育，只有亲身躬耕，以谦卑的态度，扎根一线，深入探讨、思考、实践、提炼，才有发言权。

二十多年过去了，我读的教育专著越来越多，我越发觉得自己过去的无知，也担忧于现在的语言和说教乃至教育教学行为是否会伤害了自己的学生？是否会贻误他们的前程？我始终小心翼翼做教育，战战兢兢待学生。

看年龄我已是有经验的教师，可实际却感觉知之甚少，愿跟随全国名师与身边优秀同仁不断学习，不断实践，为做一名"四有"好教师而不懈努力！

# 后 记

对于教师职业的认同和理解，应该说在我上小学的时候就已经萌发了，只是因为受年龄、思维、知识结构和职业能力等因素的限制，那时的想法没有进入教师行列后那么豁达和精准。

从一名年轻的、感觉能量满满的青年，到如今快要步入知天命的年龄的中年教师，我以"班主任+"的方式，走过了一段既有苦涩又有喜悦，既有尴尬又有突破的，充实、艰辛、有意义、有价值的教育生活。

其间，我一直担任班主任，并在大多时候任教语文、道德与法治、音乐等课程。在我看来，语文课程本身就是学生生活内容的折射或直接的再现。在语文教学中，我不断大胆与生活进行连接，与当下进行整合，与学生的心理需求进行交融，让语文课走出枯燥的字词句段篇和对生硬识记、朗读、理解、表达等方面的训练。例如，我将书中春季踏青的诗歌与我们自己的踏青活动结合起来，让学生走向山村的田野、溪流，去呼吸清新的空气，去触摸草叶的露水，去面对早晨蓬勃欲出的朝阳，感受太阳的无私与力量……

在与孩子们朝夕相处的学习生活中，我与孩子们一起"谋划"班级文化建设，提出班级公约、班级发展目标、班级活动设计，与孩子们一起很有仪式感地推荐、选拔班干部，与孩子们一起品尝孩子们自己做的美食……这一系列的生活场景，无不给我留下深刻的印象。作为一名普普通通扎根一线的班主任，这些鲜活的内容犹如一颗颗珍珠，珍贵而高雅，值得我去回味、梳理、总结和提炼。于是，我充分利用网络空间的便捷记录和发布优势，开通了"枫叶红了"QQ日志、怡心轩简书、邵虎虎名师工作室公众号和邵虎虎创新素养教育名师网络工作室。在这几块田地上，我持续不断地将自己的生活故事、教育故事、教育心得和教育探索用文字记录了下来。经过日积月累，随着文字数量的增加、质量的提高，有力地促进了我对教育的再认识、再思考。

从一个跟着同行教师谦逊学习的"新兵蛋子"，到现在成长为一名在本县甚至本市有一定影响力的教育者，从只停留在一间教室到现在示范和引领部分青年教师在专业发展之路上快速成长，我觉得自己的辛勤努力没有白费。同时，我的文字在网络空间的广泛传播，也或多或少影响、指导了不少青年教师、家长朋友能比较科学、理性地进行教书育人和家庭教育。

源于全国名班主任、南京师范大学树人学校教师贺华义老师的建议，我将自己的一些文字进行了归纳和整理，予以出版。

在这里，我要感谢县教育体育局领导对我的关注和支持，感谢学校领导范维明同志对我工作的大力支持和关怀，是他们悉心的引导，让我在这所学校工作舒心、勤学进取、甘于奉献。

在这里，我要感谢与我朝夕相处，不断为我提供教育写作素材和灵感的孩子们，是他们成就了我今天的微小成绩。

在这里，我要感谢当代著名学者、在中国具有广泛影响力的教育专家林格老师，福建教育学院正高级教授、特级教师陈曦老师，华南师范大学教授、教育学博士、心理学博士后左璜老师在百忙之中翻阅我的书稿，并热情洋溢地为拙作写推荐语。说实话，我的文字没有多少理论的呈现，但林格、陈曦、左璜几位老师对偏远山区教育的关注和支持，以及对一线教师辛勤付出的理解和肯定值得我致以崇高的敬意。一个个教育领域的大咖级人物，在接到我的请求时毫不推脱，让我不得不仰视他们，佩服他们的教育情怀、格局和大爱。特别值得一提的是林格老师，我是无意间看到他的文章后，主动加他微信的，自此以后，我就默默地坚持阅读他的"教育思想"。这次请求他为我写推荐语，也是出于一种试一试的心态，没想到他送了我一句"邵虎虎老师是把心掏出来做教育的人"。这句话虽然不是我所期待的要他为我写的话，但当自己"被肯定""被发现""被共情"时，坐在电脑屏幕前的我真的被触动了，当时泪水就不听使唤地流了出来。或许，这种感觉只有写这句话的人懂。

在这里，我要感谢三名书系的工作人员胡虹禹老师，是她耐心的沟通、指导才让我鼓起勇气，整理出版自己的教育文字。感谢编辑的严格审稿与精心修改。

在这里，我还要感谢与我并肩工作的正高级教师、特级教师闫汉苍老师，以及和我一块儿奋斗在教育一线的同事、工作室成员、朋友……

在这里，我最要感谢的是我的父母、我的妻子和孩子，是他们的付出和陪伴才让我有精力、有勇气、有时间完成这部书稿。

因个人能力有限，所写内容一定存在很多问题和纰漏，恳请读者朋友批评和指正。书中引用了各位专家学者、名师名著观点的地方，在此表示诚挚的感谢，如有不便之处，请大家海涵。

最后，希望这本书能对一线班主任、语文教师、家长朋友和广大读者朋友有一点点启迪和影响，这是我最大的愿望。

邵虎虎

2023年12月